权威·前沿·原创

皮书系列为
“十二五”“十三五”国家重点图书出版规划项目

智库成果出版与传播平台

河南省社会科学院哲学社会科学创新工程试点项目

河南经济发展报告（2022）

ANNUAL REPORT ON ECONOMY OF HENAN (2022)

聚焦第一要务

主　编／王承哲　完世伟

社会科学文献出版社
SOCIAL SCIENCES ACADEMIC PRESS (CHINA)

图书在版编目(CIP)数据

河南经济发展报告.2022：聚焦第一要务／王承哲，完世伟主编.--北京：社会科学文献出版社，2021.12
（河南蓝皮书）
ISBN 978-7-5201-9312-2

Ⅰ.①河…　Ⅱ.①王…②完…　Ⅲ.①区域经济发展-研究报告-河南-2022　Ⅳ.①F127.61

中国版本图书馆CIP数据核字（2021）第221756号

河南蓝皮书
河南经济发展报告（2022）
——聚焦第一要务

主　　编／王承哲　完世伟

出 版 人／王利民
组稿编辑／任文武
责任编辑／张丽丽
责任印制／王京美

出　　版／社会科学文献出版社·城市和绿色发展分社（010）59367143
　　　　　地址：北京市北三环中路甲29号院华龙大厦　邮编：100029
　　　　　网址：www.ssap.com.cn
发　　行／市场营销中心（010）59367081　59367083
印　　装／天津千鹤文化传播有限公司

规　　格／开 本：787mm×1092mm　1/16
　　　　　印 张：19.75　字 数：295千字
版　　次／2021年12月第1版　2021年12月第1次印刷
书　　号／ISBN 978-7-5201-9312-2
定　　价／128.00元

本书如有印装质量问题，请与读者服务中心（010-59367028）联系

主要编撰者简介

王承哲　男，河南泌阳人，河南省社会科学院副院长、党委委员、研究员。马克思主义理论研究和建设工程重大项目首席专家，河南省和郑州市国家级领军人才。主持马克思主义理论研究和建设工程重大项目、国家社科基金重大项目“网络意识形态工作研究”“新时代条件下农村社会治理问题研究”两项以及国家社科基金一般项目一项。有《意识形态与网络综合治理体系建设》等多部著作。主持省委省政府重要政策的制定工作，主持起草了《华夏历史文明传承创新区实施方案》《河南省文化强省规划纲要》等多项重要文件。参与纪念马克思诞辰200周年大会中央领导讲话起草工作、中宣部《习近平新时代中国特色社会主义思想学习纲要》撰写工作等，受到中宣部嘉奖。获得省部级一、二等奖奖励多项。

完世伟　男，河南鹿邑人，河南省社会科学院经济研究所所长、研究员，博士。郑州大学、河南工业大学、华北水利水电大学兼职教授。享受国务院政府特殊津贴专家、中原文化名家、河南省优秀专家、河南省学术技术带头人、河南省宣传文化系统“四个一批”优秀人才，中国区域经济学会常务理事。长期从事宏观经济、区域经济、产业经济、技术经济及管理等方面的研究工作。主持或参与完成国家级、省级研究课题30余项，荣获省部级优秀成果奖10余项，公开发表理论文章60多篇，主持或参与编制区域发展、产业发展等各类规划30余项。

摘　要

2021年是“十四五”开局之年，也是河南现代化建设进程中具有特殊重要性的一年。一年来，全省上下以习近平新时代中国特色社会主义思想为指导，认真贯彻落实中央和省委省政府的各项决策部署，坚决打赢疫情防控、灾后重建两场硬仗，全力抓好第一要务，做好“六稳”工作、落实“六保”任务，全省经济运行总体平稳、社会大局保持稳定。

本书由河南省社会科学院主持编撰，系统深入地分析了2021年河南经济运行的主要态势以及2022年河南经济发展的走势，全方位、多角度地研究和探讨了河南统筹推进疫情防控和经济社会发展，扎实抓好“六稳”工作、落实“六保”任务的举措及成效，并对新发展阶段河南锚定“两个确保”、全面实施“十大战略”提出了对策建议。全书深度融入了习近平总书记重要讲话和指示批示精神，以期为省委省政府和社会公众提供高质量的决策参考依据。全书共分为总报告、调查评价篇、分析预测篇、专题研究篇四部分。

本书的总报告是关于河南经济运行的年度分析报告，由河南省社会科学院课题组撰写。报告认为，2021年，由于洪涝灾害叠加新冠肺炎疫情，河南经济运行遭受严峻挑战和考验，主要经济指标出现短期波动，但全省经济依然显现出较强的韧性和活力，主要表现为：工业生产有所下滑，但产业支撑较为有力；投资增长有所放缓，但投资结构持续优化；市场消费有所降温，但新兴消费加快成长；外贸增势有所下降，但整体表现依然亮眼；财政收支矛盾有所加剧，但物价就业总体稳定。2022年，财政金融政策更加积极扩大内需、新一轮深化改革开放激发新动力、“双循环”助力开放发展、黄河流域发展战略持续赋能、新型城镇化持续加快等形成了河南经济增长的有利条件，但是新冠肺炎疫情造成的不确定性、中美经济“脱钩”的风险仍在、经济系统性风险释放风险增加以及碳达峰目标下产业转型压力增大等，对河南经济增长形成了一定的不利影响。综合判断，宏观经济环境总体有利，预计全省经济将呈现企稳回升、总体向好的态势。

调查评价篇，主要通过建立相关指标体系和量化模型，运用定量分析和定性分析相结合的研究方法，分别对2021年河南省辖市经济综合竞争力、河南县域经济高质量发展情况及河南跨境电商发展情况进行了综合评价。

分析预测篇，主要立足于对当前河南经济不同领域、不同行业、不同产业的发展态势分析以及2022年预测展望，分别提出新发展阶段加快河南经济高质量发展的思路及相应举措。

专题研究篇，针对现代化河南建设对各部门、各行业提出的不同要求，邀请相关科研院所、高等学校和政府部门的知名专家学者，研究分析了锚定“两个确保”、全面实施“十大战略”面临的重点难点问题，并从不同角度提出了推动全省经济向着大而优、大而新、大而强和高又快、上台阶不断迈进的对策建议。

关键词： 第一要务　高质量发展　河南省

目 录

Ⅰ 总报告

Ⅱ 调查评价篇

Ⅲ 分析预测篇

Ⅳ 专题研究篇

皮书数据库阅读**使用指南**

总 报 告

General Report

B.1

2021~2022年河南省经济形势分析与展望

河南省社会科学院课题组*

摘 要： 2021年，面对洪涝灾害和新冠肺炎疫情的叠加影响，河南以习近平新时代中国特色社会主义思想为指导，深入贯彻习近平总书记重要讲话精神，坚决打赢疫情防控、灾后重建两场硬仗，全力抓好第一要务，全省经济运行总体平稳、社会大局保持稳定。2022年，河南经济增长面临的环境仍旧复杂严峻，积极因素和不利因素并存，但宏观环境总体有利，预计全省经济将呈现企稳回升、总体向好的态势。同时，面对新形势、新任务、新要求，河南要统筹抓好疫情防控和经济发展、聚力“项目为王”招大引强选优、全面促进消费提质升级、纵深推进改革开

* 课题组组长：完世伟；课题组成员：唐晓旺、袁金星、王芳、高璇、石涛、李丽菲。执笔：唐晓旺，河南省社会科学院经济研究所研究员，主要研究方向为区域经济、产业经济；袁金星，河南省社会科学院经济研究所副研究员，主要研究方向为科技经济、国民经济；王芳，河南省社会科学院经济研究所副研究员，主要研究方向为区域经济。

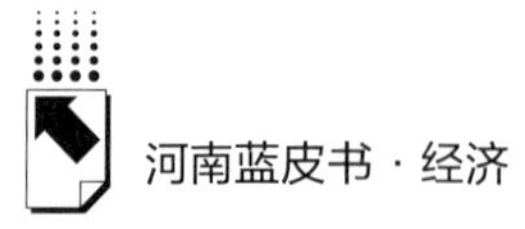

放、持续提升科技创新水平、织密织牢民生保障网等，推动全省经济向着大而优、大而新、大而强和高又快、上台阶不断迈进。

关键词： 河南省　经济运行　新冠肺炎疫情

2021年是“十四五”开局之年，也是河南现代化建设进程中具有特殊重要性的一年。面对洪涝灾害和新冠肺炎疫情的叠加影响，河南以习近平新时代中国特色社会主义思想为指导，以习近平总书记重要讲话和批示指示精神为根本遵循，坚决打赢疫情防控、灾后重建两场硬仗，全力抓好第一要务，做好“六稳”工作、落实“六保”任务，全省经济运行总体平稳、社会大局保持稳定。展望2022年，世界经济存在较大不确定性，国内经济也面临较大挑战，宏观环境依旧复杂严峻，河南必须积势蓄势谋势、识变求变应变，锚定“两个确保”、全面实施“十大战略”，为现代化河南建设打好基础。

一　2021年1~8月河南经济运行态势分析

2021年，省委、省政府带领全省人民统筹做好疫情防控和经济社会发展工作并取得积极成效，全省经济延续恢复态势。但7月下旬以来的灾情、疫情叠加同期基数提高等多种因素影响，主要经济指标呈现短期波动，出现不同程度回落，全省经济运行遇到严峻挑战和考验，经济恢复的不确定性增加，完成全年经济社会发展目标任务的难度加大。但随着灾后重建的加快和疫情防控取得阶段性成效，河南经济依然显现出较强韧性和活力，长期向好的基本面没有改变，全年经济增速呈现明显的前高后低特征。

（一）工业生产有所下滑，但产业支撑较为有力

工业是实体经济的主体，是河南发展的根基和支柱。2021年，河南出台多项政策措施聚焦实体经济发展，加快实施产业基础再造工程，深入实施10个传统产业链和10个新兴产业链现代化提升行动，特别是为了加快灾后重建、实现高质量复工复产，出台了《河南省支持企业加快灾后重建恢复生产经营十条措施》，力促河南工业加快恢复。但是，由于汛情、疫情的冲击，加上基数效应减弱，河南工业生产出现了回落。

2021年1~8月，全省规模以上工业增加值同比增长8.6%，比1~7月回落1.1个百分点，与全国平均水平的差距由1~7月的4.7个百分点缩小至4.5个百分点；两年平均增长3.7%，低于全国平均水平2.9个百分点。消费品制造业生产继续恢复。1~8月，全省消费品制造业增加值增长9.7%，高于全省规模以上工业增速1.1个百分点；8月当月，消费品制造业增加值增长7.8%，保持较快增长，高于全省规模以上工业增速6.3个百分点，其中，印刷和记录媒介复制业、医药制造业、文教体育用品制造业、农副食品加工业分别增长22.9%、19.9%、17.0%、13.7%。能源原材料工业降幅扩大。受电力供应紧张、价格倒挂等因素影响，8月，全省能源原材料工业增加值同比下降4.9%，低于全省规模以上工业增速6.4个百分点，降幅较上个月扩大3.0个百分点。

虽然洪灾造成部分企业、项目停工停产，影响了当期工业增长，而且“涝”“疫”相接也增加了企业复工复产的困难，但是全省产业基础依然牢固，特别是重点产业彰显了韧性。主导产业支撑有力。1~8月，五大主导产业增加值增长11.9%，高于全省规模以上工业增速3.3个百分点；8月当月，五大主导产业增加值增长6.5%，高于全省规模以上工业增速5.0个百分点，拉动全省工业增长2.9个百分点，其中电子制造业、食品制造业同比分别增长22.6%、7.5%，分别高于五大主导产业增速16.1个、1.0个百分点。高技术制造业快速增长。1~8月，全省高技术制造业增加值增长27.2%，高于规模以上工业增速18.6个百分点。战略性新兴产业加快成长。

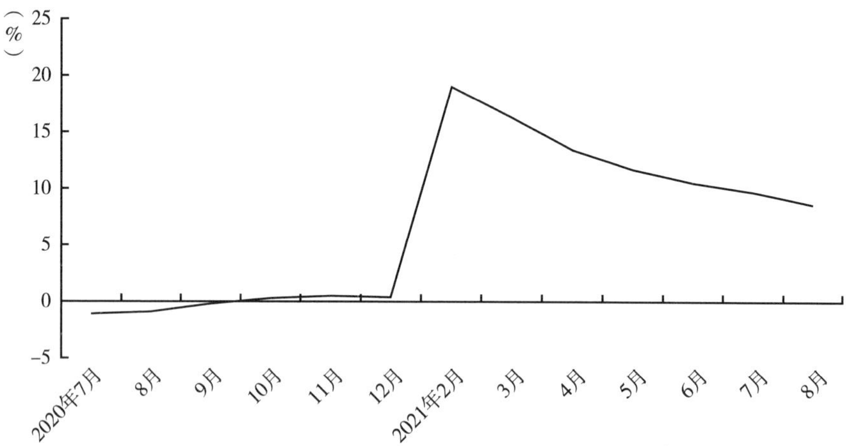

图1　2020 年 7 月至 2021 年 8 月河南规模以上工业增加值累计同比增速

资料来源：河南省统计局、国家统计局河南调查总队：《河南统计月报》，2021 年 8 月。

1～8 月，全省战略性新兴产业增加值增长 16.2%，高于规模以上工业增速 7.6 个百分点。

（二）投资增长有所放缓，但投资结构持续优化

投资是连接总需求和总供给的关键变量，是稳定经济增长的“顶梁柱”。2021 年，全省上下树立“项目为王”鲜明导向，大力开展“三个一批”活动，聚精会神抓项目、促投资、增动能，形成了大抓项目、抓大项目、抓好项目的浓厚氛围。受汛情、疫情和基数效应的叠加影响，全省投资增长略有放缓，但与全国平均水平的差距进一步缩小。

2021 年 1～8 月，全省固定资产投资同比增长 5.4%，比 1～7 月回落 0.4 个百分点，与全国平均水平的差距由 1～7 月的 4.5 个百分点缩小至 3.5 个百分点；两年平均增长 4.2%，高于全国平均水平 0.2 个百分点。基础设施投资增长低迷。受新开工项目支撑不足等因素影响，1～8 月全省基础设施投资仅增长 1.7%，比上年同期低 0.3 个百分点。房地产开发投资增速持续回落。国家房地产调控政策效果日益明显，特别是受上半年土地

供给增速缓慢和“三条红线”政策约束的双重影响，房企到位资金增速逐步下降，“低开工、快施工、高竣工”的建安模式愈发明显。1～8月，全省房地产开发投资增长7.0%，比1～7月回落2.2个百分点；商品房销售面积、销售额分别增长5.5%、6.8%，比1～7月分别回落6.0个、7.2个百分点。

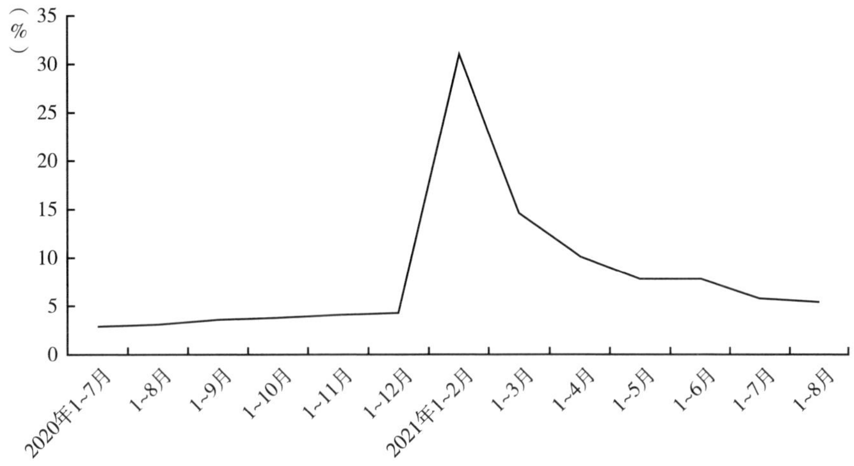

图2　2020年7月至2021年8月河南固定资产投资累计增速

资料来源：河南省统计局、国家统计局河南调查总队：《河南统计月报》，2021年8月。

虽然全省固定资产投资增长有所放缓，但结构保持了继续优化的发展态势。分产业看，1～8月，第一产业投资同比下降11.3%，第二产业投资增长11.0%，第三产业投资增长4.1%，第二产业投资占比超过30%，为近四年新高。工业投资保持较快增长势头。随着“万人助万企”等多项惠企政策落地生效，企业在生产经营中遇到的困难和问题不断被化解，生产成本有所降低，1～7月全省规模以上工业企业每百元营业收入中的成本费用同比减少0.26元，有效助力企业投资能力提升。全省工业投资自6月以来的“V”形反转加速态势不断巩固，1～8月同比增长10.8%，分别比上半年和1～7月加快3.1个、1.5个百分点。高技术制造业投资引领工业投资内部结构优化。制造业是实体经济的根基和主体，制造业投资对经济增长和促进就业都具有关键性带动作用，1～8月全省高技术制造业投资同比增长35.1%，比1～7月提高2.9个百分点，拉动工业投资增长3.3个百分点。

（三）市场消费有所降温，但新兴消费加快成长

消费是拉动经济增长的第一动力，在经济运行中发挥着“压舱石”作用。2021年7月的特大洪涝灾害给全省消费复苏带来了较大冲击，尤其是灾后重建过程中又出现新冠肺炎疫情反弹，造成相关人群收入预期下降，进一步延缓了全省消费复苏的步伐，加上上年同期基数升高的因素，全省市场消费明显降温，与全国平均水平差距有所扩大。

2021年1～8月，全省社会消费品零售总额15486.72亿元，同比增长12.3%，比1～7月回落2.7个百分点，与全国平均水平的差距比1～7月扩大0.1个百分点；两年平均增长1.4%，低于全国平均水平2.5个百分点。8月当月社会消费品零售总额1824.6亿元，下降4.4%，为2021年以来当月首次下降，低于全国平均水平6.9个百分点。限额以上单位消费品零售额增速下降，1～8月，全省限额以上单位消费品零售额4179.2亿元，增长12.3%，比1～7月回落3.7个百分点，低于全国平均水平8个百分点。汽车类、石油及制品类零售额增速降幅较大，受疫情灾情影响，占限额以上单位消费品零售额比例超1/3的第一大类商品汽车的零售额为1462.8亿元，增长15.1%，比1～7月回落5.3个百分点，低于全国平均水平5个百分点；第二大类商品石油及制品零售额为500.2亿元，增长8.3%，比1～7月回落1.9个百分点，低于全国平均水平12.4个百分点。

虽然消费增势出现回落，但作为拥有1亿人口、城镇化率低于全国平均水平8.46个百分点的大省，河南潜在市场优势依旧很大。生活必需品零售平稳较快增长，1～8月，粮油食品类、饮料类、烟酒类、服装鞋帽针纺织品类、日用品类等分别增长10.2%、16.0%、30.2%、8.2%、20.5%。网络销售增长较快。为应对灾情疫情带来的不利影响，企业加快发展互联网销售、外卖送餐等无接触服务，使得与网络相关的消费新业态呈较快增长。8月，全省限额以上单位通过公共网络实现的商品销售额增长2.2%，1～8月

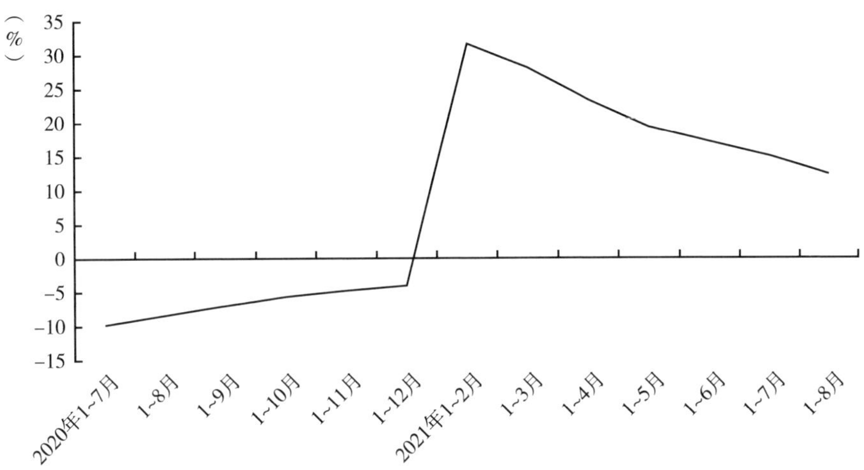

图3　2020 年 7 月至 2021 年 8 月河南社会消费品零售总额累计增速

资料来源：河南省统计局、国家统计局河南调查总队：《河南统计月报》，2021 年 8 月。

累计增长 13.2%。新兴商品消费保持快速增长，随着智能家居市场和新能源汽车需求量不断增大，智能及新能源相关商品实现较快增长。8 月，全省限额以上单位的智能家用电器和音像器材、新能源汽车、可穿戴智能设备零售额分别增长 9.8%、48.8%、60.7%。多数消费升级类商品保持较快增长，1~8 月，全省体育娱乐用品类、书报杂志类、文化办公用品类商品分别增长 22.4%、20.3%、22.3%，分别高于限额以上商品零售额增速 10.1 个、8.0 个、10.0 个百分点。

（四）外贸增势有所下降，但整体表现依然亮眼

外贸是拉动经济增长的重要力量。面对复杂多变的国内外宏观经济形势和新冠肺炎疫情持续多变的环境，河南立足产业链完整的优势，锲而不舍推进“四条丝路”建设，持续做好外资招商、安商、稳商工作，不断提升对外开放能级。受上年进出口前低后高走势影响，2021 年全省外贸增速逐月放缓，但仍保持了高速增长势头，成为全年河南经济运行的突出亮点。

2021 年 1~8 月，全省进出口总值 4770.1 亿元，增长 46.8%，规模和

增幅分别居全国第 12 位、第 6 位，增幅大于全国平均水平 23.1 个百分点，进出口总值比 2019 年同期增长 61.4%，两年平均增长 27.4%，整体保持了高速增长态势。其中，出口 2957.6 亿元，增长 43.2%，分别居全国第 10 位、第 6 位，增幅大于全国平均水平 20 个百分点；进口 1812.5 亿元，增长 53.2%，分别居全国第 14 位、第 6 位，增幅大于全国平均水平 28.8 个百分点。进出口增速逐月放缓。从各月情况看，1～2 月、1～3 月、1～4 月、1～5 月、1～6 月、1～7 月、1～8 月进出口分别增长 125.4%、79.3%、72.3%、65.8%、60.0%、53.1%、46.8%。民营企业进出口增速最高、占比和贡献最大，1～8 月，全省民营企业进出口 2252.5 亿元，增长 98.8%，占全省总额的 47.2%，占比首次超过外资企业，增长贡献率达 71.2%。跨境电商进出口增长较快。1～8 月，全省跨境电商进出口（含快递包裹）1352.2 亿元，增长 26.5%，比 2019 年同期增长 28.8%，两年平均增长 13.5%。外贸主力产品出口增速较高。1～8 月，全省第一大出口商品手机出口 1539.0 亿元，增长 47.7%，占全省出口总额的 52.0%；汽车零配件出口 34.6 亿元，增长 41.4%。

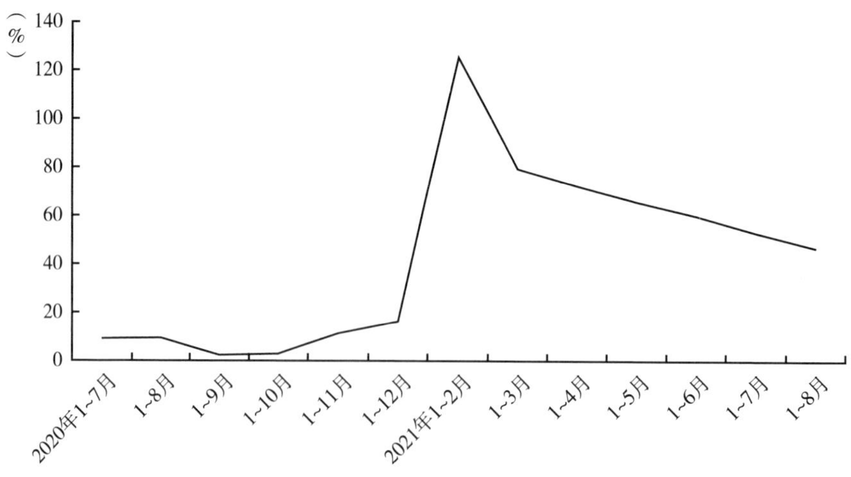

图 4　2020 年 7 月至 2021 年 8 月河南进出口总额累计增速

资料来源：河南省统计局、国家统计局河南调查总队：《河南统计月报》2021 年 8 月。

在持续稳外贸的同时，河南积极做好稳外资工作，促使招商引资保持增长态势。2021 年 1 ~8 月，全省新设外资企业 203 家，增长 38.1%。实际利用外资延续稳定增长态势，1 ~8 月，全省实际利用外资 129.6 亿美元，增长 7.1%，比 2019 年同期增长 9.2%，两年平均增长 4.5%。从产业分布看，服务业领域实际利用外资 66.2 亿美元，增长 26.8%，占全省总额的 51.1%；制造业领域实际利用外资 57.7 亿美元，下降 6.1%，占全省总额的 44.5%。引进省外资金保持正增长，1 ~8 月，全省新增省外资金项目 3830 个，增长 23.9%；实际到位省外资金 7124.3 亿元，增长 4.1%，比 2019 年同期增长 5.8%，两年平均增长 2.9%。

（五）财政收支矛盾有所加剧，但物价就业总体稳定

财政是国家治理的基础和重要支柱，也是地方经济发展的重要保证。由于 2021 年国内外经济形势依然严峻复杂，特别是伴随下半年基数效应减弱，河南财政收入增速逐步回落，加上 2021 年新增财政赤字以及发行抗疫特别国债、特殊转移支付等特殊举措减少或取消，全省可用财力较少，而污染防治、教育、“三保”等支出刚性较强，财政收支矛盾更加突出，财政收支紧平衡进一步加剧。财政收入增速回落，2021 年 1 ~8 月，全省一般公共预算收入 3065.91 亿元，同比增长 9.9%，两年平均增长 5.56%；其中，实现税收收入 2029.21 亿元，增长 9.7%，占一般公共预算收入的比重为 66.19%。财政支出增速先降后升，1 ~8 月，全省一般公共预算支出 7397.9 亿元，增长 4.3%，支出规模和增速分别居全国第 3 位、第 16 位。

虽然财政收支矛盾进一步加剧，但是全省上下持续保障和改善民生，多渠道做好重点群体就业促进工作，办好教育、医疗、养老、住房等民生实事，社会大局总体稳定。物价保持温和上涨，1 ~8 月，河南 CPI 同比上涨 0.8%，较第一季度及上半年分别上涨 0.6 个和 0.1 个百分点，涨幅呈持续收窄的运行态势，总体表现平稳。社会就业总体稳定，1 ~8 月，全省城镇新增就业 92.21 万人，城镇失业人员再就业 26.96 万人，新增农村劳动力转移就业 37.07 万人，分别完成年度目标任务的 83.8%、107.8%、92.7%。

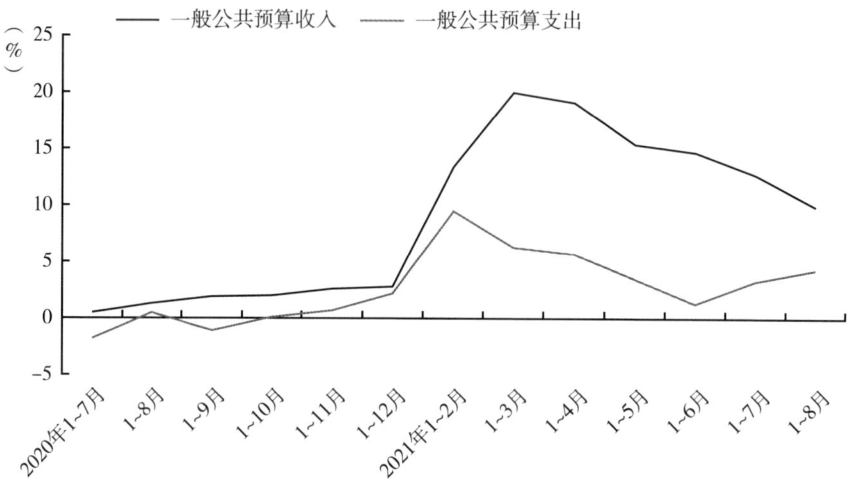

图5　2020年7月至2021年8月河南一般公共预算收入、一般公共预算支出累计增速

资料来源：河南省统计局、国家统计局河南调查总队：《河南统计月报》，2021年8月。

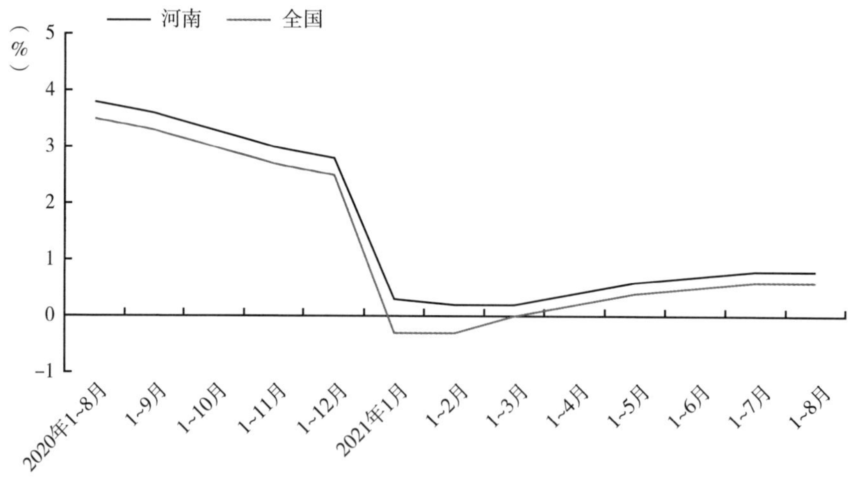

图6　2020年8月至2021年8月河南与全国居民消费价格指数变动趋势

资料来源：河南省统计局、国家统计局河南调查总队：《河南统计月报》，2021年8月。

总的来看，2021年，河南经济运行遇到了严峻挑战，但经济整体仍显现出较强的韧性和活力，疫情汛情对全省经济的不利影响是短期的、外在的、总体可控的，经济长期向好、稳中向好的基本面和经济内在向上的发展势头没有改变，经济运行必将重回稳定恢复轨道。在此过程中，有几个问题需要引起高度关注。一是经济下行压力较大。受全球疫情持续演变、国内疫情多点散发以及自然灾害影响，全省经济增速呈现明显下滑趋势，稳增长压力加大。二是消费复苏步伐放缓。汛情叠加疫情影响了居民对未来收入的预期及风险偏好，将在未来很长一段时间内影响家庭的消费，对进一步提振消费提出了更高要求。三是 PPI 与 CPI 走势分化严重。8 月，全省 PPI 与 CPI “剪刀差” 继续扩大到 7.8 个百分点，说明市场价格传导不畅，反映出当前社会总需求复苏的基础还不稳固，下游生产企业的经营困难增大。四是重点领域风险隐患加剧。在宏观杠杆居高不下的现实情况下，地方政府债务风险、企业信用违约风险等依然较大，需要提高警惕、冷静应对。

二　2022年河南经济发展环境及总体走势展望

（一）2022年河南经济运行环境分析

1. 有利条件

（1）财政金融政策更加积极扩大内需

自新冠肺炎疫情发生以来，世界经济进入复杂多变的震荡周期，无论是发达经济体还是新兴经济体，都面临着新冠肺炎疫情与贸易保护主义叠加冲击带来的经济下行的巨大压力。国内受疫情散发、国际市场需求变化等因素影响，国民经济高开低走，经济增长面临较大的压力。在此背景下，加强跨周期的调节努力扩大内需成为 2022 年我国经济宏观政策的主要方向。就财政政策来说，2022 年将继续实施积极的财政政策，其力度将比 2021 年更大，更加有为有效。在减税降费空间逐渐变小的背景下，中央 2022 年将适当扩大专项债规模，保持对重点项目的支持力度，加快补齐医疗卫生等民生领域短板，更好服务国家战略。就货币政策来说，按照跨周期调节的思路，2022 年我国将继续实施稳健的货币政策，但是流动性会比 2021 年更加宽松一些，这就为2022年扩投资、促消费、保增长提供了有利条件。

（2）新一轮深化改革开放激发新动力

2021年初以来，我国经济持续稳定恢复、稳中向好，为全面深化改革提供了“窗口期”。习近平总书记在庆祝中国共产党成立100周年大会上的讲话中指出，要坚定不移高举改革开放旗帜，全面深化经济体制、政治体制、文化体制、社会体制、生态文明体制和党的建设制度改革。以此为标志，我国全面深化改革开放进入新阶段，各地区各部门立足新发展阶段、贯彻新发展理念、构建新发展格局、推动高质量发展，围绕增强创新能力、推动平衡发展、改善生态环境、提高开放水平、促进共享发展等重点领域和关键环节，继续把改革开放推向深入。河南地处内陆，无论是思想意识还是制度建设，都有着较强的封闭性和滞后性，需要深化改革的地方还有很多。中央新一轮改革开放的重大部署，为河南深化经济、政治、文化、社会、生态和党的建设等多领域、多方面的改革提供了机遇。

（3）内循环发力助内陆省份走向经济发展的前台

自特朗普担任美国总统以来，世界孤立主义、保护主义肆虐，国际产业链、价值链、贸易链遭到一定程度的破坏。同时，为遏制新冠肺炎疫情蔓延而实施的防护隔离政策，也一定程度上为世界经济联系带来了阴影。在保护主义和新冠肺炎疫情双重冲击下，我国外部需求持续减弱，外贸进出口面临较大挑战，经济发展遇到了前所未有的困难。在此背景下，中央从全局战略考虑，提出了以促进内循环为重点的双循环新发展格局。河南地处内陆，在发展外向型经济方面处于劣势，但河南人口多、市场大、基础好，在促进内循环方面有着显著的优势。加快内循环发展，为作为内陆省份的河南走向经济发展的前台提供了难得的机遇，形成2022年河南经济发展的有利条件。

（4）黄河生态经济带赋能沿黄新棋局

自2019年9月习近平在郑州主持召开黄河流域生态保护和高质量发展座谈会并发表重要讲话以来，黄河流域生态保护和高质量发展逐渐上升为国家战略，给沿黄各省区高质量发展带来了战略机遇。2021年10月，中共中央、国务院印发《黄河流域生态保护和高质量发展规划纲要》，为当前和今后一个时期黄河流域生态保护和高质量发展提供了遵循。这一规划纲要的批复，标志着黄河生态经济带在国家层面被正式确认，一系列的配套支持政策也将随之落地。河南地处黄河流域的腹地，是黄河流域高质量发展的主战场，是黄河生态经济带加快崛起的主力军。《黄河流域生态保护和高质量发展规划纲要》的批复，为河南新一轮改革发展提供了新的机遇，形成2022年河南经济发展的重要支撑。

（5）新型城镇化加速再造中原新优势

“十四五”时期，我国进入新发展阶段，新型城镇化建设也迈上新征程。《中华人民共和国国民经济和社会发展第十四个五年规划和二〇三五年远景目标纲要》强调，“提升城镇化发展质量”“深入推进以人为核心的新型城镇化战略”。新型城镇化是在总结我国实践、借鉴世界经验、立足时代发展的基础上国家做出的重大战略部署，将为2035年基本实现社会主义现代化提供强大动力和坚实支撑。河南是农业大省、人口大省，城镇化水平较低，面临着推进新型城镇化的重任。2021年9月7日，河南省委工作会议提出实施以人为核心的新型城镇化战略，为河南未来一个时期的新型城镇化提供了路径。新型城镇化的推进，对于扩大内需具有重大意义，是促进内循环的重要抓手，中央推进新型城镇化的战略部署为2022年河南经济发展提供了重要机遇。

2. 不利因素

（1）新冠肺炎疫情令世界形势的不确定性加剧

当前，世界经济复苏进程呈现明显的非均衡性，全球疫情并没有真正得到有效控制。由于疫苗供应的持续分化，通胀加速和债务规模不断扩大，全球经济复苏面临更多风险。美国在拜登政府经济救助政策的刺激下，经济复苏势头强劲，经济增速有望达到年内高点，但同时美元超发也带来了通胀的风险。美国CPI已经连续4个月位于5%以上，通胀压力巨大，其财政货币工具已被过度使用，逆周期调节政策面临退出甚至转向，2022年经济回落的可能性极高。而且，美元作为国际货币，其超发导致的美国国内通胀如果向外部传导，有可能推动全球经济进一步走向滞胀。部分新兴国家及发展中经济体的疫苗供应不足、通胀、债务问题都可能进一步恶化，而且这种情况可能会持续较长时间，全球经济复苏面临的风险和障碍可能会变得更加明显。

（2）中美经济“脱钩”的风险仍在

当今世界，孤立主义和保护主义肆虐，逆全球化潮流涌动，世界经济面临的不确定风险越来越大。在此背景下，美国以维护国家安全为由，将华为、大疆、海康威视等一批中国高科技标杆企业加入黑名单，在全球范围内进行断供，对中国高科技产业链形成重大冲击。拜登政府上台后，基本延续特朗普政府对中国的遏制政策，中美贸易摩擦有进一步升级的风险。尽管美国贸易代表戴琪提出了“对华再挂钩”的主张，但其咄咄逼人的对华施压政策却没有丝毫变化。可以预见，未来美国对华强硬的立场不会根本改变，中美经济进一步“脱钩”的风险仍在。受此影响，2022 年全国经济受到的外部冲击将进一步增大，形成河南经济增长的外部利空。

（3）经济系统性风险释放风险增加

当前，国内经济运行中存在着诸多结构性、系统性的矛盾和风险。一是实体经济不景气企业经营风险增加。新冠肺炎疫情对国内企业的负面影响持续，加上国际大宗商品涨价引起的 PPI 高企导致企业成本增加，企业效益普遍下滑。二是债务危机可能诱发金融领域的系统性风险。经济下行、实体经济困难增加，部分企业面临倒闭的风险，催生了金融领域的系统性风险。海航、华夏幸福、恒大事件，都表明金融系统的稳定性面临着巨量债务暴雷的考验，可以预测 2022 年仍会有部分企业陷入债务危机，金融系统仍将面临较大的风险。三是经济领域的风险向社会领域扩散的风险增加。企业经营不景气，导致了失业增加，就业质量下降，进而影响扩大消费。同时，居民收入减少也可能影响社会稳定，这些风险都需要引起注意。河南是全国的缩影，全国宏观经济中的风险在河南都有体现，而且，河南产业结构较“重”，劳动密集型产业比重较高，使得这些风险相较全国更为突出。综上，2022 年国内经济运行风险可能将进一步释放，对河南经济增长形成制约。

（4）碳达峰目标下产业转型压力骤增

按照2022年“两会”提出的目标，我国二氧化碳排放要在2030年前达到峰值，2060年前实现碳中和。为实现“碳达峰”“碳中和”的目标，我国开始推进产业结构优化升级和低碳转型，对资源型传统工业发展进行限制。由于发展相对滞后，产业结构优化升级存在能力不足的问题，河南工业受到的冲击相对较大。省内一些市县工业偏重于资源密集型产业或基础薄弱，服务业也以传统服务业为主，加之交通等基础设施和公共服务体系尚不健全，资金和科技支撑力度有限，因而河南很难靠自身力量推动产业结构升级，同时也难以通过吸引好的项目或投资来带动产业结构升级。即便是经济发展相对较好的郑州、洛阳等地区，目前也面临着土地等要素制约以及淘汰落后产能等困难，同时也面临着世界发达国家“再工业化”以及核心高新技术封锁等不利于产业结构高端化的挑战。基于此，“碳达峰”“碳中和”对河南工业发展所带来的挑战不容忽视，可能导致部分行业限产停产以及成本增加，形成2022年全省工业增长的现实困难。

（5）全省财政收支矛盾进一步加剧

在新冠肺炎疫情的背景下，2022年实体经济困难仍将持续，企业经营困难可能增加，经济效益下滑，税收贡献下降，财政收入增速将会减缓。为应对新冠肺炎疫情的冲击，国家实行积极的财政政策，一方面进一步出台减税降费的政策，形成财政收入减少的因素；另一方面增加政府投资，政府支出大幅度增加。这样，政府财政收入减少叠加投资支出增加，导致财政收支的矛盾持续加大。河南产业层次不高，单位GDP税收含量较低，加之较大的民生支出压力，2022年政府财政收支矛盾将更加突出，这在客观上将影响政府宏观调控的能力，对2022年的经济增长形成利空。

（二）2022年河南经济走势分析及总体研判

由于新冠肺炎疫情尚没有得到根本好转，世界孤立主义、保护主义仍在，全球通胀加速以及债务规模不断扩大，阻碍我国经济复苏的风险正在上升，未来河南经济恢复仍面临较大的不确定性。然而，从总体上看，河南经济长期向好的基本面并没有改变，仍处于重要的战略机遇期。2022 年，在新冠肺炎疫情进一步得到有效控制的基础上，河南锚定“两个确保”，全面实施“十大战略”，全省经济运行将继续保持稳定恢复态势。综合预计，2022 年全省经济运行将呈现企稳回升、总体向好的态势，经济增长 6.5% 左右。

1. 稳中加固态势持续，经济增速企稳向好

2021 年以来，河南积极推进疫情防控、抗洪救灾，持续推进“六保”“六稳”，全省经济总体延续稳定恢复态势。与此同时，河南加快谋划 2022 年的经济发展，省委省政府提出了“两个确保”总目标，提出了“十大战略”总路径，2022 年全省经济有望保持稳中加固、稳中向好的势头。工业发展方面，河南全面深化传统产业“三大改造”，加快推进制造业创新平台建设，完善 50 个制造业集群产业链“全景图”，不断增强工业发展动力；服务业发展方面，全省加快培育现代物流、金融保险、信息服务等新兴服务业，积极推进六项重大工程，推动服务业转型升级，服务业发展的基础和动能不断增强；农业发展方面，全省大力推进农业供给侧结构性改革，坚决扛稳粮食安全重任，以“三链同构”提升农业效益和竞争力，增强农业发展后劲。这些政策措施的实施，为全省 2022 年经济恢复和发展提供了坚实基础和重要支撑。然而，也应该看到，世界范围内新冠肺炎疫情尚没有结束，国内仍面临着疫情输入的巨大压力，个别地区也面临疫情反弹的风险，抗疫呈现长期化的趋势，对 2022 年全省经济发展会造成不利影响。综合判断，2022 年全省经济将继续保持回升向上势头，主要指标会基本恢复到疫情前的增长水平。

2. 重大项目加速落地，投资稳中趋升

2021 年下半年以来，河南省委突出抓项目就是抓发展、谋项目就是谋未来的总体思路，在全省范围内推进重大项目建设暨“三个一批”推进会，为河南省经济社会发展注入强劲动力。同时，河南积极推动郑州、洛阳两大都市圈建设，2021～2022 年，两大都市圈建设预计投资将超过 3000 亿元，成为全省投资的新增长点。2022 年，央行将会延续实施稳健的货币政策，适当放松银根，促进流动性合理增长，同时，财政政策也将更加积极，更加

注重“固本培元”，加大对重点项目的支持力度，这有利于促进河南省工业投资增长，形成2022年河南经济增长的重要支撑。此外，针对疫情发生以来河南实体经济持续下滑、部分企业经营困难的情况，各地各行业积极开展“万人助万企”活动，也激发了市场主体的活力，为2022年经济发展提供了支撑。综合判断，2022年全省固定资产投资将延续回升的势头，但增长的速度将会降低。

3. 新型消费热点频现，市场消费稳步回升

随着疫情防控形势的逐步好转以及经济增速的持续恢复，目前全省消费正呈现持续回暖的势头。2021年以来，全省出台了一系列扩消费促转型的政策措施，鼓励居民购买电脑、汽车、家电等大宗商品，鼓励居民网购等线上消费，以及教育、健康、旅游等服务消费。省财政筹措1亿元资金引导市县财政形成合力加强消费奖补，标准由2020年的10%提高到20%，重点支持“五个消费”。省商务厅连续举办“消费促进月”、中部国际连锁加盟博览会、主播探店直播等活动，为全省消费市场注入新动能，激发消费新活力。为激活消费，省政府出台了《关于进一步扩大消费的若干意见》，提出了促进文旅消费、农村消费及新型消费的一系列补贴政策。2022年，这些促进消费的政策将会继续实施，有助于刺激形成新的消费增长点，形成支撑经济增长的重要力量。然而，国外疫情持续蔓延所导致的外需不振以及全省就业和收入增长仍面临较大困难，将形成对2022年全省消费增长的制约。综合判断，2022年全省消费将延续稳步回升的态势，对经济增长的贡献将进一步增强。

4. 外贸形势仍然复杂，进出口下行压力较大

2021年以来，我国外贸出口超预期走强，这可能与东南亚国家疫情明显反弹有关。随着美国大规模财政刺激结束，其对我国出口的带动作用不断减弱，加之海外疫情变化影响，河南出口韧性的延续时间具有不确定性。当前，全球新冠肺炎疫情仍没有根本好转，国外疫苗注射进展缓慢，加上病毒不断变异，2022年国际经济环境面临较大的不确定性。同时，中美贸易摩擦呈现长期化、扩大化和不断反复的特征，对国内经济和进出口将产生复杂

的影响，因此2022年河南省的外贸环境依然严峻，制约河南进出口的因素仍然较多。尽管河南省为应对新冠肺炎疫情，出台了诸多鼓励外贸发展的政策，但是受国外疫情管控的影响，很多政策无法最大限度地发挥效力，2022年河南进出口增长将面临较大挑战。但同时，也应当看到，河南产业链完整、供应链率先恢复的优势对进出口仍有较强的支撑作用。总体来看，2022年全省进出口仍将保持恢复性增长，但也面临着较大的压力。

5. PPI增速高位回落，消费价格基本稳定

2021年以来，受美国量化宽松政策带来的美元超发的影响，世界范围的通胀面临较大的压力。同时，由于国际大宗商品产地减产、政策性供给收缩以及需求复苏等因素的影响，国际大宗商品价格出现快速上涨。大宗商品价格上升明显地推升了国内PPI，国内PPI同比增速也呈现同步加速上扬趋势。预计国际大宗商品价格将在2022年第一季度见顶回落，并带动国内PPI同比增速回调，预计2022年全国PPI同比增速为5%左右，河南PPI同比增速将回落到5%以下。在我国，由于大宗商品价格和PPI上涨向CPI传导的能力较弱，2021年以来CPI增速一直维持在比较温和的水平上。2021年1～8月全省CPI同比上涨0.8%，处于较低的水平区间。预计2022年CPI同比涨幅会有所扩大，全年的CPI同比涨幅将在2%左右。

6. 就业形势总体平稳，部分行业就业压力仍然较大

2021年以来，面对疫情影响造成的严峻就业形势，河南实施了稳岗补贴、创业补贴、就业补贴等一系列扶持重点群体的创业就业政策。在此基础上，全省继续实施支持就业“321”计划，推动高校毕业生多种渠道就业。同时，基于小微企业在稳定就业中的特殊地位，财政部通过减税降费等手段，扶持小微企业发展，河南则通过加强政府性融资担保体系建设，支持小微企业发展，对全省稳定就业也起到了积极作用。这些政策措施的综合发力，将为2022年全省就业形势好转带来利好。然而，也应当看到，疫情防控所导致的外向型经济发展受阻，可能会引发外出务工人员阶段性集中回流，给全省2022年就业安置工作带来一定压力。同时，常态化的疫情防控措施，对作为就业主体的服务业带来了一定的冲击，一些企业陷入困境，最

直接的影响是导致员工下岗失业。此外，总体判断，2022 年河南就业形势将总体平稳，但是在某些行业及领域，就业的压力仍然比较大。

三 加快推进河南实现高质量发展的对策建议

面对当前复杂多变的环境和艰巨的发展任务，全省上下必须认清方位、把好方向，结合新形势新任务进一步完善奋斗目标及战略举措，突破惯性思维、打破路径依赖，推动全省经济向高质量发展转变，实现直道冲刺、弯道超车、换道领跑，向着大而优、大而新、大而强和高又快、上台阶不断迈进，加快实现“奋勇争先、更加出彩”目标。

（一）着力稳增长，统筹抓好疫情防控和经济发展

做好疫情防控工作是确保经济社会健康持续发展的前提。当前，全省疫情防控向好态势不断巩固，但不可忽视的是国际疫情依然持续蔓延，国内则出现了部分地区疫情反弹与零星散发的情况，全省疫情防控形势依然严峻，经济发展面临着重大挑战。因此，要树立长期作战思想，坚持精准施策，统筹抓好疫情防控和经济发展工作，完善“一手抓疫情防控、一手抓经济发展”工作方法，构建与疫情防控相适应的经济运行秩序，努力将疫情影响降到最低。要严格落实“外防输入、内防反弹”策略，因时因势优化完善防控措施，加强对车站、景区、文化娱乐等重点场所的防控检查，强化“闭环 + 监督”管理，加强疫情发展监测，对未来疫情发展走势进行科学研判，根据疫情形势变化，持续加大防疫政策和安全出游知识宣传，有序推进新冠疫苗加强针接种，同步推进青少年疫苗接种，筑牢健康免疫屏障。要加强全省经济运行监测分析，做好对重点领域、重点行业、重大项目的监测分析和统筹调度，及时发现经济运行中的苗头性、倾向性、潜在性问题并加以分析研判，采取前瞻性、针对性措施予以解决。要做好助企纾困工作，保障已出台的援企惠企政策措施落实到位，围绕切实减轻企业负担进一步抓好减税降费、加大金融支持、清理违规收费等重点工作，提振市场预期和发展信

心，同时围绕国家产业导向和政策取向加强对重大政策的谋划争取，为全省经济稳定增长夯实政策基础。

（二）着力调结构，聚力“项目为王”招大引强选优

项目是经济发展的重要载体，是调结构促转型的重要推力，必须突出“项目为王”的理念，重点聚焦大项目好项目建设，着力招大引强选优，以高质量项目支撑高质量发展，推动实现全省经济平稳健康增长。要突出重点领域，抓好储备项目谋划，一方面围绕“一带一路”建设、黄河流域生态保护和高质量发展、促进中部地区崛起等重大战略和产业政策，立足河南实际谋划重大项目和工程，并积极争取国家的大力支持；另一方面聚焦未来产业、新兴产业、先进制造业等重点领域加强重大项目统筹谋划，为重塑竞争优势奠定项目基础。要聚焦重大项目加大招引力度，动态完善重点产业链图谱和招商路线图，推行市场化、专业化、精细化招商新模式、新机制，发挥党政一把手负总责、亲自抓、做表率的示范带动作用，灵活运用平台招商、会展招商、以商招商、专业招商、智慧招商等多种方式，加快引进一批产业链龙头骨干企业和优质项目，持续招大引强、招新引精。要狠抓项目落地建设，成立重大项目服务专班，强化服务项目的“店小二”意识，加大包联督导力度，对重点项目工程进行现场督查、跟踪督查，及时协调解决项目推进中的堵点痛点难点问题，明确重大项目推进时间表、路线图、责任状、奖惩单，围绕项目做好全过程跟踪、全方位服务、全要素保障工作，确保重大项目尽早落实落地，早开工、早达效。

（三）着力挖潜力，全面促进消费提质升级

在国际环境多变、外部需求波动的情况下，消费对于经济增长的支撑作用日益凸显。2021 年 8 月全省出现新冠肺炎疫情反弹情况，导致居民消费回升势头有所减缓。要推进全省经济平稳快速增长，就必须抓好常态化疫情防控下的消费促进工作，深入挖掘消费潜力，持续促进消费提质升级，进一步增强消费对经济增长的拉动作用。要加强政策引导，通过减税和补贴的方

式对低收入群体进行补助，以增强其消费欲望和购买力；围绕消费热点和消费节点开展专项促销活动，分批错峰发放吃住游购娱等消费电子券，着力扩大零售、餐饮、住宿等领域的消费，推动“夜经济”“假日经济”“周末经济”等业态迭代创新，以丰富消费业态、活跃消费市场。要推进传统零售转型升级，支持传统零售企业围绕消费个性化、多样化、差异化的趋势特点调整优化商品和服务供给结构，加强线上线下融合发展，积极培育信息消费、绿色消费、数字消费、时尚消费等新型消费。要提振汽车、家电等大宗商品消费，确保全面取消二手车限迁政策的切实落实，因地制宜出台家电家具消费、智能手机以旧换新、家电下乡等补贴政策，完善废旧家电回收处理体系，推动家电消费换代升级。要激发农村地区消费潜力，支持电商企业完善农村服务网点，健全县、乡、村三级物流配送体系，畅通城乡双向流通渠道；推动文化、旅游、健康、体育等服务消费加快发展，以更好地满足农村居民的多样化需求。要打造优良的消费环境，持续推进诚信体系建设，强化市场监管，严厉打击假冒伪劣商品和虚假宣传，切实保障消费者的合法权益，进一步增强安全消费、放心消费的信心。

（四）着力激活力，纵深推进改革开放

改革开放是激发发展活力的关键，是高质量发展的必由之路。面对当前新环境新形势下不断涌现的新问题，更要坚定不移纵深推进改革开放，以改革破解发展难题，以开放拓展发展空间，为河南高质量发展注入新的动力和活力。要牵住经济体制改革的“牛鼻子”，聚焦提升市场配置资源的决定性作用，重点推进财税金融、要素市场、产权制度、价格体制、国资国企等领域的改革，注重加强各领域各环节改革举措的系统集成、协同，提高改革综合效能。要持续深化“放管服效”改革，突出市场化、法治化、国际化要求，围绕企业全生命周期不断提升政府服务，搭建政企沟通平台，构建亲清新型政商关系，为市场主体营造公平竞争环境，以“环境好”体现“制度优”、以“硬措施”托底“软实力”，充分激发各类市场主体的活力和创造力。要深化“四路协同”“五区联动”，持续提升开放载体平台的质效和能级，从而更好地

融入“一带一路”建设，不断增强河南在高质量共建“一带一路”中的链接度和影响力。要不断拓展开放合作空间，以主动服务和融入双循环新发展格局为契机，加快智慧交通建设，促进公共交通、轨道交通等各种运输方式有效衔接，拓展与周边省份的便捷联系，强化与长三角、粤港澳大湾区等城市群的联通，不断巩固枢纽地位，持续推进与京沪苏浙、粤港澳等地区的战略合作，积极与主要增长极牵手互动、借势发展。

（五）着力增动能，持续提升科技创新水平

创新是推动实现高质量发展的强大动能。当前，河南比以往任何时候都更加需要创新。河南必须把创新摆在发展的逻辑起点、现代化建设的核心位置，切实增强科技创新能力，全力建设国家创新高地，以创新为引擎促进高质量发展。要加强创新平台载体建设，围绕主动对接、深度嵌入国家战略科技力量体系整合重组全省实验室体系，积极在优势领域新创建一批国家重点实验室，不断强化储备、梯次推进、勇攀高峰；加快构建产业链上下游、大中小企业融通创新机制，建立产业研究院、创新联盟、创新联合体等，推动实现主导产业、主要企业研发机构全覆盖。要提升高校和科研院所创新源头供给能力，推动省科学院重建重振，深化省农科院等科研院所改革，重塑研发体系、转化体系和服务体系；加大对郑州大学、河南大学“双一流”建设支持力度，深入推进高校布局、学科学院、专业设置优化调整，确定一批重点高校重点学科并给予支持，使其力争进入“双一流”行列。要深化科技创新体制改革，加大郑洛新自创区先行先试力度，探索建立重大创新需求与财政投入保障衔接机制，实行“揭榜挂帅”、“赛马制”、PI 制等新兴科研组织方式，落实以增加知识价值为导向的收入分配政策，为创新创业者提供最优质的竞技场。要全力打造人才高地，围绕人才培养、引进、评价、待遇、使用、激励等关键环节，构建最具竞争力的人才政策体系，聚天下英才而用之。

（六）着力惠民生，织密织牢民生保障网

着力保障和改善民生是一项长期工作，没有终点站，只有连续不断的新

起点。我们要始终把保障和改善民生作为经济社会发展的重要任务，切实增进民生福祉，使人民群众共享发展成果。要巩固脱贫攻坚成果，建立健全返贫监测预警和动态帮扶机制，完善帮扶措施，坚决守住底线，提升脱贫质量。要千方百计稳定就业，重点抓好高校毕业生、农民工、退役军人等重点群体多渠道就业工作，全面落实援企稳岗政策，增强企业创造和稳定就业岗位的能力，着力解决受疫情影响失业人员再就业问题，探索发展基于共享经济、数字经济的新就业形态，不断拓展灵活就业渠道。要抓好社会服务和保障，围绕人民群众关注的“急、难、愁、盼”问题，持续增强在教育、医疗、住房、养老等领域的财政投入力度，不断提升公共服务水平；完善社会保障和救助体系，加大对无供养老人、孤儿、残疾人、重病患者等困难群体的排查和帮扶力度，确保城乡低保和社会救助应保尽保、应助尽助。要着力防范化解重大风险，加强对房地产市场、企业债务、银行资产质量和流动性变化情况等方面的风险监测，提高风险预见预判能力，根据形势需要适时适度灵活调整各项应对预案，确保行业和经济平稳发展大局；抓好安全防范各项工作，加强对企业、建筑工地、旅游景区等重点场所的安全隐患排查，强化重要设施、重点部位、重点场所的安全防护，超前布局城市生命线，全面提高防御灾害和抵御风险能力。

参考文献

尹弘：《政府工作报告》，《河南日报》2021 年 1 月 25 日，第 1 版。

河南省社会科学院课题组：《河南经济运行与走势预测》，《区域经济评论》2021 年第 5 期。

河南省社会科学院课题组：《稳定回升显韧性　新动能增强蕴新机——2021 年河南上半年经济运行分析暨全年走势展望》，《河南日报》2021 年 7 月 13 日，第 8 版。

调查评价篇

Evaluation Reports

B.2

2021年河南省辖市经济综合竞争力评价

河南省社会科学院课题组*

摘　要： 2021年是我国全面建成小康社会以后，开启现代化建设新征程、实施“十四五”规划的第一年。河南省辖市的经济综合竞争力进入新的发展阶段。本文贯彻新发展理念，构建了由8个一级指标、27个二级指标组成的河南省辖市经济综合竞争力评价指标体系，并利用公开统计数据进行评价计算。郑州市、洛阳市、许昌市排在总评价结果的前三位。进入新发展阶段，河南省辖市应贯彻新发展理念、服务构建新发展格局；锚定“两个确保”，实施“十大战略”；大力推进县域经济高质量发展；统筹好疫情防控和经济发展，在新时代实现经济综合竞争力的持续提升。

关键词： 河南省辖市　高质量发展　竞争力指数

---

* 课题组组长：完世伟；课题组成员：武文超、杜明军、赵然、崔理想、林园春、汪萌萌。执笔：武文超，河南省社会科学院经济研究所副研究员，主要研究方向为区域金融。

2020 年以来，新冠肺炎疫情的发生对于全国乃至全世界的经济发展都带来了巨大的冲击，世界各地的生产、生活、消费、学习等活动都一度陷入停滞，国与国之间的贸易出现大幅萎缩。2020 年在疫情冲击的严峻形势下，中国经济实现了 2.3% 的逆势增长，中国成为全球唯一一个实现经济正增长的经济体。不仅如此，2021 年 7 月 1 日，习近平总书记在庆祝中国共产党成立 100 周年大会上宣布全面建成小康社会取得胜利。2021 年是“十四五”规划实施第一年和社会主义现代化建设新征程开启之年，河南省深入贯彻实施国家“十四五”规划和 2035 年远景目标纲要，立足新发展阶段、贯彻新发展理念、融入新发展格局，锚定“两个确保”，加压奋进，加快建设社会主义现代化河南。在此背景下，课题组对 2021 年河南省辖市经济综合竞争力进行评价分析。

一 2021年河南省辖市经济综合竞争力评价指标体系

课题组充分借鉴了国内外的相关研究，并结合以往河南省辖市经济综合竞争力评价指标体系，贯彻新发展理念，构建了 2021 年河南省辖市经济综合竞争力评价指标体系。

（一）构建评价指标体系的思路和原则

新发展阶段要贯彻新发展理念。党的十九届五中全会上，中央在关于制定“十四五”规划和 2035 年远景目标的建议中，展望了 2035 年基本实现社会主义现代化的目标，并描述了现代化是全面的现代化，包括经济实力、科技实力、居民收入、治理体系、文化、教育、卫生、国民素质、绿色低碳、社会文明、对外开放、国防、共同富裕等多个方面，尤其是把创新放在了现代化建设全局的核心地位。因此，河南省辖市经济综合竞争力评价指标体系应该尽可能地涵盖更多方面的指标，从而更加综合、更加全面地反映出省辖市的发展水平，与此同时，要更加突出地体现科技创新、绿色发展和民生福祉等方面指标的重要性。在此基础上，评价指标选取要考虑客观性、数据可得性以及有效性，主要选取定量指标，并且尽可能保证数据来自权威部门，从而提升评价过程和评价结果的客观性、公正性、权威性。如果没有权威的数据来源，评价指标就会被剔除。

（二）评价指标的设计和选取

在贯彻新发展理念的基础上，综合考虑评价的客观性、有效性和数据可得性，课题组经过充分研究讨论，确定了2021年河南省辖市经济综合竞争力评价指标体系。指标体系包括8个一级指标、27个二级指标（见表1）。其中，一级指标包含了经济规模、发展速度、对外经济、财政金融、经济结构、科技创新、民生保障、绿色发展八个方面，能够比较全面地衡量经济综合竞争力。

从二级指标的构成来看，经济规模指标包含地区生产总值、人均地区生产总值和常住人口3个指标；发展速度指标包含地区生产总值增速、固定资产投资增速和规模以上工业增加值增速3个指标；对外经济指标包含进出口总额和实际利用外资2个指标；财政金融指标包含一般公共预算收入、支出和年末金融机构人民币存、贷款余额4个指标；经济结构指标包含第二、第三产业增加值占比及城乡居民收入比、社会消费品零售总额与地区生产总值之比、城镇化率5个指标；科技创新指标包含专利授权数量、万人有效发明专利数、技术市场成交额3个指标；民生保障指标包含每万人卫生机构床位数、每万人卫生技术人员数、居民人均可支配收入3个指标；绿色发展指标包含万元地区生产总值能耗增速、能源消费总量增速、万元地区生产总值电耗增速、空气质量优良天数4个指标。

2021年河南省辖市经济综合竞争力评价指标体系在与2020年总体框架保持一致的基础上，对部分指标进行了调整。一是一级指标删去了交通通信指标，环境质量指标改为绿色发展指标。二是发展速度二级指标中删去人均地区生产总值增速，科技创新二级指标增加万人有效发明专利数，绿色发展二级指标在上年环境质量二级指标基础上增加万元地区生产总值能耗增速、能源消费总量增速、万元地区生产总值电耗增速。指标体系的修改主要包括两个方面原因：首先是数据可得性，由于新冠肺炎疫情影响，统计数据获取

受到一定的限制，因此对部分指标进行了删除；其次是对指标体系的完善，例如对科技创新和绿色发展指标进行了丰富完善。

表1　2021年河南省辖市经济综合竞争力评价指标体系

一级指标	二级指标
经济规模	地区生产总值(亿元)
	人均地区生产总值(元)
	常住人口(万人)
发展速度	地区生产总值增速(%)
	固定资产投资增速(%)
	规模以上工业增加值增速(%)
对外经济	进出口总额(亿元)
	实际利用外资(万美元)
财政金融	一般公共预算收入(亿元)
	一般公共预算支出(亿元)
	年末金融机构人民币存款余额(亿元)
	年末金融机构人民币贷款余额(亿元)
经济结构	第二产业增加值占比(%)
	第三产业增加值占比(%)
	城乡居民收入比(%)
	社会消费品零售总额与地区生产总值之比(%)
	城镇化率(%)
科技创新	专利授权数量(件)
	万人有效发明专利数(件)
	技术市场成交额(亿元)
民生保障	每万人卫生机构床位数(张)
	每万人卫生技术人员数(人)
	居民人均可支配收入(元)
绿色发展	万元地区生产总值能耗增速(%)
	能源消费总量增速(%)
	万元地区生产总值电耗增速(%)
	空气质量优良天数(天)

（三）评价方法

2021 年河南省辖市经济综合竞争力评价沿袭了往年的评价方法，即加权综合评价法，首先对统计数据进行无量纲化处理，然后对指标数据进行线性加权汇总并得到总评价得分。在评价指标体系中，城乡居民收入比、万元地区生产总值能耗增速、能源消费总量增速、万元地区生产总值电耗增速 4 个指标是逆向指标，其余指标均为正向指标。

（四）数据来源

2021 年河南省辖市经济综合竞争力评价的基础数据主要来自各个省辖市 2020 年经济和社会发展统计公报、河南统计月报以及各个省辖市的“十四五”规划和 2035 年远景目标纲要。此外，科技创新指标的基础数据来自原河南省知识产权局网站；绿色发展指标部分基础数据来自河南省统计局、河南省发改委联合发布的《关于 2020 年河南省万元地区生产总值能耗降低率等指标的通报》；对部分省辖市缺失的数据通过外推法予以补充。部分增速类、占比类指标数据通过对基础数据进行计算得到。

二　河南省辖市经济综合竞争力评价结果与分析

课题组基于 2021 年河南省辖市经济综合竞争力评价指标体系，利用统计数据和评价方法进行计算，形成河南省辖市经济综合竞争力评价结果。

（一）总评价结果

根据总评价结果，2021 年河南省辖市经济综合竞争力排在前三位的分别为郑州市、洛阳市和许昌市。其中，郑州市继续以较大的优势领跑全省，洛阳市以明显的优势领先其余地市排在第二位，许昌市则排在河南省辖市经济综合竞争力第三位。排在第四到十八位的依次为三门峡市、南阳市、新乡市、济源市、平顶山市、信阳市、漯河市、鹤壁市、驻马店市、焦作市、开封市、周口市、濮阳市、安阳市和商丘市（见图1）。

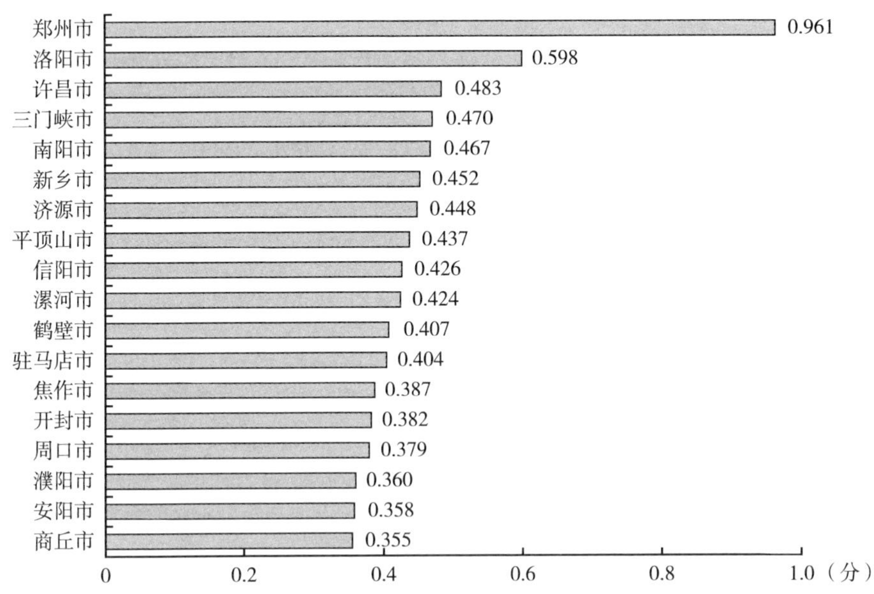

图1　2021年河南省辖市经济综合竞争力总评价排名

与2020年河南省辖市经济综合竞争力总评价排名相比，2021年排名总体变化不大，但是个别省辖市的排名变化比较明显。郑州市、洛阳市作为中心、副中心城市的地位和作用突出，郑州市、洛阳市不仅占据了省辖市经济综合竞争力排名的前两位，而且，排名相对靠前的许昌市、三门峡市（部分处于洛阳都市圈范围）、新乡市、济源市、平顶山市也处在郑州都市圈、洛阳都市圈范围之内。此外，排名靠后的商丘市、安阳市、濮阳市、周口市等都处在传统农区或北部传统工业地区。

2020年受新冠肺炎疫情的冲击，河南省与全国一样，经济社会发展受到明显的影响。同时，由于区域、产业结构、人口集聚程度等不同，不同省辖市受新冠肺炎疫情影响的程度、方式有所不同，体现在经济社会发展数据和省辖市经济综合竞争力评价结果上，就是不同省辖市的排名变化有所不同。例如，新冠肺炎疫情对于经济发展的冲击明显，地区生产总值增速的变化更多取决于受疫情影响程度、疫情防控效果、从疫情中的恢复程度等，因此，省辖市间的地区生产总值增速排名与正常年份有所不同。其他指标方面，固定资产投资增速、规模以上工业增加值增速、进出口总额、实际利用外资，甚至第二、第三产业增加值占比等指标也都较多地受到疫情因素影响。由于新冠肺炎疫情对生产、生活和消费带来冲击，绿色发展指标同样也受到明显的影响，2020 年河南多数省辖市的空气质量优良天数指标表现明显优于 2019 年。除此之外，评价指标体系的调整对于省辖市经济综合竞争力总评价排名也会产生一定的影响。从省辖市的具体情况来看，以郑州市为例，2020 年，郑州市地区生产总值实现了 3% 的增长，在河南省辖市中排第 7 位，其空气质量优良天数指标与生态环境基础好的地区的差距也明显缩小，体现在相对排名上，就是郑州市的“短板”不再明显，因此，2021 年郑州市的总评价得分优势更加明显。

排名变化较多的城市中，鹤壁市排名上升最明显。鹤壁市从 2020 年的第 16 位提升到第 11 位，从分项指标来看，鹤壁市发展速度从第 11 位提升到第 7 位，科技创新从第 18 位提升到第 9 位，民生保障从第 17 位提升到第 11 位，上年度排在第 18 位的交通通信指标被删去，其余指标方面，经济规模和对外经济指标排名也略有提升。总体来看，鹤壁市排名提升主要有三方面的原因：一是疫情冲击下经济增速下降幅度相对较小；二是部分指标水平显著提高，例如鹤壁市人民医院获批三甲医院以及一批省级医疗机构分中心投入建设，使得每万人卫生技术人员数显著提高；三是指标体系调整的影响，例如万人有效发明专利数的纳入和邮电业务总量的剔除。除鹤壁市以外，许昌市、平顶山市、漯河市排名提升也比较明显。排名下降最明显的是焦作市、商丘市、周口市等，主要原因是受疫情冲击等因素影响这些城市的经济增速下滑幅度较大，与此同时，指标体系调整对这些城市总体排名的负面影响也相对比较明显。

此外仍需指出的是，总体排名中游的省辖市之间评价得分差距相对较小，指标数据和指标体系的变化容易导致排名的变化，因此，排名情况并不能够完全反映省辖市经济综合竞争力的绝对水平。

（二）分项指标评价情况

1. 经济规模指标

经济规模指标评分排在前五位的省辖市是郑州市、洛阳市、许昌市、济源市、南阳市。其中，郑州市在地区生产总值、常住人口两项二级指标上排在河南省辖市第 1 位，但由于郑州常住人口数在第七次全国人口普查中上修约 22%（2019 年 1035.2 万人，2020 年 1260 万人），因此其人均地区生产总值排名下降到河南省辖市第 2 位；洛阳市在地区生产总值、人均地区生产总值、常住人口 3 个二级指标上分别排名第 2、第 4 和第 5 位；许昌市在地区生产总值、人均地区生产总值、常住人口三项指标上分别排名第 4、第 3 和第 12 位；济源市尽管地区生产总值和常住人口在河南省辖市中都处在末位，但是由于郑州市人均地区生产总值下修，济源市人均地区生产总值排名上升到第 1 位；根据第七次全国人口普查数据，南阳市常住人口数量为 971.3 万人，跌破千万，但其常住人口规模在河南省仍然排名第 2 位，其余两项指标方面，地区生产总值排名第 3 位，人均地区生产总值排名第 16 位。

2. 发展速度指标

发展速度指标包括地区生产总值增速、固定资产投资增速、规模以上工业增加值增速，三项指标均有较强的年度性。2020 年，各地区的经济发展、固定资产投资和工业生产都明显受到了新冠肺炎疫情的影响，但是影响程度有所不同。发展速度指标排在前五位的省辖市分别是新乡市、驻马店市、安阳市、平顶山市和三门峡市。从发展速度指标得分的情况来看，除了受疫情冲击比较明显的焦作市、商丘市、济源市之外，其他省辖市之间差异并不大，这与 2020 年这一特殊年份的情况有关。其中，焦作市地区生产总值增速、规模以上工业增加值增速均排在全省末位；济源市固定资产投资增速排在全省末位，而地区生产总值增速、规模以上工业增加值增速两项指标在全省排名相对比较靠前；商丘市地区生产总值增速、规模以上工业增加值增速在全省排名第 17 位，而固定资产投资增速排名相对比较靠前。这也反映出

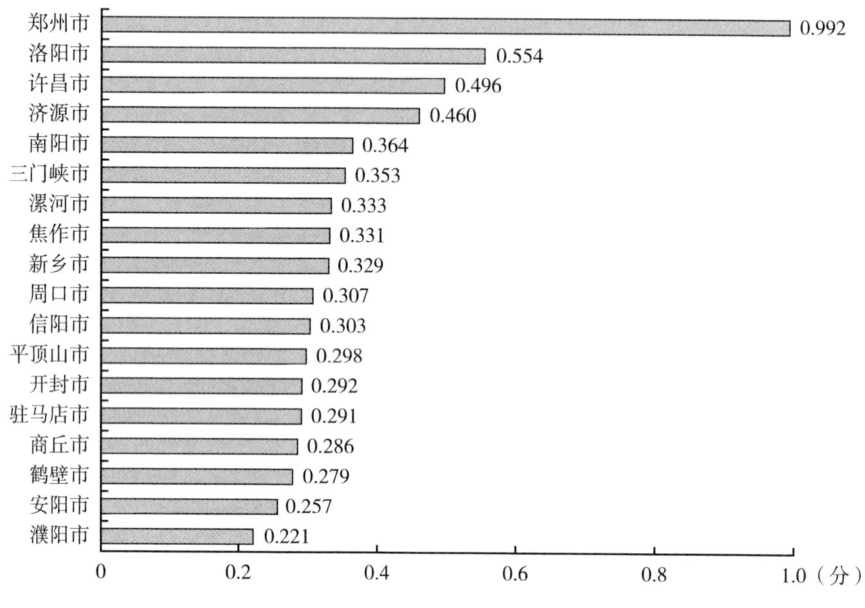

图 2　经济规模指标评价结果

疫情对不同地区的影响有所不同，而伴随着疫情防控常态化，各个省辖市的经济发展速度有望逐步恢复。

3. 对外经济指标

对外经济指标评分排在前五位的省辖市分别是郑州市、洛阳市、新乡市、三门峡市和漯河市。2020 年，在新冠肺炎疫情冲击下，河南省对外经济指标表现亮丽，实现了逆势增长，全年实现进出口总额 6654. 8 亿元，增长 16. 4%，实际使用外商直接投资超过 200 亿美元，增长 7. 1%。从省辖市的统计数据来看，郑州市在河南省仍然保持着开放龙头和门户的优势地位。2020 年，郑州市进出口总额 4946. 4 亿元，占全省的 74. 3%，实际使用外商直接投资达到 46. 6 亿美元，约占全省总量的 23%。2020 年以来，对外贸易不仅受到新冠肺炎疫情对于交通物流本身的影响，而且还受到国际以邻为壑的政策、航运价格上升等因素所带来的影响。但是，疫情相关物品的出口、跨境电商等领域增长比较显著。“十四五”时期，我国将构

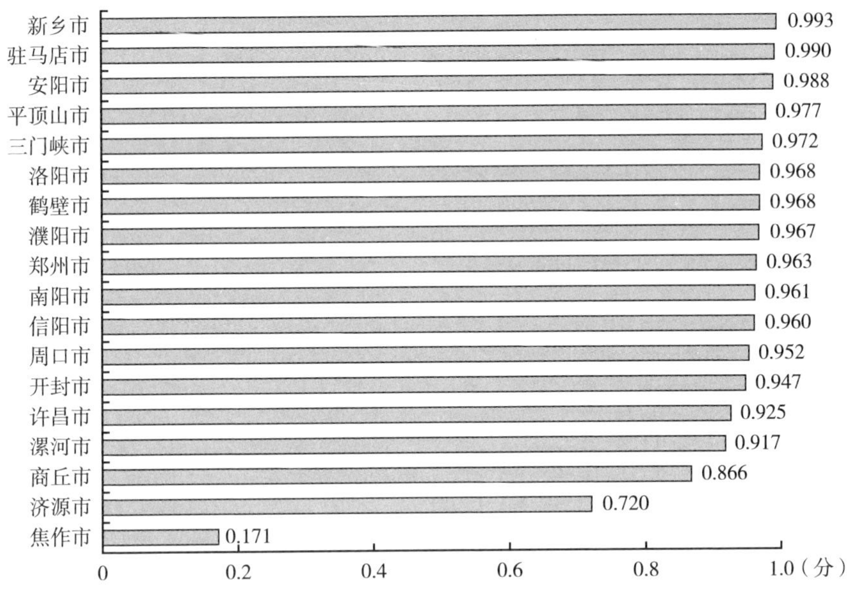

图3　发展速度指标评价结果

建双循环新发展格局，建设更高水平开放型经济新体制，河南省将围绕航空港、自贸区等重要平台扩大对外开放，以“空中丝绸之路”为引领深化“四路协同”，持续提升自身在高质量推动“一带一路”建设中的参与度和影响力。

4. 财政金融指标

财政金融指标包括一般公共预算收入、支出和年末金融机构人民币存、贷款余额4个统计指标，该指标评分排在前五位的省辖市是郑州市、洛阳市、南阳市、周口市和驻马店市，与上一年一致，仅有分别居第四和第五位的周口市和驻马店市排名发生对调。财政金融指标与地区经济体量、常住人口规模、人均资产规模等因素有关，财政金融指标排名靠前就意味着该地区调动资源的能力强。从财政金融指标评价得分来看，郑州市4项二级指标均排在全省第1位，尤其突出的是，郑州市年末金融机构人民币贷款余额已经接近其他17个省辖市之和的85%。洛阳市一般公共预

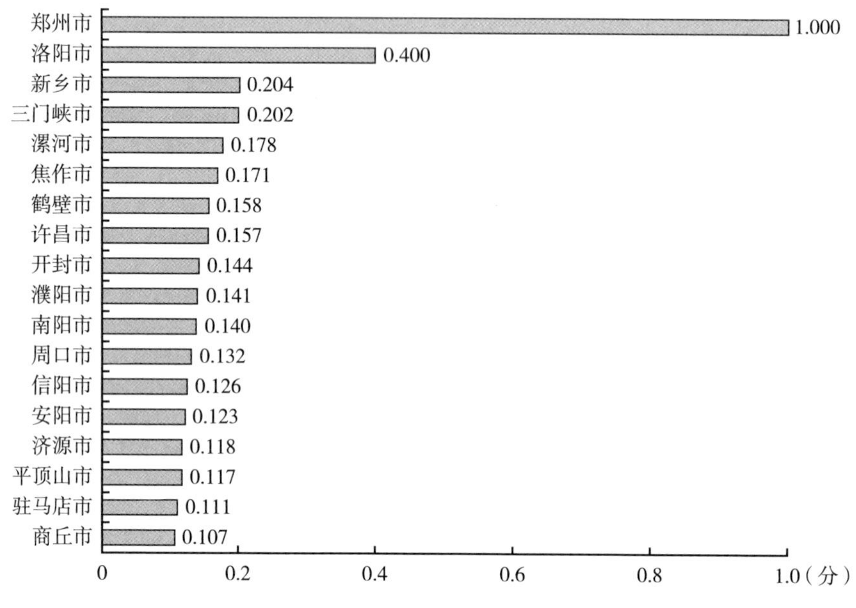

图 4　对外经济指标评价结果

算收入及年末金融机构存、贷款余额三个指标均排在全省第 2 位，一般公共预算支出排在全省第 4 位；南阳市一般公共预算支出排在全省第 2 位，而一般公共预算收入及年末金融机构存、贷款余额三个指标均排在第 3 位；周口市一般公共预算收入、支出和年末金融机构存、贷款余额四项二级指标分别排在全省第 12、第 3、第 5、第 12 位；驻马店市一般公共预算收入、支出和年末金融机构存、贷款余额四项二级指标分别排在全省第 9、第 5、第 6、第 7 位。

5. 经济结构指标

经济结构指标构成维度比较多，五个二级指标代表了产业结构、城乡收入不平衡性、消费占比和城镇化率四个方面。这些方面都是新时代推进高质量发展过程中需要调整和提升的方面。经济结构指标评分排在前五位的省辖市是郑州市、焦作市、济源市、漯河市和鹤壁市。分项指标方面，郑州市第三产业增加值占比和城镇化率排在全省第 1 位，城乡居民收入比、社会消费

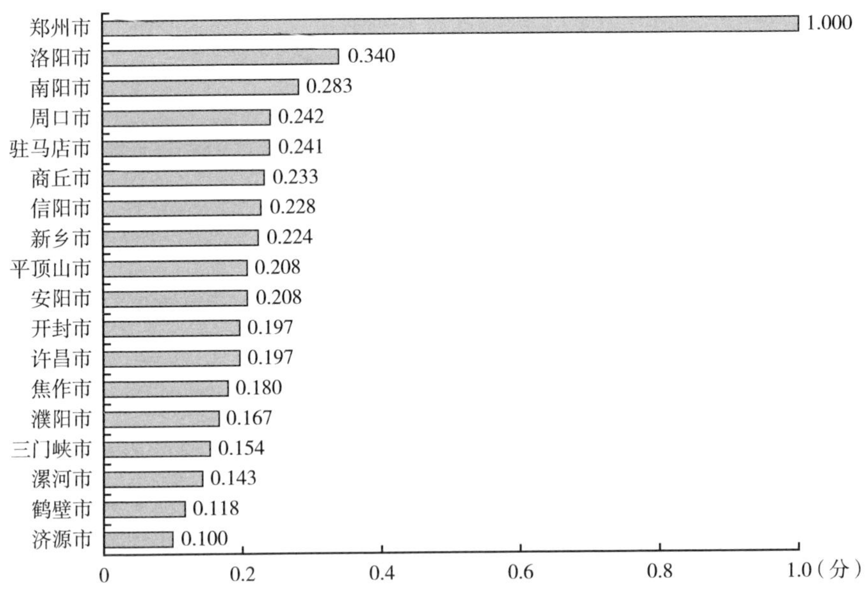

图 5　财政金融指标评价结果

品零售总额与地区生产总值之比排在全省第 4 位，第二产业增加值占比排在全省第 12 位。焦作市城乡居民收入比排在全省第 1 位，第二产业增加值占比排在全省第 10 位，第三产业增加值占比排在全省第 3 位，社会消费品零售总额与地区生产总值之比、城镇化率分别排在全省第 11 位和第 4 位；济源市第二产业增加值占比、城乡居民收入比、城镇化率分别排在全省第 1、第 3、第 2 位，第三产业增加值占比和社会消费品零售总额与地区生产总值之比分别排在全省第 17 和第 18 位；漯河市第二产业增加值占比、第三产业增加值占比、城乡居民收入比、社会消费品零售总额与地区生产总值之比、城镇化率五项指标分别排在全省第 9、第 6、第 6、第 8、第 8 位，鹤壁市分别排在全省第 2、第 18、第 2、第 17 和第 5 位。

6. 科技创新指标

党中央在十九届五中全会上为科技创新赋予了现代化建设的核心地位，并提出加快建设科技强国的号召。科技创新指标评价得分排在前五位的是郑

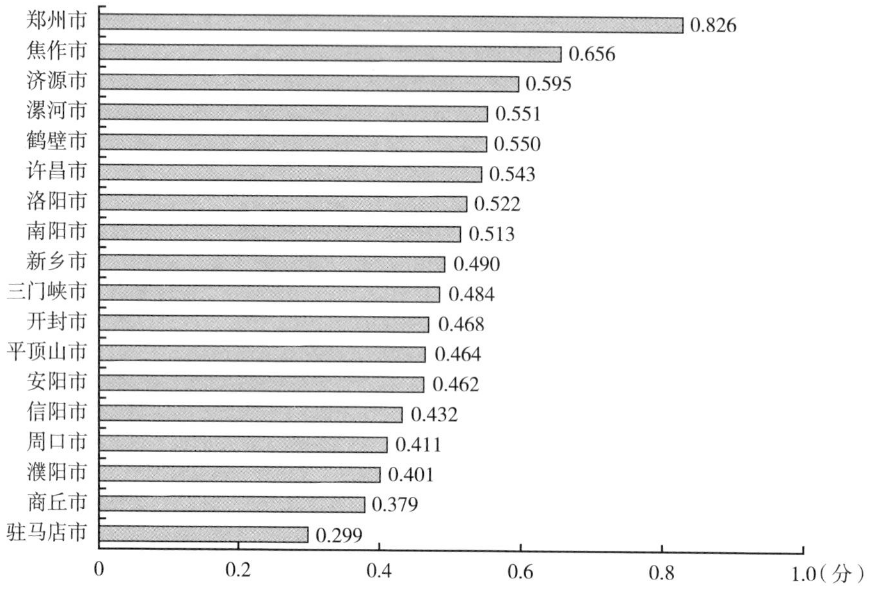

图 6　经济结构指标评价结果

州市、洛阳市、焦作市、新乡市和许昌市。由于纳入了万人有效发明专利数，本次科技创新指标评价排名与上年相比有所变化。郑州市和洛阳市继续排在前两位，且得分遥遥领先于其他省辖市。郑州市在专利授权数量、万人有效发明专利数、技术市场成交额三个二级指标上都排在第 1 位；洛阳市三个二级指标均排在第 2 位，其中，专利授权数量和技术市场成交额与郑州差距较大，而万人有效发明专利数与郑州接近并显著领先于其他省辖市；焦作市万人有效发明专利数排在第 3 位，专利授权数量和技术市场成交额分别排在第 6 和第 4 位；新乡市专利授权数量和技术市场成交额均排在第 3 位，而万人有效发明专利数排在第 6 位；许昌市专利授权数量、万人有效发明专利数、技术市场成交额分别排在第 5、第 4 和第 11 位。

7. 民生保障指标

民生保障指标主要包括描述医疗卫生和居民收入水平的 3 个统计指标。民生保障指标评分排在前五位的城市是郑州市、洛阳市、焦作市、三门峡

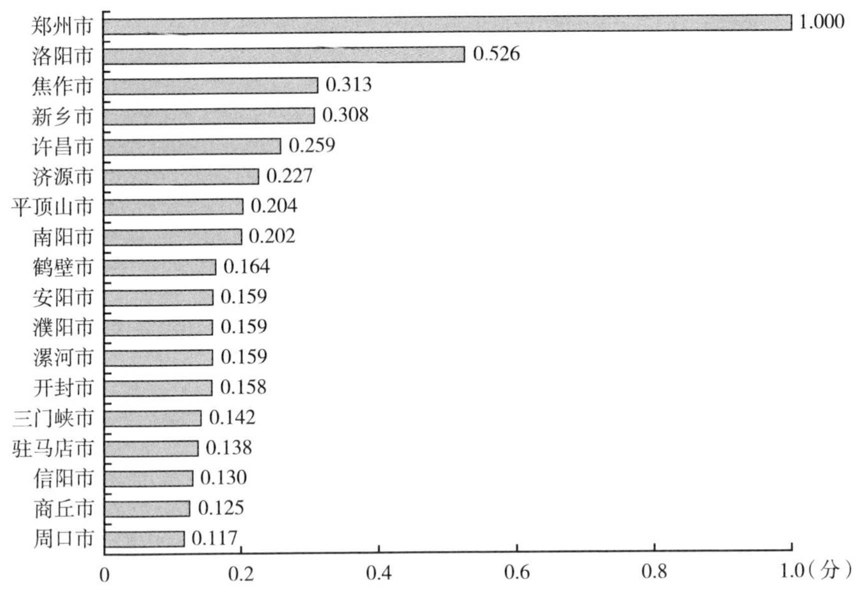

图7 科技创新指标评价结果

市、济源市。从二级指标评分排名情况看，郑州市每万人卫生机构床位数、每万人卫生技术人员数、居民人均可支配收入3个指标都排在全省第1位；洛阳市每万人卫生机构床位数排在全省第2位，每万人卫生技术人员数和居民人均可支配收入分别排在全省第5和第4位；焦作市每万人卫生机构床位数、每万人卫生技术人员数、居民人均可支配收入分别排在全省第4、第8和第3位，三门峡市分别排在全省第3、第4和第11位；济源市居民人均可支配收入排在全省第2位，每万人卫生机构床位数、每万人卫生技术人员数分别排在全省第18和第3位。

8. 绿色发展指标

绿色发展指标包含万元地区生产总值能耗增速、能源消费总量增速、万元地区生产总值电耗增速、空气质量优良天数4个统计指标。绿色发展指标评分排在全省前五位的省辖市是信阳市、驻马店市、三门峡市、平顶山市、周口市。从二级指标评分排名情况看，信阳市空气质量优良天数继续排在全

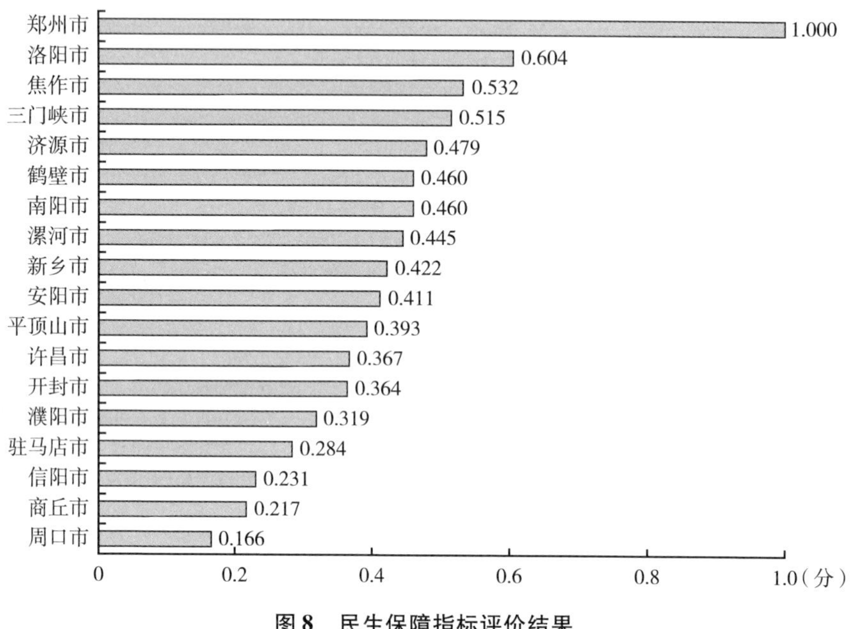

图 8　民生保障指标评价结果

省第 1 位，万元地区生产总值能耗增速、能源消费总量增速、万元地区生产总值电耗增速 3 项指标评分分别排在全省第 10、第 12 和第 8 位；驻马店市万元地区生产总值能耗增速、能源消费总量增速、万元地区生产总值电耗增速、空气质量优良天数 4 项指标评分分别排在全省第 4、第 8、第 4 和第 2 位；三门峡市万元地区生产总值电耗增速指标评分排在全省第 1 位，万元地区生产总值能耗增速、能源消费总量增速、空气质量优良天数 3 项指标评分分别排在全省第 2、第 3 和第 3 位；平顶山市万元地区生产总值能耗增速、能源消费总量增速、万元地区生产总值电耗增速、空气质量优良天数 4 项指标评分分别排在全省第 7、第 9、第 9 和第 4 位，周口市分别排在全省第 11、第 11、第 16 和第 5 位。

三　政策建议

第一，贯彻新发展理念，服务构建新发展格局。2021 年，我国全面建

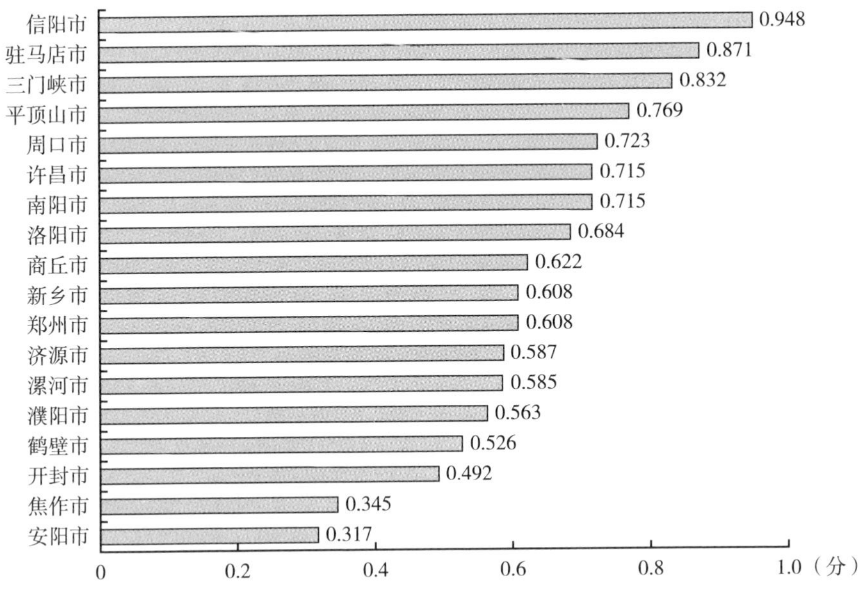

图9　绿色发展指标评价结果

成小康社会后，开启了社会主义现代化建设新征程，也是实施“十四五”规划的第一年。中央和省级政府都谋划了“十四五”规划和2035年远景目标，而这些规划蓝图就是贯彻新发展理念、构建新发展格局、推动高质量发展、推进现代化建设的行动指南。进入新时代以来，中央一直强调中国经济进入高质量发展阶段，发展被赋予了更加丰富的内涵，创新驱动发展、绿色发展、人民幸福感获得感、发展平衡性、共同富裕等都被赋予了更加重要的地位。在党的十九届五中全会上，中央展望2035年远景目标，对基本实现社会主义现代化的丰富内涵进行了全面描述，明确了“建成”“实现”“基本建成”“基本实现”等9个方面的目标，提出了“11个强国和4个中国”的标志。这些目标都是我国未来发展中前进的方向。从发展现实来看，高质量发展、创新驱动、产业转型升级都实实在在地影响着区域经济竞争力的提升，科技创新动力强、产业转型先一步的地区会在区域竞争力、发展效率效益上占得先机，否则就会受到资源、环境的约束，甚至在产业竞争中被淘汰。哪些地区民生发展得好，就业水平高、公共服务好、人居环境优，哪些地区就更能吸引人才、资金流入，就更能获得持续发展的动力。因此，要推动河南省辖市经济综合竞争力的提升，必须围绕2035年远景目标，贯彻新发展理念，且持续不断地推进。

第二，锚定“两个确保”，实施“十大战略”。2021年9月，河南省委工作会议提出锚定“两个确保”，全面实施“十大战略”。“十大战略”涵盖了高质量发展的方方面面，是河南省立足新发展阶段、贯彻新发展理念做出的重大现实谋划，是把握构建新发展格局、新时代推动中部地区高质量发展、黄河流域生态保护和高质量发展三大机遇的关键之举。未来一个阶段，“十大战略”将被落实到河南省和各省辖市的发展中去。所以，要把创新摆在发展的逻辑起点、现代化建设的核心位置，全力建设国家创新高地；要不断巩固提升已有优势，加快培育新的比较优势、竞争优势，并将其转化为创新能力、人才集聚、产业发展优势；要充分发挥数据资源丰富、制造业基础坚实、应用场景多元等优势，全方位打造数字强省；要善于优中培新、有中育新、“无中生有”，集中优势资源，勇于抢占未来产业发展制高点；要加快推进文化强省建设，努力打造中华文化传承创新中心、世界文化旅游胜地；要加快转变城镇发展方式，坚持规模和质量双提升，加快构建以中原城市群为主体、大中小城市和小城镇协调发展的多中心、组团式、网络化、集约型空间格局；要持续巩固拓展脱贫成果，加快建设现代农业强省，努力在农业农村现代化上走在全国前列；要把准政策导向，突出双控倒逼，推进各领域绿色低碳转型；要坚持开放带动，着力推进制度型开放，加快建设更具竞争力的开放强省；要在深化改革上下功夫，拆壁垒、破坚冰、解痛点、疏堵点，实现各领域各环节改革举措的有机衔接、有效贯通、有序联动。

第三，大力推进县域经济高质量发展。县域是省辖市的基本组成单元，在城乡融合、产城融合、乡村振兴等方面发挥着重要的作用。尤其是，河南省县域人口、县域经济占比高，县域经济的发展关乎全省的高质量发展、省辖市经济综合竞争力的提高。因此，要贯彻省委工作会议精神，推动县域经济“成高原”。一是以县域为重要载体推进城乡融合、产城融合。建立城乡一体化、县域一张图的规划和实施机制，促进城乡要素双向流动、平等交换。坚持以产兴城、以城促产，发展先进制造业、提升传统服务业，打造农业全产业链，形成具有竞争力的县域产业结构。二是高质量实施“一县一省级开发区”战略。推动县域经济全面参与市场分工，深度融入国内大循环、国内国际双循环，在细分市场中找到产品定位，努力在产业链、供应链的一个环节或几个环节形成独特优势地位。同时，深化开发区管理体制改革，推行“管委会＋公司”管理模式，加快建设专业化、国际化、市场化的管理团队，突出“亩均论英雄”。三是深化放权赋能改革。聚焦破除县域高质量发展的体制机制障碍，加快深入落实省直管县级财政的工作，完善权责体系，充分激发县域发展内生动力，全面提升县域发展质量效益，提升县域治理现代化水平。

第四，统筹疫情防控常态化和经济发展。当前，新冠肺炎疫情的影响仍未完全消除，疫情反复、病毒变异的风险始终存在，所以，疫情防控的“弦”始终不能放松，经济社会发展要和疫情防控统筹推进，否则，经济社会发展的成果就可能付之东流。坚持按照中央、省委省政府要求，坚持“外防输入、内防反弹”的防控方针，全面落实落细疫情防控常态化的措施，确保一旦出现风险，便能及时迅速反应，保护好人民群众生命健康安全，为经济社会高质量发展做好保障。坚持疫情防控指挥部常态化运行机制，构建日常防控和“战时”状态随时切换的疫情防控指挥体系，参与疫情防控的各部门单位要能够随时联动、定期沟通。坚持疫情日报告、零报告制度，及时掌握国内外疫情动态。抓细抓牢常态化疫情防控的研判和预警工作，将全方位防范和重点部署相结合，加强超市、商场等人员密集场所的防疫措施，强化养老院、学校、医院等重点场所的防疫管控，确保不发生任何问题。持续有序推进全员疫苗接种，进一步加强对疫情防控的宣传引导，调动和发挥群众的主动性，加强基层党组织的战斗堡垒作用，切实筑牢疫情防控屏障。持续优化营商环境，深入扎实推进“万人助万企”活动，坚持落实好各类惠企、助企政策措施。各级政府可在合理合规范围内适度增加政府债务融资，围绕“十大战略”的重点领域，加大投资力度，发挥财政“自动稳定器”的作用。倡导新消费模式，鼓励发展网红经济、夜经济、假日经济、银发经济等，拉动消费，促进消费升级，拓展有效需求。

参考文献

黄茂兴、李闽榕：《中国省域经济综合竞争力评价与预测的方法研究》，《福州师范大学学报》（哲学社会科学版）2008年第1期。

李金昌、史龙梅、徐蔼婷：《高质量发展评价指标体系探讨》，《统计研究》2019年第1期。

李梦欣、任保平：《新时代中国高质量发展的综合评价及其路径选择》，《财经科学》2018年第5期。

《中共中央关于制定国民经济和社会发展第十四个五年规划和二〇三五年远景目标纲要的建议》，2020年10月29日。

《河南省国民经济和社会发展第十四个五年规划和二〇三五年远景目标纲要》，2021年4月。

B.3
2021年河南省县域经济发展质量评价报告

河南省社会科学院课题组*

摘　要： 本报告遵循创新、协调、绿色、开放、共享的新发展理念，依据县域经济发展质量的内涵特征和内在目标要求，从县域经济的发展规模、发展结构、民生幸福、发展潜力活力、发展效益等角度出发，构建县域经济发展质量评价指标体系，依托最近连续3年的可得面板数据，运用计量实证手段，进行熵值分值计算和排名比较，然后进行总结分析，以期促进河南省县域经济发展质量提升。

关键词： 县域经济　经济发展质量　面板熵值法

课题组实施县域经济发展质量评价已经有十余年，为更科学全面系统地反映县域经济发展的实际，契合年度统计数据可得的时间窗口，顺应县域经济表征指标背后实际效能发挥的时滞性，更合理地洞见县域经济发展内在规律，在保持评价的基本原理和测度方法的连续性，以提供历史可比性规律的前提下，自2021年始，河南省年度县域经济发展质量评价，采用最近连续3年可得的县域经济指标的面板数据，并配套采用面板熵值法进行测度，同时呈现参与评估的主要县域经济指标数据的权重地位，以发现政策作用基点。

* 课题组组长：完世伟；课题组成员：杜明军、唐晓旺、高璇、王芳、李丽菲、王摇橹、崔理想。执笔：杜明军，河南省社会科学院经济研究所研究员，主要研究方向为数量经济。

一 县域经济发展质量评价的主要依据、基本原则、指标选择和方法选用

本报告遵循创新、协调、绿色、开放、共享的新发展理念，对河南省县域经济发展质量进行评价。主要依据有三：一是基于专家学者如苏联卡马耶夫、库兹涅茨、李京文、郭克莎、武义青、钟学义等对经济发展质量的内涵研究；二是基于县域经济本身属于区域经济范畴、具有特定的地理空间、具有相对独立性和能动性、具有地域特色、是具有比较优势的国民经济基本单元等内在特点；三是基于县域经济发展质量具有规模水平、结构协调性、成果有效性、发展潜能的充分性、生态环保持续性、创新性、开放度等多方面的内涵特征，从更宽阔的视野进行整体评价研究。

本报告对县域经济发展质量评价的基本原则：应具备分类控制的引导性、可比性、可操作性、可完善性，贯彻科学发展的总指向，融合创新、协调、绿色、开放和共享等五大发展理念。

本报告对县域经济发展质量评价的指标体系选定：依据专家学者的相关研究成果、县域经济本身所具有的内在属性、县域经济发展质量的内涵特征、评价的基本原则等，构建涵盖9类一级指标和52个二级指标的评价指标体系。

表1 河南省县域经济发展质量评价指标体系

一级指标	二级指标	指标计算及说明
发展规模	县(市)GDP	(正向指标)
	县(市)GDP增速	(报告期县(市)GDP－基期县(市)GDP)/基期县(市)GDP×100%(正向指标)
	县(市)GDP人均水平	县(市)GDP/人口规模总数(正向指标)
	县(市)经济增长稳定性	县(市)当年与上年经济增长率之差与上年经济增长率相除(逆向指标)
	县(市)地方财政收入水平	(正向指标)
	县(市)地方财政收入与GDP之比	县(市)地方财政收入/县(市)GDP×100%(正向指标)

续表

一级指标	二级指标	指标计算及说明
发展结构	工业增加值占 GDP 的比重	县(市)工业增加值/GDP ×100%(正向指标)
	第三产业增加值占 GDP 的比重	县(市)第三产业增加值/GDP ×100%(正向指标)
	县(市)城镇化率	县(市)城市人口/全部人口 ×100%(正向指标)
	县(市)城乡居民收入比	县(市)城镇居民人均收入/农民人均纯收入(逆向指标)
发展效益	县(市)劳动生产率	县(市)GDP/全社会劳动者平均人数 ×100%(正向指标)
	县(市)投资产出率	县(市)GDP/当年固定资产投资总额 ×100%(正向指标)
	县(市)贷款产出率	县(市)GDP/银行贷款年平均余额 ×100%(正向指标)
	县(市)耕地产出率	农业总产值/农业耕地面积 ×100%(正向指标)
发展潜力活力	县(市)就业弹性系数	当期从业人员增长率/同期 GDP 增长率 ×100%(正向指标)
	县(市)生产能力利用率	实际产量/生产能力 ×100%(正向指标)
	投资对县域经济发展贡献率	县(市)全社会固定资产投资额/GDP ×100%(正向指标)
	消费对县域经济发展贡献率	县(市)社会消费品零售总额/GDP ×100%(正向指标)
民生幸福	城镇居民人均可支配收入	(正向指标)
	农民人均纯收入	(正向指标)
	城镇居民人均可支配收入增长率	县(市)报告期居民收入/基期居民收入 ×100%(正向指标)
	农民人均纯收入增长率	县(市)报告期居民收入/基期居民收入 ×100%(正向指标)
	恩格尔系数	食品支出占居民总支出的比例(逆向指标)
	基尼系数	在全部居民收入中,用于不平均分配的那部分收入占总收入的百分比(正向指标)
	人口就业率	县(市)从业人员/常住人口 ×100%(正向指标)
	城镇单位从业人员平均工资	(正向指标)

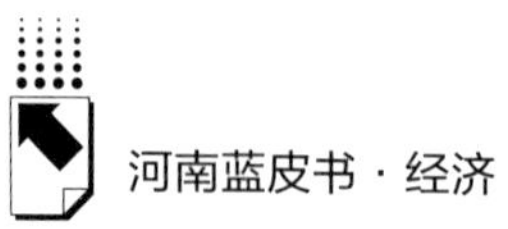

续表

一级指标	二级指标	指标计算及说明
民生幸福	在岗职工平均工资	(正向指标)
	县(市)居民人均储蓄额	县(市)居民储蓄存款/常住人口×100%(正向指标)
	城镇居民人均生活消费支出	(正向指标)
	农村居民人均生活消费支出	(正向指标)
发展可持续性	单位产值能源消耗量	县(市)能源消耗总量(标准煤)/GDP×100%(逆向指标)
	单位 GDP 水耗	县(市)水消耗总量/GDP×100%(逆向指标)
	人均工业废水排放量	(逆向指标)
	人均工业废气排放量	(逆向指标)
	工业固体废物综合利用率	(正向指标)
	每立方米细颗粒物含量	(逆向指标)
	生活垃圾无害化处理率	(正向指标)
	农村饮水达标率	(正向指标)
	垃圾集中处理率	(正向指标)
	污水处理率	(正向指标)
	森林覆盖率	(正向指标)
科技创新	研究与开发投入占 GDP 的比重	研究与开发经费投入额/同期 GDP×100%(正向指标)
	高技术产业增加值占 GDP 的比重	高技术产业增加值/GDP×100%(正向指标)
	专利授权指数	报告期获授权专利数/基期获授权专利数(正向指标)
发展外向度	进出口总值	(正向指标)
	进出口总值占 GDP 比例	进出口总值/GDP×100%(正向指标)
	利用外资和对外投资总额	(正向指标)
	服务贸易占对外贸易的比重	(正向指标)

续表

一级指标	二级指标	指标计算及说明
农业基础能力	农林牧渔业总产值	通常是按农林牧渔业产品及其副产品的产量分别乘以各自单位产品价格并加总求得（正向指标）
	粮食产量	（正向指标）
	有效灌溉面积	（正向指标）
	农林水基本建设支出	（正向指标）

本报告对县域经济发展质量评价的方法选用：通过比较分析因子分析法、主成分分析法、模糊层次分析法（AHP）、数据包络分析法（DEA）、熵值法等各类方法的优劣特性，结合数据基础，选择较客观地处理了指标权重问题的熵值法。

鉴于国际经济环境的约束、新冠肺炎疫情的影响、县域经济统计数据可得性以及指标数据作用时滞的限制，本报告的基础数据主要来源于2017～2019年县域经济指标面板数据，包括GDP、人均GDP、一般公共预算收入、人均一般公共预算收入、城镇化率、第二产业增加值占GDP比重、第三产业增加值占GDP比重、农村居民人均可支配收入、城镇居民人均可支配收入、规模以上工业增加值增速、固定资产投资增速、社会消费品零售总额、人均社会消费品零售总额、一般公共预算支出、财政收入与GDP比值、居民人均可支配收入与人均GDP比值等主要指标数据以及其衍生指标数据。本报告测度了河南县域经济的发展规模、发展结构、民生幸福、发展效益、发展潜力活力等方面的情况，通过本报告评价结果可以发现河南县域经济发展的整体格局、发展态势，找准政策基点。

二　县域经济发展质量测度结果及分析

2017～2019年河南104个县（市）经济发展质量总体评价结果如表2所示。

表2　2017～2019年河南104个县（市）经济发展质量总体评价结果

县(市)	总体水平		发展规模		发展结构		民生幸福		发展潜力活力		发展效益	
	得分	排名	得分	排名	得分	排名	得分	排名	得分	排名	得分	排名
新郑市	0.7311	1	0.9239	1	0.5860	3	0.9110	2	0.8458	1	0.3100	53
巩义市	0.6218	2	0.6018	4	0.6100	2	0.9442	1	0.7802	2	0.3466	27
荥阳市	0.5923	3	0.6531	2	0.5480	8	0.8673	4	0.6438	4	0.3056	56
新密市	0.5498	4	0.5055	6	0.5605	5	0.8679	3	0.6767	3	0.3250	41
中牟县	0.5332	5	0.6156	3	0.5419	10	0.7416	10	0.6351	5	0.1902	100
长葛市	0.5056	6	0.4682	7	0.5296	13	0.6477	18	0.5322	8	0.4721	1
义马市	0.4826	7	0.5067	5	0.7919	1	0.7534	9	0.3102	47	0.2337	86
登封市	0.4732	8	0.4272	10	0.5198	14	0.7588	8	0.5469	7	0.2968	65
偃师市	0.4621	9	0.4005	11	0.5564	6	0.8108	5	0.5301	9	0.2523	75
禹州市	0.4525	10	0.3055	19	0.4569	20	0.6964	13	0.6064	6	0.4481	3
沁阳市	0.4201	11	0.3691	12	0.5674	4	0.7767	7	0.4034	23	0.2331	87
新安县	0.4132	12	0.4664	8	0.3849	37	0.6748	14	0.4125	22	0.1905	99
永城市	0.4081	13	0.3650	13	0.3372	46	0.5244	31	0.4910	11	0.4017	8
渑池县	0.4073	14	0.4461	9	0.4232	25	0.6112	22	0.2678	69	0.3316	35
林州市	0.3999	15	0.3506	14	0.5509	7	0.7773	6	0.3836	26	0.1865	101
灵宝市	0.3911	16	0.3250	17	0.4147	28	0.5745	26	0.4780	13	0.3204	43
孟州市	0.3899	17	0.3431	15	0.5039	15	0.7286	11	0.3609	29	0.2392	81
汝州市	0.3844	18	0.3174	18	0.4394	23	0.5579	28	0.4721	14	0.3135	50
长垣市	0.3620	19	0.2821	22	0.5347	12	0.6581	16	0.2268	90	0.3384	31
栾川县	0.3443	20	0.3337	16	0.3069	56	0.3968	44	0.3536	32	0.3725	16
修武县	0.3421	21	0.2681	24	0.4548	22	0.6266	21	0.2661	70	0.3051	57
辉县市	0.3392	22	0.2710	23	0.4040	32	0.5850	25	0.3342	39	0.2904	67
伊川县	0.3385	23	0.2600	25	0.3463	43	0.5027	33	0.5162	10	0.2215	91
西峡县	0.3331	24	0.2492	28	0.4050	31	0.6400	20	0.3343	38	0.2533	74
淇县	0.3304	25	0.2900	21	0.5456	9	0.5904	24	0.2456	84	0.2001	95
武陟县	0.3256	26	0.2186	31	0.4389	24	0.6552	17	0.3564	31	0.2379	82

续表

县(市)	总体水平		发展规模		发展结构		民生幸福		发展潜力活力		发展效益	
	得分	排名	得分	排名	得分	排名	得分	排名	得分	排名	得分	排名
孟津县	0. 3249	27	0. 3043	20	0. 3658	41	0. 4571	38	0. 3450	35	0. 2536	73
博爱县	0. 3148	28	0. 2179	32	0. 4876	16	0. 6404	19	0. 2936	54	0. 2189	92
临颍县	0. 3112	29	0. 1721	38	0. 4569	19	0. 4857	35	0. 3247	41	0. 3732	15
温县	0. 3095	30	0. 1987	33	0. 4736	17	0. 6590	15	0. 3236	42	0. 1987	97
襄城县	0. 2997	31	0. 2525	27	0. 3938	34	0. 4901	34	0. 2805	64	0. 2455	78
新乡县	0. 2997	32	0. 1792	36	0. 5394	11	0. 7047	12	0. 1840	102	0. 2339	85
邓州市	0. 2992	33	0. 1486	46	0. 3090	55	0. 4709	36	0. 4382	17	0. 3512	24
尉氏县	0. 2951	34	0. 2330	29	0. 3214	52	0. 3533	50	0. 3343	37	0. 3376	32
鹿邑县	0. 2866	35	0. 1528	44	0. 3130	54	0. 3287	53	0. 4633	16	0. 3678	19
舞钢市	0. 2838	36	0. 1534	43	0. 4159	27	0. 5345	30	0. 2433	85	0. 3239	42
兰考县	0. 2833	37	0. 2555	26	0. 2819	66	0. 2112	90	0. 4127	21	0. 2973	63
固始县	0. 2831	38	0. 1289	51	0. 2867	65	0. 3566	49	0. 4844	12	0. 3523	23
鄢陵县	0. 2820	39	0. 1986	34	0. 4079	30	0. 5944	23	0. 2873	60	0. 1807	103
濮阳县	0. 2745	40	0. 1434	47	0. 2960	59	0. 3613	48	0. 3921	25	0. 3419	30
项城市	0. 2724	41	0. 1232	53	0. 3297	48	0. 3039	59	0. 4310	19	0. 3702	18
宝丰县	0. 2708	42	0. 2263	30	0. 3976	33	0. 5151	32	0. 2314	89	0. 1720	104
汤阴县	0. 2696	43	0. 1908	35	0. 3909	35	0. 4301	39	0. 1945	99	0. 3023	60
镇平县	0. 2677	44	0. 0863	74	0. 3216	51	0. 4196	40	0. 4711	15	0. 3028	59
新野县	0. 2657	45	0. 1120	58	0. 3457	44	0. 5612	27	0. 3590	30	0. 2363	83
安阳县	0. 2579	46	0. 0824	80	0. 4182	26	0. 5448	29	0. 2022	98	0. 3170	46
内乡县	0. 2552	47	0. 1246	52	0. 2887	63	0. 4124	42	0. 3346	36	0. 3118	51
卫辉市	0. 2552	48	0. 0996	63	0. 3895	36	0. 3747	46	0. 2538	77	0. 4009	10
方城县	0. 2545	49	0. 0787	84	0. 2585	72	0. 3523	51	0. 3942	24	0. 4047	7
唐河县	0. 2513	50	0. 0822	81	0. 2799	67	0. 4126	41	0. 4127	20	0. 3104	52
舞阳县	0. 2502	51	0. 1315	50	0. 4109	29	0. 2624	74	0. 3117	46	0. 3070	55
浚县	0. 2480	52	0. 0817	82	0. 4649	18	0. 4660	37	0. 2415	86	0. 3047	58

续表

县(市)	总体水平		发展规模		发展结构		民生幸福		发展潜力活力		发展效益	
	得分	排名	得分	排名	得分	排名	得分	排名	得分	排名	得分	排名
太康县	0. 2462	53	0. 0928	68	0. 2268	88	0. 1686	98	0. 4335	18	0. 4519	2
杞县	0. 2411	54	0. 1552	41	0. 3028	57	0. 2623	75	0. 2959	52	0. 3082	54
西华县	0. 2401	55	0. 0785	85	0. 3357	47	0. 2974	62	0. 3495	33	0. 3457	29
商水县	0. 2354	56	0. 0901	70	0. 3229	50	0. 2973	63	0. 2656	71	0. 3772	13
淅川县	0. 2328	57	0. 0998	62	0. 2427	80	0. 3654	47	0. 3646	28	0. 2836	68
遂平县	0. 2316	58	0. 1663	39	0. 2936	60	0. 3026	60	0. 2902	58	0. 2254	90
沈丘县	0. 2309	59	0. 1096	59	0. 2193	90	0. 1655	99	0. 3307	40	0. 4305	5
潢川县	0. 2290	60	0. 0950	65	0. 3484	42	0. 4013	43	0. 3123	45	0. 2321	88
桐柏县	0. 2284	61	0. 1421	48	0. 2741	70	0. 2856	66	0. 3092	48	0. 2493	77
西平县	0. 2265	62	0. 1077	60	0. 2586	71	0. 2639	72	0. 3050	50	0. 3297	36
宜阳县	0. 2264	63	0. 1738	37	0. 2020	96	0. 2593	76	0. 3697	27	0. 2135	94
郸城县	0. 2260	64	0. 0841	77	0. 2295	86	0. 1932	94	0. 3147	44	0. 4436	4
通许县	0. 2254	65	0. 1534	42	0. 3263	49	0. 3076	58	0. 2923	55	0. 1968	98
平舆县	0. 2195	66	0. 0933	67	0. 2565	74	0. 2755	69	0. 2497	80	0. 3722	17
泌阳县	0. 2186	67	0. 1184	55	0. 2367	82	0. 2636	73	0. 2746	65	0. 3274	37
获嘉县	0. 2159	68	0. 0489	100	0. 4550	21	0. 3214	54	0. 2180	94	0. 3181	45
确山县	0. 2150	69	0. 1507	45	0. 2429	79	0. 2330	83	0. 2332	88	0. 2912	66
新县	0. 2125	70	0. 1215	54	0. 3183	53	0. 3331	52	0. 2501	79	0. 2170	93
虞城县	0. 2113	71	0. 1064	61	0. 2089	94	0. 2451	80	0. 2910	56	0. 3326	33
夏邑县	0. 2102	72	0. 0805	83	0. 1989	99	0. 2725	70	0. 2953	53	0. 3603	21
滑县	0. 2102	73	0. 0952	64	0. 1994	98	0. 2127	89	0. 3065	49	0. 3621	20
汝阳县	0. 2094	74	0. 1357	49	0. 2246	89	0. 2024	91	0. 3229	43	0. 2564	72
延津县	0. 2092	75	0. 0626	94	0. 3788	39	0. 3826	45	0. 1844	101	0. 2970	64
新蔡县	0. 2091	76	0. 0709	89	0. 2288	87	0. 2128	88	0. 2877	59	0. 4012	9
上蔡县	0. 2074	77	0. 0564	97	0. 2178	92	0. 2149	87	0. 2699	67	0. 4290	6
嵩县	0. 2058	78	0. 0946	66	0. 1934	100	0. 2995	61	0. 3474	34	0. 2520	76

续表

县(市)	总体水平		发展规模		发展结构		民生幸福		发展潜力活力		发展效益	
	得分	排名	得分	排名	得分	排名	得分	排名	得分	排名	得分	排名
原阳县	0. 2052	79	0. 0775	86	0. 2910	62	0. 2290	85	0. 2466	83	0. 3469	26
卢氏县	0. 2048	80	0. 0716	88	0. 2757	69	0. 2827	67	0. 2113	96	0. 3464	28
清丰县	0. 2047	81	0. 0914	69	0. 2930	61	0. 3139	55	0. 2199	93	0. 2756	70
洛宁县	0. 2043	82	0. 1577	40	0. 1729	104	0. 2238	86	0. 2908	57	0. 2355	84
郏县	0. 2017	83	0. 0872	73	0. 2872	64	0. 2561	78	0. 2252	91	0. 3145	49
宁陵县	0. 2016	84	0. 0419	102	0. 3427	45	0. 2672	71	0. 2128	95	0. 3589	22
鲁山县	0. 2015	85	0. 0387	103	0. 3019	58	0. 2564	77	0. 2101	97	0. 3840	12
扶沟县	0. 2013	86	0. 0769	87	0. 2414	81	0. 1621	100	0. 2719	66	0. 3746	14
柘城县	0. 1999	87	0. 0883	72	0. 2005	97	0. 1741	97	0. 2975	51	0. 3505	25
范县	0. 1999	88	0. 1169	56	0. 3823	38	0. 2000	92	0. 2634	74	0. 1811	102
南召县	0. 1961	89	0. 0501	98	0. 2453	78	0. 2515	79	0. 2864	61	0. 3273	38
罗山县	0. 1955	90	0. 0858	75	0. 2577	73	0. 3120	57	0. 2521	78	0. 2451	79
南乐县	0. 1947	91	0. 0889	71	0. 2779	68	0. 2797	68	0. 2649	73	0. 2299	89
睢县	0. 1946	92	0. 0630	92	0. 1771	103	0. 1986	93	0. 2650	72	0. 3991	11
息县	0. 1944	93	0. 0597	96	0. 2190	91	0. 2432	81	0. 2815	63	0. 3259	40
汝南县	0. 1943	94	0. 0833	78	0. 2516	75	0. 1926	95	0. 2544	76	0. 3161	47
光山县	0. 1940	95	0. 0628	93	0. 2454	77	0. 3135	56	0. 2834	62	0. 2687	71
叶县	0. 1931	96	0. 0600	95	0. 2333	83	0. 2869	65	0. 2346	87	0. 3260	39
民权县	0. 1903	97	0. 1120	57	0. 1883	102	0. 1923	96	0. 2689	68	0. 2834	69
商城县	0. 1899	98	0. 0856	76	0. 2492	76	0. 2895	64	0. 2479	81	0. 2427	80
淮滨县	0. 1879	99	0. 0699	90	0. 2315	85	0. 2291	84	0. 2625	75	0. 2990	62
社旗县	0. 1795	100	0. 0469	101	0. 2333	84	0. 2384	82	0. 2216	92	0. 3158	48
内黄县	0. 1741	101	0. 0832	79	0. 2130	93	0. 1544	102	0. 1722	104	0. 3182	44
正阳县	0. 1695	102	0. 0678	91	0. 1902	101	0. 1427	104	0. 2473	82	0. 3019	61
台前县	0. 1569	103	0. 0492	99	0. 3686	40	0. 1570	101	0. 1778	103	0. 1995	96
封丘县	0. 1537	104	0. 0337	104	0. 2071	95	0. 1531	103	0. 1851	100	0. 3319	34

（一）经济发展质量总体水平

（1）经济发展质量总体水平排名情况。总体水平位居前10的依次是：新郑市（0.7311、第1位）；巩义市（0.6218、第2位）；荥阳市（0.5923、第3位）；新密市（0.5498、第4位）；中牟县（0.5332、第5位）；长葛市（0.5056、第6位）；义马市（0.4826、第7位）；登封市（0.4732、第8位）；偃师市（0.4621、第9位）；禹州市（0.4525、第10位）。

（2）总体水平按均值分组情况。104个县（市）的总体水平均值为0.2823。低于总体水平均值的县（市）有66个；高于总体水平均值的县（市）有38个，分别为：新郑市、巩义市、荥阳市、新密市、中牟县、长葛市、义马市、登封市、偃师市、禹州市、沁阳市、新安县、永城市、渑池县、林州市、灵宝市、孟州市、汝州市、长垣市、栾川县、修武县、辉县市、伊川县、西峡县、淇县、武陟县、孟津县、博爱县、临颍县、温县、襄城县、新乡县、邓州市、尉氏县、鹿邑县、舞钢市、兰考县、固始县。

（二）发展规模

（1）发展规模水平排名情况。发展规模水平位居前10的依次是：新郑市（0.9239、第1位）；荥阳市（0.6531、第2位）；中牟县（0.6156、第3位）；巩义市（0.6018、第4位）；义马市（0.5067、第5位）；新密市（0.5055、第6位）；长葛市（0.4682、第7位）；新安县（0.4664、第8位）；渑池县（0.4461、第9位）；登封市（0.4272、第10位）。

（2）发展规模水平按均值分组情况。104个县（市）的发展规模水平均值为0.1871。低于发展规模水平均值的县（市）有69个；高于发展规模水平均值的县（市）有35个，分别为：新郑市、荥阳市、中牟县、巩义市、义马市、新密市、长葛市、新安县、渑池县、登封市、偃师市、沁阳市、永城市、林州市、孟州市、栾川县、灵宝市、汝州市、禹州市、孟津县、淇县、长垣市、辉县市、修武县、伊川县、兰考县、襄城县、西峡县、尉氏县、宝丰县、武陟县、博爱县、温县、鄢陵县、汤阴县。

（三）发展结构

（1）发展结构水平的排名情况。发展结构水平位居前10的依次是：义马市（0.7919、第1位）；巩义市（0.6100、第2位）；新郑市（0.5860、第3位）；沁阳市（0.5674、第4位）；新密市（0.5605、第5位）；偃师市（0.5564、第6位）；林州市（0.5509、第7位）；荥阳市（0.5480、第8位）；淇县（0.5456、第9位）；中牟县（0.5419、第10位）。

（2）发展结构水平按均值分组情况。104个县（市）的结构水平均值为0.3454。低于结构水平均值的县（市）有60个；高于结构水平均值的县（市）有44个，分别为：义马市、巩义市、新郑市、沁阳市、新密市、偃师市、林州市、荥阳市、淇县、中牟县、新乡县、长垣市、长葛市、登封市、孟州市、博爱县、温县、浚县、临颍县、禹州市、获嘉县、修武县、汝州市、武陟县、渑池县、安阳县、舞钢市、灵宝市、舞阳县、鄢陵县、西峡县、辉县市、宝丰县、襄城县、汤阴县、卫辉市、新安县、范县、延津县、台前县、孟津县、潢川县、伊川县、新野县。

（四）民生幸福

（1）民生幸福水平的排名情况。民生幸福水平位居前10的依次是：巩义市（0.9442、第1位）；新郑市（0.9110、第2位）；新密市（0.8679、第3位）；荥阳市（0.8673、第4位）；偃师市（0.8108、第5位）；林州市（0.7773、第6位）；沁阳市（0.7767、第7位）；登封市（0.7588、第8位）；义马市（0.7534、第9位）；中牟县（0.7416、第10位）。

（2）民生幸福水平按均值分组情况。104个县（市）的民生幸福水平均值为0.4098。低于民生幸福水平均值的县（市）有62个；高于民生幸福水平均值的县（市）有42个，分别为：巩义市、新郑市、新密市、荥阳市、偃师市、林州市、沁阳市、登封市、义马市、中牟县、孟州市、新乡县、禹州市、新安县、温县、长垣市、武陟县、长葛市、博爱县、西峡县、修武县、渑池县、鄢陵县、淇县、辉县市、灵宝市、新野县、汝州市、安阳县、舞钢市、永城市、宝丰县、伊川县、襄城县、临颍县、邓州市、浚县、孟津县、汤阴县、镇平县、唐河县、内乡县。

（五）发展潜力活力

（1）发展潜力活力水平的排名情况。发展潜力活力水平位居前10的依次是：新郑市（0.8458、第1位）；巩义市（0.7802、第2位）；新密市（0.6767、第3位）；荥阳市（0.6438、第4位）；中牟县（0.6351、第5位）；禹州市（0.6064、第6位）；登封市（0.5469、第7位）；长葛市（0.5322、第8位）；偃师市（0.5301、第9位）；伊川县（0.5162、第10位）。

（2）发展潜力活力水平按均值分组情况。104个县（市）的发展潜力活力水平均值为0.3344。低于发展潜力活力水平均值的县（市）有68个；高于发展潜力活力水平均值的县（市）有36个，分别为、新郑市、巩义市、新密市、荥阳市、中牟县、禹州市、登封市、长葛市、偃师市、伊川县、永城市、固始县、灵宝市、汝州市、镇平县、鹿邑县、邓州市、太康县、项城市、唐河县、兰考县、新安县、沁阳市、方城县、濮阳县、林州市、宜阳县、淅川县、孟州市、新野县、武陟县、栾川县、西华县、嵩县、孟津县、内乡县。

（六）发展效益

（1）发展效益水平的排名情况。发展效益水平位居前10的分别是：长葛市（0.4721、第1位）；太康县（0.4519、第2位）；禹州市（0.4481、第3位）；郸城县（0.4436、第4位）；沈丘县（0.4305、第5位）；上蔡县（0.4290、第6位）；方城县（0.4047、第7位）；永城市（0.4017、第8位）；新蔡县（0.4012、第9位）；卫辉市（0.4009、第10位）。

（2）发展效益水平按均值分组情况。104个县（市）的发展效益水平均值为0.3042。低于发展效益水平均值的县（市）有46个；高于发展效益水平均值的县（市）有58个，分别为：长葛市、太康县、禹州市、郸城县、沈丘县、上蔡县、方城县、永城市、新蔡县、卫辉市、睢县、鲁山县、商水县、扶沟县、临颍县、栾川县、平舆县、项城市、鹿邑县、滑县、夏邑县、宁陵县、固始县、邓州市、柘城县、原阳县、巩义市、卢氏县、西华县、濮阳县、长垣市、尉氏县、虞城县、封丘县、渑池县、西平县、泌阳县、南召县、叶县、息县、新密市、舞钢市、灵宝市、内黄县、获嘉县、安阳县、汝南县、社旗县、郏县、汝州市、内乡县、唐河县、新郑市、杞县、舞阳县、荥阳市、修武县、浚县。

三 县域经济所属地级市的发展质量特征分析

2017～2019年河南104个县（市）所属地级市经济发展质量评价结果如表3所示。

表3 2017～2019年河南104个县（市）所属地级市经济发展质量评价结果

省辖市	总体水平		发展规模		发展结构		民生幸福		发展潜力活力		发展效益		县(市)数量(个)
	得分	排名	得分	排名	得分	排名	得分	排名	得分	排名	得分	排名	
郑州市	0.5836	1	0.6212	1	0.561	1	0.8485	1	0.6881	1	0.2957	11	6
许昌市	0.3849	2	0.3062	3	0.447	5	0.6072	3	0.4266	2	0.3366	4	4
三门峡市	0.3715	3	0.3374	2	0.4764	4	0.5555	4	0.3168	9	0.308	7	4
焦作市	0.3503	4	0.2693	4	0.4877	3	0.6811	2	0.334	6	0.2388	17	6
洛阳市	0.3032	5	0.2585	5	0.3059	12	0.4252	7	0.3876	3	0.2498	15	9
鹤壁市	0.2892	6	0.1858	7	0.5053	2	0.5282	5	0.2436	16	0.2524	14	2
漯河市	0.2807	7	0.1518	9	0.4339	6	0.374	11	0.3182	8	0.3401	3	2
安阳市	0.2623	8	0.1604	8	0.3545	8	0.4238	8	0.2518	15	0.2972	10	5
开封市	0.2612	9	0.1993	6	0.3081	11	0.2836	13	0.3338	7	0.285	12	4
平顶山市	0.2559	10	0.1472	10	0.3459	9	0.4011	9	0.2695	12	0.3057	8	6
新乡市	0.255	11	0.1318	11	0.3999	7	0.4261	6	0.2291	17	0.3197	6	8
南阳市	0.2512	12	0.111	13	0.2913	13	0.4009	10	0.3569	5	0.3042	9	11
周口市	0.2423	13	0.101	15	0.2773	14	0.2396	16	0.3575	4	0.3952	1	8
商丘市	0.2309	14	0.1225	12	0.2362	17	0.2677	14	0.3031	10	0.3552	2	7
信阳市	0.2108	15	0.0886	17	0.2695	15	0.3098	12	0.2968	11	0.2729	13	8
驻马店市	0.2102	16	0.1016	14	0.2419	16	0.2335	17	0.268	13	0.3327	5	9
濮阳市	0.2062	17	0.098	16	0.3236	10	0.2624	15	0.2636	14	0.2456	16	5

（一）县域经济所属地级市的总体水平特征

郑州市所辖6个县（市），2017～2019年总体水平得分0.5836，居第1位；许昌市所辖4个县（市），总体水平得分0.3849，居第2位；三门峡市所辖4个县（市），总体水平得分0.3715，居第3位；焦作市所辖6个县（市），总体水平得分0.3503，居第4位；洛阳市所辖9个县（市），总体水平得分0.3032，居第5位；鹤壁市所辖2个县（市），总体水平得分0.2892，居第6位；漯河市所辖2个县（市），总体水平得分0.2807，居第7位；安阳市所辖5个县（市），总体水平得分0.2623，居第8位；开封市所辖4个县（市），总体水平得分0.2612，居第9位；平顶山市所辖6个县（市），总体水平得分0.2559，居第10位；新乡市所辖8个县（市），总体水平得分0.2550，居第11位；南阳市所辖11个县（市），总体水平得分0.2512，居第12位；周口市所辖8个县（市），总体水平得分0.2423，居第13位；商丘市所辖7个县（市），总体水平得分0.2309，居第14位；信阳市所辖8个县（市），总体水平得分0.2108，居第15位；驻马店市所辖9个县（市），总体水平得分0.2102，居第16位；濮阳市所辖5个县（市），总体水平得分0.2062，居第17位。

（二）县域经济所属地级市的发展规模水平特征

2017～2019年郑州市所辖县域经济，发展规模水平平均得分0.6212，居第1位；三门峡市所辖县域经济，发展规模水平平均得分0.3374，居第2位；许昌市所辖县域经济，发展规模水平平均得分0.3062，居第3位；焦作市所辖县域经济，发展规模水平平均得分0.2693，居第4位；洛阳市所辖县域经济，发展规模水平平均得分0.2585，居第5位；开封市所辖县域经济，发展规模水平平均得分0.1993，居第6位；鹤壁市所辖县域经济，发展规模水平平均得分0.1858，居第7位；安阳市所辖县域经济，发展规模水平平均得分0.1604，居第8位；漯河市所辖县域经济，发展规模水平平均得分

0.1518，居第9位；平顶山市所辖县域经济，发展规模水平平均得分0.1472，居第10位；新乡市所辖县域经济，发展规模水平平均得分0.1318，居第11位；商丘市所辖县域经济，发展规模水平平均得分0.1225，居第12位；南阳市所辖县域经济，发展规模水平平均得分0.1110，居第13位；驻马店市所辖县域经济，发展规模水平平均得分0.1016，居第14位；周口市所辖县域经济，发展规模水平平均得分0.1010，居第15位；濮阳市所辖县域经济，发展规模水平平均得分0.0980，居第16位；信阳市所辖县域经济，发展规模水平平均得分0.0886，居第17位。

（三）县域经济所属地级市的发展结构水平特征

2017～2019年郑州市所辖县域经济发展结构水平平均得分0.561，居第1位；鹤壁市所辖县域经济，发展结构水平平均得分0.5053，居第2位；焦作市所辖县域经济，发展结构水平平均得分0.4877，居第3位；三门峡市所辖县域经济，发展结构水平平均得分0.4764，居第4位；许昌市所辖县域经济，发展结构水平平均得分0.447，居第5位；漯河市所辖县域经济，发展结构水平平均得分0.4339，居第6位；新乡市所辖县域经济，发展结构水平平均得分0.3999，居第7位；安阳市所辖县域经济，发展结构水平平均得分0.3545，居第8位；平顶山市所辖县域经济，发展结构水平平均得分0.3459，居第9位；濮阳市所辖县域经济，发展结构水平平均得分0.3236，居第10位；开封市所辖县域经济，发展结构水平平均得分0.3081，居第11位；洛阳市所辖县域经济，发展结构水平平均得分0.3059，居第12位；南阳市所辖县域经济，发展结构水平平均得分0.2913，居第13位；周口市所辖县域经济，发展结构水平平均得分0.2773，居第14位；信阳市所辖县域经济，发展结构水平平均得分0.2695，居第15位；驻马店市所辖县域经济，发展结构水平平均得分0.2419，居第16位；商丘市所辖县域经济，发展结构水平平均得分0.2362，居第17位。

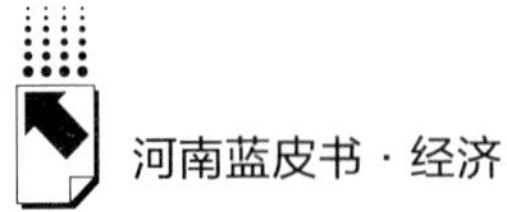

（四）县域经济所属地级市的民生幸福水平特征

2017～2019 年郑州市所辖县域经济，民生幸福水平平均得分 0.8485，居第 1 位；焦作市所辖县域经济，民生幸福水平平均得分 0.6811，居第 2 位；许昌市所辖县域经济，民生幸福水平平均得分 0.6072，居第 3 位；三门峡市所辖县域经济，民生幸福水平平均得分 0.5555，居第 4 位；鹤壁市所辖县域经济，民生幸福水平平均得分 0.5282，居第 5 位；新乡市所辖县域经济，民生幸福水平平均得分 0.4261，居第 6 位；洛阳市所辖县域经济，民生幸福水平平均得分 0.4252，居第 7 位；安阳市所辖县域经济，民生幸福水平平均得分 0.4238，居第 8 位；平顶山市所辖县域经济，民生幸福水平平均得分 0.4011，居第 9 位；南阳市所辖县域经济，民生幸福水平平均得分 0.4009，居第 10 位；漯河市所辖县域经济，民生幸福水平平均得分 0.374，居第 11 位；信阳市所辖县域经济，民生幸福水平平均得分 0.3098，居第 12 位；开封市所辖县域经济，民生幸福水平平均得分 0.2836，居第 13 位；商丘市所辖县域经济，民生幸福水平平均得分 0.2677，居第 14 位；濮阳市所辖县域经济，民生幸福水平平均得分 0.2624，居第 15 位；周口市所辖县域经济，民生幸福水平平均得分 0.2396，居第 16 位；驻马店市所辖县域经济，民生幸福水平平均得分 0.2335，居第 17 位。

（五）县域经济所属地级市的发展潜力活力水平特征

2017～2019 年郑州市所辖县域经济，发展潜力活力水平平均得分 0.6881，居第 1 位；许昌市所辖县域经济，发展潜力活力水平平均得分 0.4266，居第 2 位；洛阳市所辖县域经济，发展潜力活力水平平均得分 0.3876，居第 3 位；周口市所辖县域经济，发展潜力活力水平平均得分 0.3575，居第 4 位；南阳市所辖县域经济，发展潜力活力水平平均得分 0.3569，居第 5 位；焦作市所辖县域经济，发展潜力活力水平平均得分 0.334，居第 6 位；开封市所辖县域经济，发展潜力活力水平平均得分 0.3338，居第 7 位；漯河市所辖县域经济，发展潜力活力水平平均得分 0.3182，居第 8 位；三门峡市所辖县域经济，发展潜力活力水平平均得分 0.3168，居第 9 位；商丘市所辖县域经济，发展潜力活力水平平均得分0.3031，居第10位；信阳市所辖县域经济，发展潜力活力水平平均得分0.2968，居第11位；平顶山市所辖县域经济，发展潜力活力水平平均得分0.2695，居第12位；驻马店市所辖县域经济，发展潜力活力水平平均得分0.268，居第13位；濮阳市所辖县域经济，发展潜力活力水平平均得分0.2636，居第14位；安阳市所辖县域经济，发展潜力活力水平平均得分0.2518，居第15位；鹤壁市所辖县域经济，发展潜力活力水平平均得分0.2436，居第16位；新乡市所辖县域经济，发展潜力活力水平平均得分0.2291，居第17位。

（六）县域经济所属地级市的发展效益水平特征

2017～2019年周口市所辖县域经济，发展效益水平平均得分0.3952，居第1位；商丘市所辖县域经济，发展效益水平平均得分0.3552，居第2位；漯河市所辖县域经济，发展效益水平平均得分0.3401，居第3位；许昌市所辖县域经济，发展效益水平平均得分0.3366，居第4位；驻马店市所辖县域经济，发展效益水平平均得分0.3327，居第5位；新乡市所辖县域经济，发展效益水平平均得分0.3197，居第6位；三门峡市所辖县域经济，发展效益水平平均得分0.308，居第7位；平顶山市所辖县域经济，发展效益水平平均得分0.3057，居第8位；南阳市所辖县域经济，发展效益水平平均得分0.3042，居第9位；安阳市所辖县域经济，发展效益水平平均得分0.2972，居第10位；郑州市所辖县域经济，发展效益水平平均得分0.2957，居第11位；开封市所辖县域经济，发展效益水平平均得分0.285，居第12位；信阳市所辖县域经济，发展效益水平平均得分0.2729，居第13位；鹤壁市所辖县域经济，发展效益水平平均得分0.2524，居第14位；洛阳市所辖县域经济，发展效益水平平均得分0.2498，居第15位；濮阳市所辖县域经济，发展效益水平平均得分0.2456，居第16位；焦作市所辖县域经济，发展效益水平平均得分0.2388，居第17位。

四　县域经济发展质量评价指标的重要性识别

在计算发展质量熵值的过程中，可利用熵值法对指标给予客观赋权，依据参与熵值计算的各个指标的权重，识别各个指标在决定县域经济发展质量水平上的重要程度，以发现提升县域经济发展质量的着力点，挖掘政策基点。2017～2019年河南104个县（市）参与熵值计算的各个指标权重如表4所示。

表4　2017～2019年河南104个县（市）参与熵值计算的各个指标权重

指标	变量（Variable）	单位数（Obs）	均值（Mean）	均值排序	标准差（Std. Dev.）	最小值（Min）	最大值（Max）
一般公共预算收入/常住人口	Wx4	312	0.106	1	0.015	0.085	0.119
一般公共预算收入	Wx3	312	0.101	2	0.006	0.095	0.109
利润总额	Wx20	312	0.080	3	0.013	0.070	0.098
人均GDP	Wx2	312	0.079	4	0.010	0.066	0.088
社会消费品零售总额	Wx15	312	0.078	5	0.006	0.070	0.082
GDP	Wx1	312	0.072	6	0.002	0.070	0.074
农村居民人均可支配收入	Wx9	312	0.056	7	0.004	0.051	0.061
城镇化率	Wx5	312	0.048	8	0.003	0.046	0.052
社会消费品零售总额/常住人口	Wx16	312	0.045	9	0.012	0.028	0.054
一般公共预算收入/GDP	Wx18	312	0.045	10	0.022	0.023	0.075
农村居民人均可支配收入/城镇居民人均可支配收入	Wx8	312	0.044	11	0.013	0.030	0.061
就业人员/GDP	Wx21	312	0.043	12	0.007	0.037	0.053
居民人均可支配收入/GDP	Wx19	312	0.041	13	0.003	0.038	0.044
居民人均可支配收入	Wx11	312	0.039	14	0.001	0.038	0.040
固定资产投资增速	Wx17	312	0.030	15	0.030	0.006	0.072

续表

指标	变量（Variable）	单位数（Obs）	均值（Mean）	均值排序	标准差（Std. Dev.）	最小值（Min）	最大值（Max）
城镇居民人均可支配收入	Wx10	312	0.028	16	0.001	0.027	0.029
第二产业增加值/GDP	Wx6	312	0.026	17	0.003	0.022	0.029
第三产业增加值/GDP	Wx7	312	0.014	18	0.002	0.012	0.017
GDP 指数	Wx13	312	0.010	19	0.001	0.008	0.011
人均 GDP 指数	Wx12	312	0.009	20	0.002	0.007	0.011
工业增加值增速	Wx14	312	0.008	21	0.003	0.005	0.010

（一）指标权重及其重要性比较

（1）指标参与范围。一是参与时间范围：2017～2019年共计3年。二是参与发展质量评价的县域经济范围：104个。三是面板数据范围：共计312个观察值（3年×104个）。

（2）指标权重均值水平。一是各个指标所占权重的均值在0.08～0.106，说明各个指标在决定发展质量熵值水平的过程中，作用地位差异较大。二是各个指标所占权重之和为1.0.，由计算原理和计算过程所决定。

（3）指标权重波动差异性。一是标准差水平。指标权重在0.001～0.03范围内波动，说明各个指标所占权重的波动性较大。二是最大值与最小值之间的差距，在0.002～0.66，说明各个指标所占权重的最值之间的差距较大。

（4）指标权重的重要性排序与说明。一般公共预算收入/常住人口，所占权重的均值水平为10.60%；一般公共预算收入，所占权重的均值水平为10.10%；利润总额，所占权重的均值水平为8.00%；人均GDP，所占权重的均值水平为7.90%；社会消费品零售总额，所占权重的均值水平为7.80%；GDP，所占权重的均值水平为7.20%；农村居民人均可支配收入，所占权重的均值水平为5.60%；城镇化率，所占权重的均值水平为4.80%；社会消费品零售总额/常住人口，所占权重的均值水平为4.50%；一般公共预算收入/GDP，所占权重的均值水平为4.50%；农村居民人均可支配收入/城镇居民人均可支配收入，所占权重的均值水平为4.40%；就业人员/GDP，所占权重的均值水平为4.30%；居民人均可支配收入/人均GDP，所占权重的均值水平为4.10%；居民人均可支配收入，所占权重的均值水平为3.90%；固定资产投资增速，所占权重的均值水平为3.00%；城镇居民人均可支配收入，所占权重的均值水平为2.80%；第二产业增加值/GDP，所占权重的均值水平为2.60%；第三产业增加值/GDP，所占权重的均值水平为1.40%；GDP指数，所占权重的均值水平为1.00%；人均GDP指数，所占权重的均值水平为0.90%；工业增加值增速，所占权重的均值水平为0.80%。

（二）基于指标重要性的县域经济差异性

（1）各个指标之间的权重存在差异。各个指标之间所占权重的差异性，说明各个指标在县域经济发展质量提升方面的作用价值地位存在差异。

（2）同一指标的权重，在不同县域经济之间存在差异。同一指标的权重，在不同县域经济之间的差异性，说明同一指标对不同的县域经济发展质量提升的作用价值地位，存在差异。

（3）同一指标的权重，在不同时段存在差异。比如2017年、2018年与2019年，同一指标的权重，即使是同一县域经济，也存在差异性，说明同一指标对不同时段县域经济发展质量提升方面的作用价值地位，存在差异。

（三）基本结论

首先，总体方位结构。河南104个县（市）在2017~2019年的发展质量，按均值分组的方位格局情况：大部分处于低端发展方位。一是总体水平。低于总体水平均值的县（市）占63.4%；高于总体水平均值的县（市）占36.54%。二是发展规模水平。低于发展规模水平均值的县（市）

占66.34%；高于发展规模水平均值的县（市）占33.65%。三是发展结构水平。低于发展结构水平均值的县（市）占57.69%；高于发展结构水平均值的县（市）占42.31%。四是民生幸福水平。低于民生幸福水平均值的县（市）占59.62%；高于民生幸福水平均值的县（市）占40.38%。五是发展潜力活力水平。低于发展潜力活力水平均值的县（市）占65.38%；高于发展潜力活力水平均值的县（市）占34.62%。六是发展效益水平。低于发展效益水平均值的县（市）占65.38%；高于发展效益水平均值的县（市）占34.62%。

其次，所属地级市方位结构。县域经济所属地级市的发展水平存在异质性。按照县域经济所属地级市进行分组平均，各地级市所辖县域经济的平均发展水平存在明显差别。具体体现在总体水平、发展规模水平、发展结构水平、民生幸福水平、发展潜力活力水平、发展效益水平及其构成指标之中。

最后，指标地位的重要性。参与测度县域经济发展质量的各个指标的权重地位及其重要性存在差异。各指标权重的地位排序提供了政策作用基点和政府努力的方向。

参考文献

李京文：《快速发展中的中国经济：热点　对策　展望》，社会科学文献出版社，1996。

任保平：《以质量看待增长：对新中国经济增长质量的评价与反思》，中国经济出版社，2010。

武义青：《经济增长质量的度量方法及其应用》，《管理现代化》1995年第10期。

郭克莎：《论经济增长的速度与质量》，《经济研究》1996年第1期。

钟学义等：《增长方式转变与增长质量提高》，经济管理出版社，2001。

毛海波：《浅谈经济增长质量的内涵》，《企业导报》2009年第4期。

单薇：《基于熵的经济增长质量综合评价》，《数学的实践与认识》2003年第10期。

李俊霖、叶宗裕：《中国经济增长质量的综合评价》，《税务与经济》2009年第7期。

毛燕玲、肖教燎、傅春：《中部6市经济增长质量的综合比较》，《统计与决策》2008年第5期。

王文彬、王雅华：《中部地区6省经济增长质量的评价与分析》，《价值工程》2009年第4期。

河南省发改委：《关于发布2014年度产业集聚区考核综合排序的通知》（豫集聚办〔2016〕1号），2016年5月4日。

B.4

河南省跨境电商发展指数评价报告*

河南省跨境电商发展指数评价课题组**

摘　要： 2020年，河南省跨境电商进出口交易额1745亿元，同比增长10.4%，跨境电商已经成为河南省外贸经济增长的新动力。本报告首先分析了河南省跨境电商发展水平，然后从主体规模、成长速度、环境支撑、经济影响等方面出发构建了评价指标体系，通过熵权法得到了河南省跨境电商发展综合指数与各分项指数，并据此将河南省跨境电商发展水平分为三个梯队，从而找出河南省跨境电商产业发展中存在的问题，提出促进河南省跨境电商产业发展的建议，如探索跨境电商本地化发展路径和方向、推动跨境电商人才体系建设、培育一批本地跨境电商龙头企业、加快跨境电商与传统产业的融合等。

关键词： 跨境电商　评价指标体系　河南省

2020年我国实现跨境电商进出口1.69万亿元，增长31.1%，继续保持高速度增长的态势，而2020年我国货物贸易进出口总值同比仅增长1.9%。与传统外贸活动相比，以互联网为基础的跨境电商有着显著的优势，跨境电

---

* 本报告系"'一带一路'倡议下河南跨境电商发展研究"（2020-ZZJH-487）阶段性研究成果。

** 课题组组长：常广庶；课题组成员：张苏丰、熊壮、孙明萌、王世磊、朱利利。执笔：熊壮，郑州航空工业管理学院讲师，主要研究方向为互联网创新；孙明萌，河南经贸职业学院助教，主要研究方向为电子商务。

商可以打破时空限制，降低运营成本、推动贸易便利化、提高交易效率。尤其是在新冠肺炎疫情期间，传统外贸受到冲击，而跨境电商的快速发展不仅可以激发消费者需求、拉动投资热潮、增加就业岗位，还可以提高对外放水平、增强发展的活力动力。

2020 年，河南省跨境电商市场规模不断扩大，跨境物流体系、跨境支付体系、综合服务体系不断完善，各行业各领域跨境电商应用愈发广泛，跨境电商模式和制度政策不断创新、营商环境不断改善。空中、陆上、海上、网上丝绸之路“四路协同”，促进了“买全球、卖全球”目标的加速实现。为此，课题组编制了跨境电商发展综合指数，以期准确、客观地反映河南省各地区跨境电商发展的现状与水平、比较优势及发展潜力，为相关部门完善跨境电商发展的关键节点、弥补薄弱环节，推进全省跨境电商产业健康、均衡、快速发展提供决策参考。

一　河南省跨境电商发展现状

（一）跨境电商实现持续快速增长

数据显示，2018 年，河南省跨境电商进出口交易额为 1289. 2 亿元，同比增长 25. 8%；2019 年，河南省跨境电商进出口交易额为 1581. 3 亿元，同比增长 22. 7%；2020 年，河南省跨境电商进出口交易额为 1745 亿元，同比增长 10. 4%，郑州海关累计验放跨境电商进出口清单 2. 43 亿票，货值 306 亿元，同比分别增长 91. 5% 和 89. 4%，河南跨境电商连续三年保持快速发展。

（二）跨境电商生态体系日益完善

2020 年新冠肺炎疫情期间，河南省商务厅与阿里巴巴、全球贸易通、易赛诺、中国服务贸易协会等展开合作，引进国内跨境电商平台类、物流类、支付类大型知名企业，并免费为省内 507 家企业建立跨境电商营销网站。同时，支持企业开通郑州至列日、纽约、洛杉矶等地的跨境电商包机国际航线，并实现常态化运营。

（三）平台助推跨境电商高质量发展

2020 年，继郑州、洛阳之后，国务院又在南阳设立了跨境电商综合试验区，为河南跨境电商发展增加了新的重要国家战略平台。同时，洛阳、南阳、商丘被批准为跨境电商进口试点城市。此外，河南省商务厅还设立了金水“一带一路”经贸产业园等 7 个省级跨境电商示范园区及豫满全球出口跨境电商孵化平台等 7 个省级跨境电商人才培训暨企业孵化平台。

二　河南省跨境电商发展综合指数

河南省跨境电商发展综合指数旨在从主体规模、成长速度、环境支撑、经济影响四个方面考察河南省跨境电商产业的总体发展水平。本指数不仅关注跨境电商既有的规模和质量，而且还考察各个地区跨境电商产业的发展潜力、对传统经济的影响程度以及基础设施的保障能力。河南省跨境电商发展综合指数测评结果如图 1 所示。

从综合指数测评结果可以发现，各地区之间的跨境电商发展水平存在显著差异。郑州市跨境电商发展优势明显，是河南省跨境电商发展的龙头城市，商丘、许昌、洛阳和南阳 4 个城市跨境电商发展水平次之，对河南省跨境电商发展也能起到一定引领的作用，这 5 个城市可以划入河南省跨境电商发展的第一梯队。漯河、周口、驻马店、新乡、信阳、开封、安阳、平顶山和焦作 9 个城市跨境电商发展水平属于中等水平，是河南省跨境电商发展的中坚城市，属于第二梯队。三门峡、济源、濮阳和鹤壁的跨境电商仍有较大发展空间，是河南省跨境电商发展潜力城市，属于第三梯队。

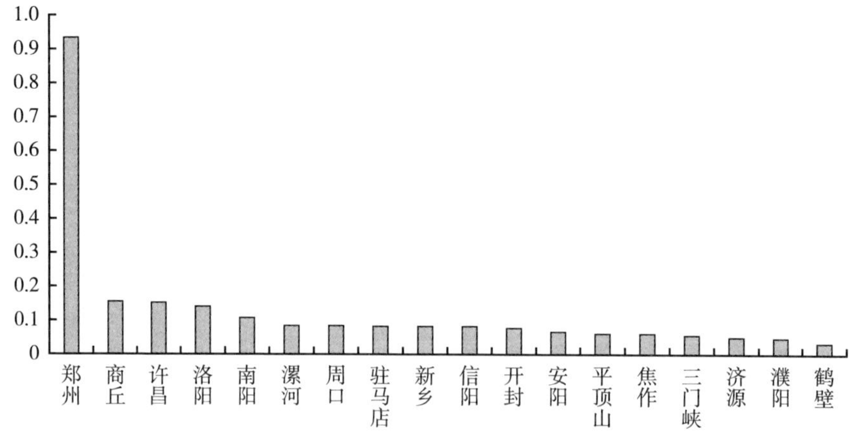

图1　河南省各地区跨境电商发展综合指数

三　河南省跨境电商发展分项指数

（一）规模指数

规模指数反映的是各地区跨境电商发展的基本情况，主要由跨境电商交易额、跨境电商企业密度、跨境电商培训孵化示范基地数量以及跨境电商综合园区数量等二级指标构成。跨境电商交易额可以直观反映地区跨境电商产业发展程度，跨境电商企业密度是从企业数量的角度考察地区跨境电商产业活跃程度，而跨境电商培训孵化示范基地数量以及跨境电商综合园区数量则反映了跨境电商发展所必需的支付、物流、政策等基础配套设施的建设情况。地区的跨境电商交易额越大，跨境电商企业密度越大，跨境电商培训孵化示范基地以及跨境电商综合园区数量越多，地区跨境电商规模指数越大，地区的跨境电商发展水平越高。各地区跨境电商规模指数测评结果如图2所示。

各地区跨境电商规模指数呈现如下特征：各地区的跨境电商规模之间存在显著差异，其中郑州市跨境电商发展规模具有绝对优势，说明郑州市跨境电商发展模式不断完善，许昌、商丘、周口和洛阳的跨境电商也已具备一定

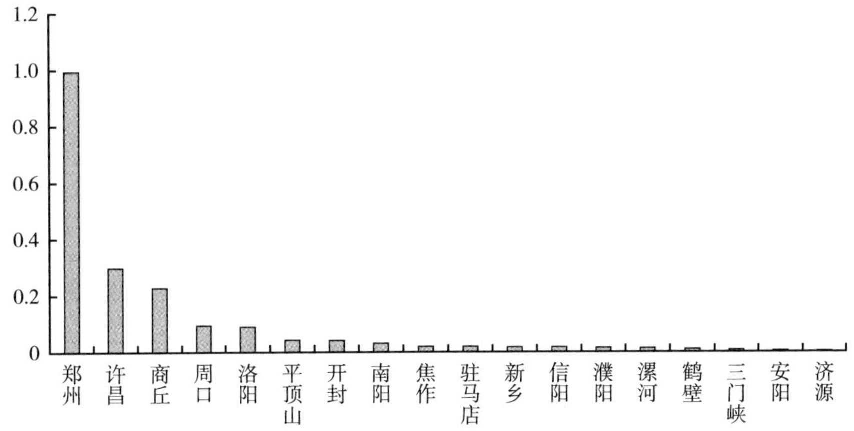

图 2　河南省各地区跨境电商规模指数

规模，说明这 4 个城市结合本地区的实际不断探索适合本地区跨境电商发展的模式并取得一定成效，而其他城市在探索适合本地区跨境电商发展的新模式方面仍有待加强。

（二）成长指数

成长指数反映区域跨境电商发展速度，主要通过跨境电商进出口交易额的增长率、企业数量的增长率来考察各地区在跨境电商发展方面的表现。跨境电商进出口交易额的增长率、企业数量的增长率越大，跨境电商成长指数越大。各地区跨境电商成长指数测评结果如图 3 所示。

信阳、郑州、济源、开封、周口、漯河、安阳的成长指数相对较高，但各地区之间成长指数差异不大。但是与规模指数、环境指数和影响指数进行对比可以发现，成长指数排名和其他指数排名之间差异较大，这说明各地区跨境电商发展水平不同，各地区都在跨境电商领域发力，尤其是一些发展相对落后的地区，也在不断探索适合本区域跨境电商发展的模式和方向。

（三）环境指数

环境指数反映各地区支持跨境电商发展的环境情况，主要包括各地区电

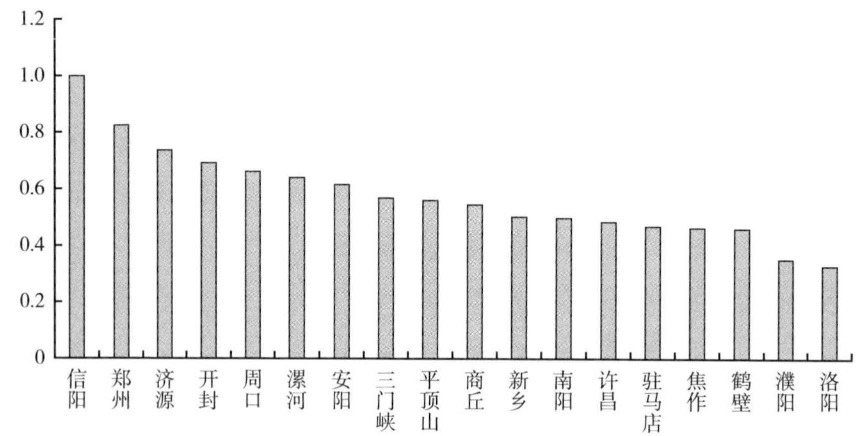

图 3　河南省各地区跨境电商成长指数

子商务发展情况、进出口交易额、跨境电商相关人才的培养、区域信息化情况。各地区跨境电商环境指数测评结果如图 4 所示。

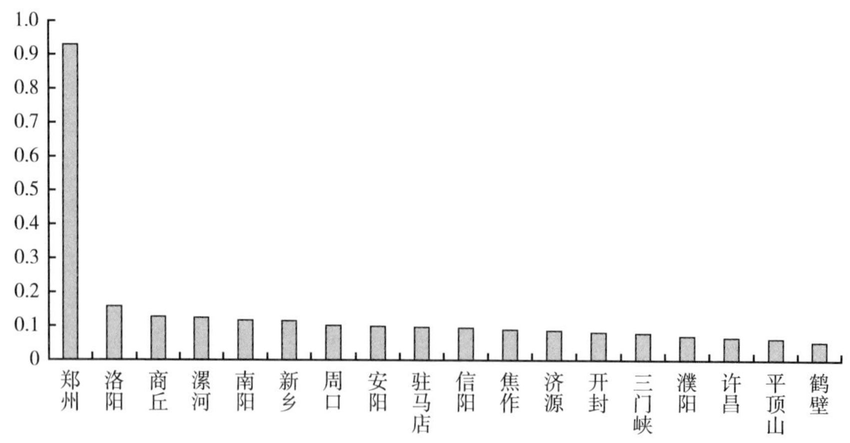

图 4　河南省各地区跨境电商环境指数

郑州、洛阳、商丘、漯河、南阳、新乡等地区的环境指数相对较高，说明这些地区发展跨境电商的资源禀赋较好，例如，经济发展水平较高，人口基数较大，居民可支配收入较高，市场需求较大，跨境电商人才培养、区域信息化水平较高，外贸产业发展基础好，跨境物流等基础设施相对比较健全等。

（四）影响指数

影响指数反映各地区跨境电商对传统外贸和电子商务发展的驱动作用。主要考察跨境电商交易额占进出口交易总额的比重以及跨境电商交易额占区域电子商务交易总额的比重，比重越大，说明跨境电商对当地经济的影响越大。各地区跨境电商影响指数测评结果如图 5 所示。

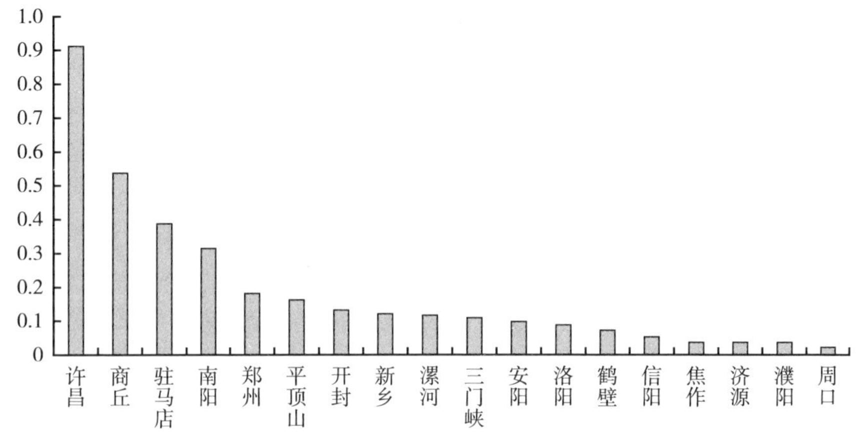

图 5　河南省跨境电商影响指数

从影响指数测评结果可以发现，许昌、商丘、驻马店、南阳等地的影响指数比较高，说明这些地区跨境电商与传统产业融合得较好，跨境电商在传统外贸和电子商务领域具有十分重要的地位。

四　河南省跨境电商发展区域分析

全省各地区按照跨境电商发展水平可以分为三个梯队。

（一）第一梯队

根据河南省跨境电商发展综合指数测评结果，河南省跨境电商产业发展的第一梯队包括郑州、许昌、商丘、南阳和洛阳等5个地区。第一梯队城市与全省跨境电商发展各分项指数平均值对比结果如图6所示。

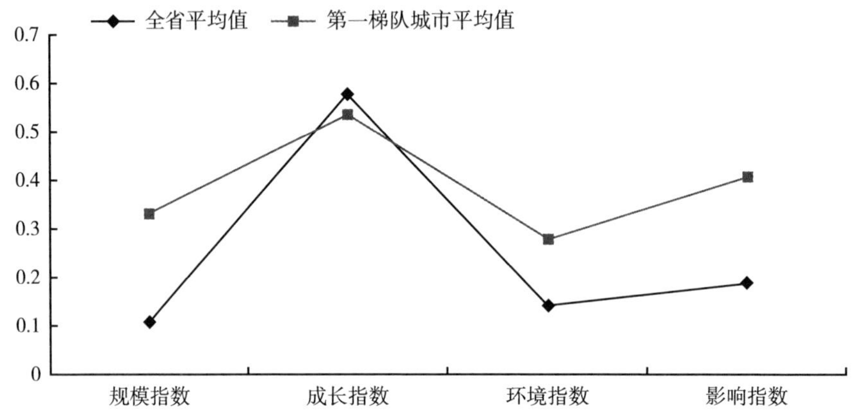

图6 第一梯队城市与全省跨境电商发展各分项指数平均值对比结果

从图6可以看出，第一梯队城市的规模指数、环境指数、影响指数明显高于全省平均水平，成长指数比全省平均水平稍低。规模指数较高表明这些地区跨境电商已经形成明显的产业优势。环境指数高反映了这些地区跨境电商发展具备良好的基础设施保障能力。影响指数高反映了这些地区跨境电商与传统的进出口贸易之间融合程度高，对本区域的电子商务行业发展起到了重要作用。

在这5个城市里面，郑州市在主体规模、成长速度和环境支撑方面保持领先，许昌在经济影响方面占据优势（见图7）。因而，本报告也着重对郑州和许昌两个典型地区进行了分析。

1. 跨境电商领域的郑州模式

2020年，郑州市跨境电商进出口916.4亿元，增长22.8%，规模占各省辖市总额的52.5%。作为河南省跨境电商发展的龙头城市，郑州市发展跨境电商的优势明显。郑州跨境电商能够快速发展，主要得益于郑州强大的创新能力，如首创跨境电商网购保税即“1210模式”、“网购保税+线下自提”以及“关检三个一”“查验双随机”“跨境秒通关”“一

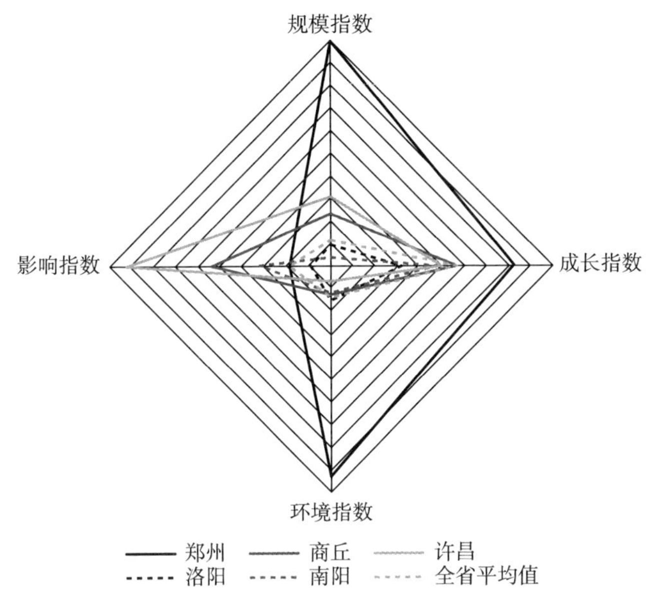

图 7　第一梯队城市与全省跨境电商发展分项指数平均值对比

区多功能”“一店多模式”“贸易集成服务单一窗口”等独特的跨境电商模式。

此外，从外贸进出口方面来说，2020 年郑州市进出口总额近 2 万亿元，占全省的 70% 左右，稳居中部城市第一。郑州市全球网购商品集疏分拨中心基本建成，有功能性口岸 9 个，是内陆地区功能性口岸数量最多、种类最全的城市。郑州经济基础较好，居民消费水平较高，2020 年郑州市 GDP 为 12003 亿元，同比增长 3%，全年居民人均可支配收入 37275 元，同比增长 3.7%，这两项指标均居全省首位，居民消费者购买能力较强，对国外商品的需求量也比较大，因而消费市场广阔。物流方面，郑州是河南省的“心脏”，“铁公机”在此交会，可以满足跨境电商发展的物流需求。此外，郑州还是全国唯一的空港型国家物流枢纽，通过空中、陆上、海上和网上“四路协同”提高了枢纽的通达能力和集疏能力，巩固和提升了郑州的“一带一路”核心节点城市地位。

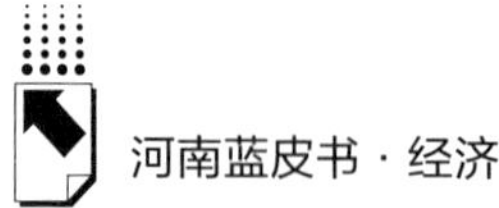

郑州在跨境电商企业集聚、人才集聚等方面具有先发优势，培育出许多知名的本土跨境电商企业，如河南保税物流中心、万国优品、中大门、世界工厂网、豫满全球等。郑州拥有高校的数量也是河南省最多的，可以为跨境电商行业的发展提供大量的人才。郑州拥有比较成熟的外贸产业基础，如郑州游乐设施企业的销售额每年增长20%以上，游乐设施健身器械年出口额突破亿元。此外，郑州还拥有河南省巩义市国家外贸转型升级基地（有色金属材料）、河南省郑州高新技术产业开发区国家外贸转型升级基地（新型材料）两个国家级外贸转型升级基地，有助于跨境电商的快速发展。

近年来，许多有利于跨境电商发展的利好政策也纷纷落地郑州。2012年8月，郑州成为跨境电商零售进口试点城市，同年9月，郑州成为“跨境贸易电子商务服务”试点城市，也是全国唯一的综合性“E贸易”试点。2016年1月，郑州成为第二批跨境电商综合试验区之一。2017年，河南省财政设立“河南自贸试验区和跨境电商综合试验区专项资金”，扶持跨境电商示范园区和跨境电商人才培养暨企业孵化平台发展。2020年6月，郑州市获批国内首批跨境电商B2B出口监管试点，将境内企业通过跨境物流将货物运送至境外企业或海外仓、通过跨境电商平台实现交易的贸易形式纳入海关跨境电商监管，同时企业也可通过跨境电商B2B直接出口（9710）和跨境电商出口海外仓（9810）两种模式开展跨境电商B2B出口业务，同年7月郑州海关9710、9810清单及报关单作业模式正式启动。

2. 许昌市发制品跨境电商模式

2020年，许昌市跨境电商交易额24.6亿美元，同比增长14%，跨境电商进出口额位居河南省第2。许昌是全国最大的人发原材料集散地和发制品制造基地，也是全球知名的发制品跨境电商交易中心。其发制品企业数量占全市外贸企业总数的比例超过67%，90%以上的发制品企业运用跨境电商开拓国际市场；仅在阿里巴巴旗下的全球速卖通平台上，许昌就有450余家发制品店铺，年交易额在3亿美元左右，日发包裹2万多单，占平台发制品交易总额的80%以上。全球每10顶假发，就有6顶来自许昌。作为全球发制品主要集散地和出口基地，许昌的发制品远销200多个国家和地区，在全球发制品市场中占有重要地位。

许昌发制品产业历史悠久，拥有发制品出口企业200多家，从业人员30万人，这为许昌发制品跨境电商的发展提供了产业基础。跨境电商的快速发展和许昌自身的发制品行业的优势结合，推动了许昌发制品跨境电商行业的快速发展。许昌发制品跨境电商的快速发展还离不开政策支持。许昌市电子商务产业园和许昌东城区跨境电商产业园在2017年和2019年分别获批成为河南省跨境电商示范园区；2020年9月，中国（许昌）国际发制品市场采购贸易方式试点获批，这是省内唯一的国家级市场采购贸易方式试点，也是发制品行业全国第一个国家级市场采购贸易方式试点，进一步推动了许昌发制品产业转型升级，助力许昌发制品跨境电商高质量快速发展。

为了更好地推动外贸平稳增长，许昌不断鼓励外贸企业转型升级，开发新市场，充分发挥国家级市场采购贸易方式试点作用和发制品跨境电商示范作用，不断优化出口结构，扩大机电产品、农产品、纺织产品的出口份额。在发制品跨境电商的示范带动下，蜂产品、蜂机具、建筑机械、卫浴陶瓷、社火道具、家纺及床上用品、服装、食用菌和腐竹等特色产业跨境电商业务年均增速均突破30%，成为许昌对外贸易的新增长点。目前，许昌跨境电商经营企业突破1000家，通过阿里巴巴国际站、全球速卖通、亚马逊等平台，向欧美、非洲等120多个国家和地区销售发制品、蜂产品、建筑机械、陶瓷产品等。2020年9月，许昌市成功举办第二届发制品跨境电商大会。其间，许昌市和阿里巴巴携手成立全球首个跨境电商直播基地，并启动“9·26全球发制品直播节”活动，力争通过跨境电商直播基地，构建更加完整的发制品产业生态，结合互联网数字营销为发制品销售赋能，并共同探索数字经济时代外贸发展新路径。

（二）第二梯队

根据跨境电商发展综合指数测评结果，漯河、周口、驻马店、新乡、信阳、开封、安阳、平顶山和焦作是河南省跨境电商发展的第二梯队。第二梯队城市与全省跨境电商发展各分项指数平均值对比结果如图 8 所示。

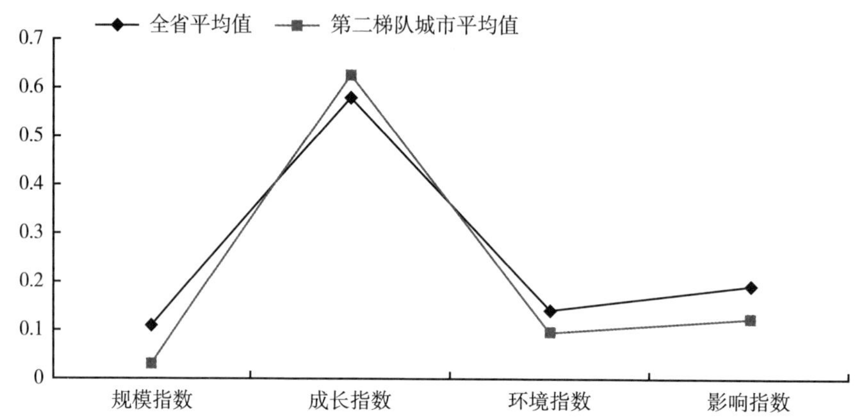

图 8　第二梯队城市与全省跨境电商发展各分项指数平均值对比结果

从图 8 可以看出，第二梯队城市各分项指数平均值与全省平均值比较接近，除了成长指数高于全省平均值外，其他分项指数均略低于全省平均值。这也反映出当前河南省跨境电商发展的总体情况，即各地区之间跨境电商发展水平存在显著差异。与第一梯队城市相比，第二梯队城市跨境电商规模相对较小，主要有两种发展模式。

一是传统生产型外贸企业，它们基于国家外贸转型升级基地，如鹿邑县国家外贸转型升级基地（纺织）、新乡市经济技术开发区国家外贸转型升级基地（纺织）、焦作市工业产业集聚区西部园区国家外贸转型升级基地（专业化工），充分利用跨境电商通关成本低、支付便捷、物流快速等优势，把握发展契机，开拓新销售渠道，促进外贸转型。比如通过阿里巴巴国际站、全球速卖通、敦煌网、亚马逊、eBay、环球资源网等第三方跨境电商平台，进行产品宣传推广、获取订单，开展跨境电商业务。它们出口的产品多以传统的轻工业产品为主，主要包括化妆刷、纺织品、服装、鞋帽、家具、手机配件、汽车零部件以及化工产品等，这些产品大多体积小、产品附加值不高，具有显著的劳动密集型特点。这些企业利用国内、国际市场差异，通过跨境电商平台将国内商品转销至国际市场，获取丰厚的利润回报。

二是不少传统的电商企业为了开拓新市场、获得新客户，依托本地电商产业园，如中国（漯河）电商产业园、安阳豫北跨境电商产业园和内黄县跨境电商产业园、新乡宇源跨境电商产业园、信阳潢川县电商产业园、周口西华县电商产业园、平顶山汝州市“互联网＋”电商产业园等提供的健全服务，涉足跨境电商业务。它们往往通过平台获取订单，接单后依托区域特色产业，就地采购商品完成跨境销售。这种模式下，跨境电商与货源产地紧密相连，产业链条更加完整。

处于第二梯队的城市需要继续探索本地化的跨境电商发展路径和方向，培育一批本地跨境电商龙头企业，加快跨境电商与传统产业的融合。

（三）第三梯队

根据指数测算结果，2020 年河南省跨境电商发展第三梯队主要包括三门峡、济源、濮阳和鹤壁。图 9 对比了第三梯队城市与全省跨境电商发展各分项指数的平均值。

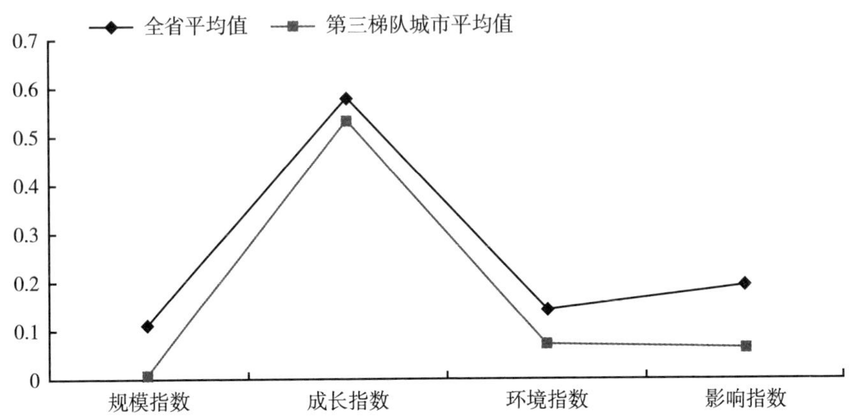

图 9　第三梯队城市与全省跨境电商发展各分项指数的平均值对比

从图 9 可以看出，第三梯队的城市跨境电商发展各分项指数平均值均低于全省平均值，这些地区跨境电商发展相对落后是因为受到多方面因素的影响。

一是区域经济发展水平较低。经济发达的地区，居民消费水平相对较高，且产业发展基础也较好，对技术、人才、资金要素资源具有较强集聚效应，能够形成跨境电商发展的先发优势；而经济发展相对落后的地方，在跨境电商发展的基础设施软硬件条件、商品流通网络体系架构、跨境电商人才培养和吸引等方面存在明显劣势，因此跨境电商在经济发达地区和落后地区之间的发展差距较大。2020 年，河南省全省 GDP 为 54997.07 亿元，其中三门峡、济源、濮阳和鹤壁的 GDP 分别为 1450.71 亿元、703.16 亿元、1649.99 亿元和 980.97 亿元，占全省 GDP 的比重分别仅为 2.64%、1.28%、3%、1.78%。

二是跨境电商产业链不健全。跨境电商产业的发展需要完善的产业链提供支撑，如跨境支付体系、跨境物流体系、跨境营销体系、综合服务设施等缺一不可。而 2020 年河南省一些地区的一般公共预算收入相对比较低，如三门峡、济源、濮阳和鹤壁的一般公共预算收入分别仅为 135.32 亿元、58.4 亿元、103.42 亿元和 71.04 亿元，地方财力的不足严重制约了跨境电商产业链的培育和完善。

三是跨境电商人才供给不足。随着跨境电商的快速发展，专业人才的供求失衡问题日益明显。专业跨境电商人才需要具备市场运营、商务外语、法律等方面的综合能力，企业自主培养或引进人才的成本太高，从业人员的流动性很大，中小型跨境电商企业难以自主解决人才难题。

四是尚未培育出本地区跨境电商增长点。第三梯队城市跨境电商的发展仍处于初级阶段，但是未来发展潜力巨大，这些城市可以在跨境电商产业园和国家外贸转型升级基地基础上，继续探索本地化的跨境电商发展路径和方向。

此外，规模不足、跨境电商应用领域不广，也导致上述地区跨境电商与传统经济融合不够，对当地经济发展的影响有限。跨境电商发展环境有待优化，跨境电商基础设施不够健全，不能为跨境电商提供良好的发展环境。

五　结束语

本报告从跨境电商发展的主体规模、成长速度、环境支撑、经济影响四个方面，对河南省各个地区的跨境电商发展水平进行了测评，并得出以下主要结论。

首先，各个地区按照跨境电商发展综合指数，可以分为三个梯队：第一梯队包括郑州、商丘、许昌、洛阳和南阳5个城市；第二梯队包括漯河、周口、驻马店、新乡、信阳、开封、安阳、平顶山和焦作9个城市；第三梯队包括三门峡、济源、濮阳和鹤壁4个城市。

其次，在四个分项指数排名中，郑州、许昌、商丘、周口和洛阳等地区规模指数排名靠前，信阳、郑州、济源、开封、周口、漯河、安阳发展速度比较快；郑州、洛阳、商丘、漯河、南阳、新乡跨境电商发展的基础设施比较完善，跨境电商支撑环境较好；而许昌、商丘、驻马店、南阳等地区的跨境电商产业与传统外贸业务的融合度比较好，说明这些地区的跨境电商对传统产业的发展起到了较好的支撑作用。

再次，跨境电商发展较好的地区不仅表现在发展规模上，还表现在发展质量上，这些地区往往依托良好的发展环境，不断探索新的商业模式，如“跨境电商＋市场采购”出口新模式，以创新促发展，力争保持高速增长。

最后，跨境电商相对落后的地区存在的主要问题是规模不足、产业链不健全、基础设施建设水平有待提高。这些地区需要积极探索本地化的跨境电商发展路径和方向，推动跨境电商人才体系建设，培育一批本地跨境电商龙头企业，加快跨境电商与传统产业的融合。

参考文献

侯冰玉：《跨境电商成河南外贸增长新动力》，《国际商报》2021年4月1日。

赵振杰：《外贸新高背后的河南商务作为》，《河南日报》2021年1月16日。

王金伟：《跨境电商进出口总量稳居全省第2位》，《许昌日报》2021年1月22日。

雷琳：《河南跨境电商发展对策研究》，《企业科技与发展》2020年11期。

裴东霞：《我国跨境电商运行绩效评价与提升策略：基于跨境电商综合试验区样本数据的分析》，《商业经济研究》2020年第6期。

分析预测篇

Analysis and Prospect

B.5
2021～2022年河南省产业发展形势分析与展望

唐晓旺*

摘　要： 建设现代化河南，关键在于推进产业转型升级，不断提高产业的质量和能级。2021年，河南三大产业总体回升向好，产业结构调整取得了新进展，新产业新业态不断发展，企业经济效益有了进一步提升，产业转型升级取得明显的成效。同时，也应该看到，河南产业结构仍不合理，无论是工业、服务业还是农业，以传统行业为主的情况没有发生根本改变，产业层次和附加值整体较低，创新能力较弱、企业竞争力不强等问题仍然突出。2021年河南产业发展机遇与挑战并存，全省要锚定“两个确保”，全面实施“十大战略”，完善促进产业转型升级的体制机制，强化产业发展的政策支撑体系，持续优化营商环境，促进产业转型升级取得新的进展。

* 唐晓旺，河南省社会科学院经济研究所研究员，主要研究方向为区域经济、产业经济。

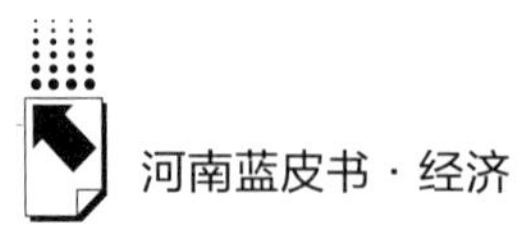

关键词： 产业发展 转型升级 产业结构

当前，河南发展站上了新的历史起点，到了可以大有作为的关键阶段。推进产业转型，是构建现代化经济体系的重要任务，也是实现“两个确保”的关键环节。2021 年以来，面对新冠肺炎疫情和洪涝灾害的叠加冲击，全省持续开展疫情防控和灾后重建，三大产业告别了上年的整体回落的态势，基本恢复到疫情之前的增长水平。但与发达省份相比，河南产业整体结构不合理，传统产业资源型产业比重过大，很多产业仍处于产业链、价值链中低端，核心竞争力较弱，河南产业转型升级任重道远，仍面临着诸多现实的挑战。

一 2021年河南产业发展现状分析

（一）三大产业总体回升向好，但增速有所下滑

2021 年以来，全省持续开展疫情防控和灾后重建，三大产业告别了上年的回落态势，基本恢复到疫情之前的增长水平。1～6 月，第一产业增加值 2363.29 亿元，增速为 7.8%；第二产业增加值 12201.44 亿元，增速为 8.1%；第三产业增加值 14363.23 亿元，增速为 12.4%，均高于 2019 年同期增长水平（见图 1）。考虑到 2020 年基数较低的情况，可以认为，全省农业、服务业基本恢复，工业恢复也超过八成。然而，7 月以来，由于历史罕见的极端强降雨，加上新冠肺炎疫情反复，全省经济社会发展蒙受重大损失，主要产业指标增速出现不同程度的回落。

（二）产业结构持续优化，主导产业支撑有力

2021 年以来，在抗疫取得积极成果的同时，全省产业呈现持续恢复发展势头，产业结构优化升级取得新的成效。与上年同期相比，2021 年 1～

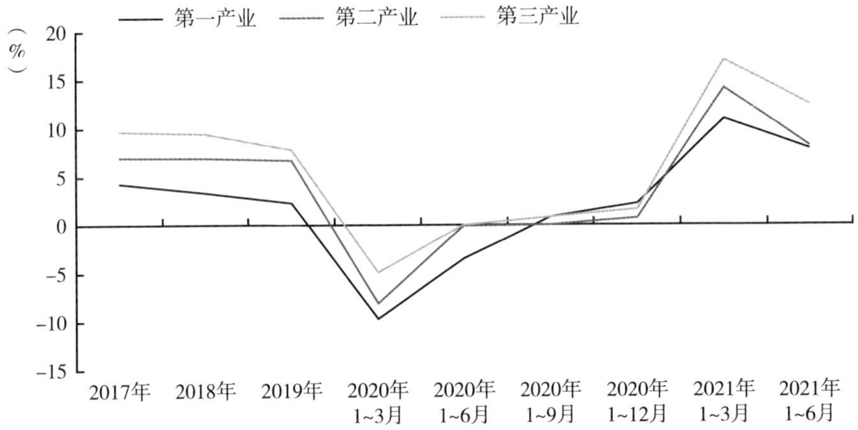

图1　近年来三大产业增速变化趋势

资料来源：河南省统计局、国家统计局河南调查总队：《河南省统计月报》，2021 年 7 月。

6 月，河南第一产业比重降低了 0.2 个百分点，第二产业比重降低了 0.2 个百分点，第三产业比重增长了 0.4 个百分点（见图 2）。第三产业比重持续上升，表明河南 2021 年在产业高级化方面有了新的进展。在服务业内部，交通运输、仓储和邮政业，住宿和餐饮业，批发零售业增长较快，这主要与抗击疫情取得积极进展后复工复产快速推进有关（见图 3）。在工业内部，8 月全省五大主导产业增加值增长 6.5%，高于全省规模以上工业增速 5.0 个百分点，拉动全省工业增长 2.9 个百分点，其中电子制造业、食品制造业同比分别增长 22.6%、7.5%，分别高于五大主导产业增速 16.1 个、1.0 个百分点。这表明，河南工业结构持续优化，工业转型取得新的进展。

（三）工业经济恢复相对较慢，但工业转型升级加快

2021 年以来，随着复工复产步伐的加快，河南工业逐渐恢复，如图 4 所示。第一季度，全省规模以上工业增加值增长 16.3%，这固然与上年同期基数较低有关，但也反映了河南工业强劲反弹复苏的总体态势。3 月起，工业增速逐渐下降，除了与上年基数增大有关外，还受到了外部经济的负面影响，

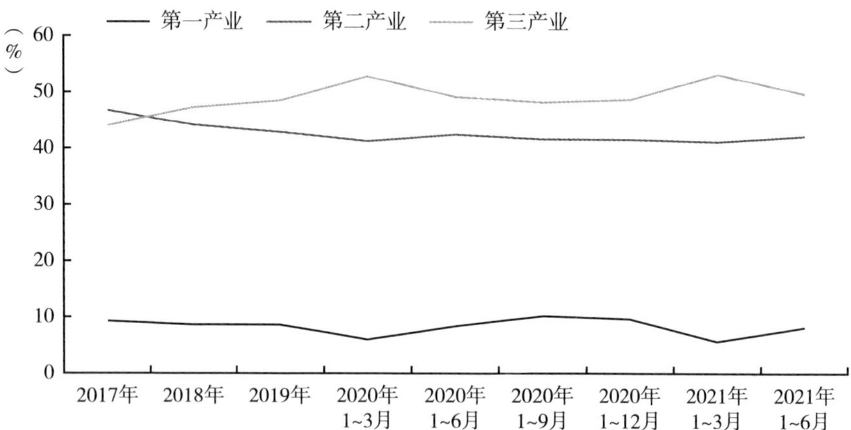

图 2　近年来河南三次产业结构变化情况

资料来源：河南省统计局、国家统计局河南调查总队：《河南省统计月报》，2021 年 7 月。

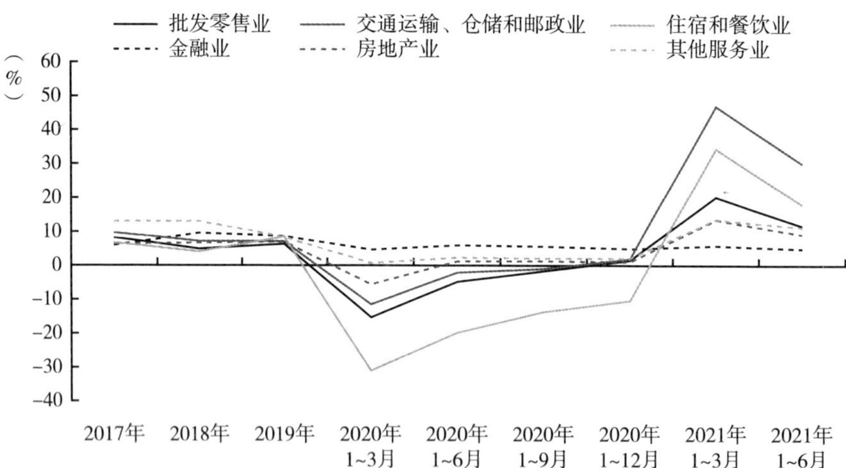

图 3　河南第三产业内部各行业增速变化情况

资料来源：河南省统计局、国家统计局河南调查总队：《河南省统计月报》，2021 年 7 月。

尤其是疫情、涝情的影响，目前全省工业增长仍然面临较大的压力。同时，也应当看到，尽管河南工业增长遇到较大困难，但是工业转型的步伐确实加快了。2021 年1 ~7月，全省高技术制造业增长 29.7%，战略性新兴产业增长 16.2%，远高于全省规模以上工业增速，如图5 所示。部分技术含量和附加值较高的工业新兴产品产量快速增长。8 月，全省电子计算机整机、光纤产量分别增长 14.3 倍、1.7 倍，智能电视、工业机器人产量分别增长 63.3%、10.2%。

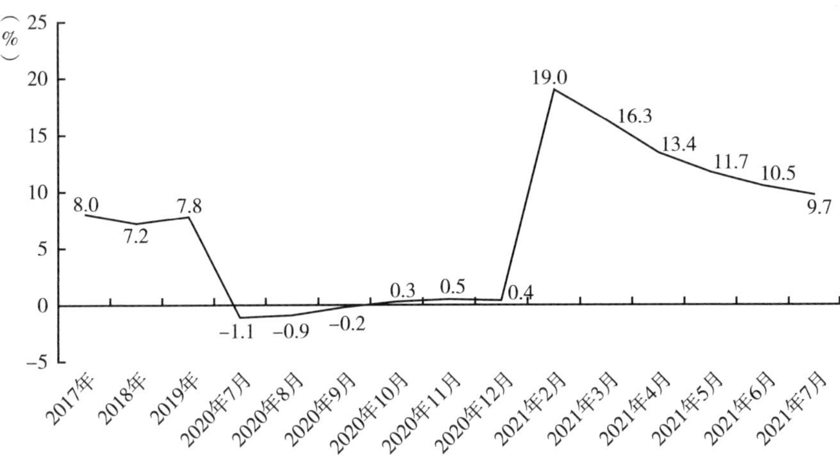

图 4　2017 年至 2021 年 7 月规模以上工业增加值累计增长

资料来源：河南省统计局、国家统计局河南调查总队：《河南省统计月报》，2021 年 7 月。

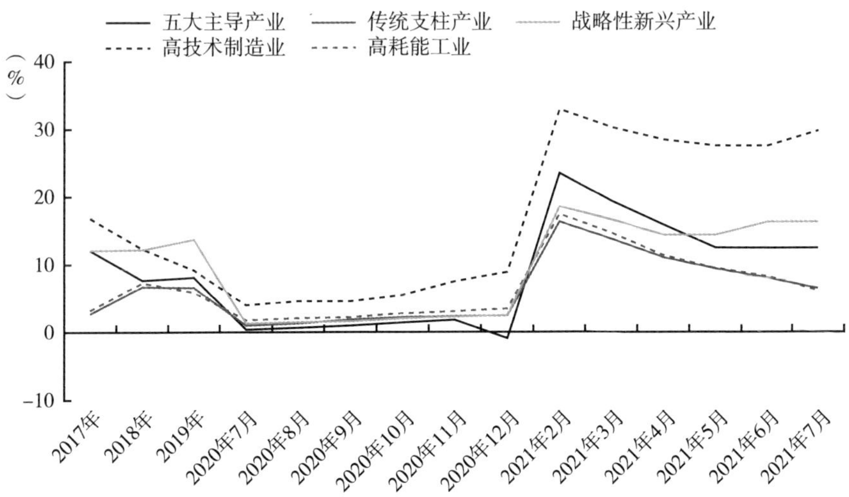

图 5　2017 年至 2021 年 7 月规模以上工业增加值分产业累计增长

资料来源：河南省统计局、国家统计局河南调查总队：《河南省统计月报》，2021 年 7 月。

（四）新产业新业态快速发展，经济增长新动能不断增加

近年来，大数据、工业互联网、人工智能等新一轮信息技术革命不断催生新产业、新业态、新模式，新兴产业业态快速发展，特别是互联网销售、外卖送餐等消费新业态发展较快。互联网销售、外卖送餐虽然大多通过互联网进行交易，但其最终基本都需要通过快递物流来完成，因此我们可以用快递物流的变化来反映新产业新业态的变动。2021 年前 7 个月，河南快递业务总量呈爆发式增长，累计增速达到 59.2%，比上年同期提高了 21.5 个百分点（见图 6）。快递业务总量的快速增长从一定意义上反映了河南 2021 年新产业、新业态的发展状况，快递行业成为推动经济恢复增长的一支新的生力军。同时，随着智能家居市场和新能源汽车需求量不断增大，智能及新能源商品也实现较快增长。2021 年 8 月，全省限额以上单位的智能家用电器和音像器材、新能源汽车、可穿戴智能设备零售额分别增长 9.8%、48.8%、60.7%，显示出新兴商品消费呈现快速增长的势头。

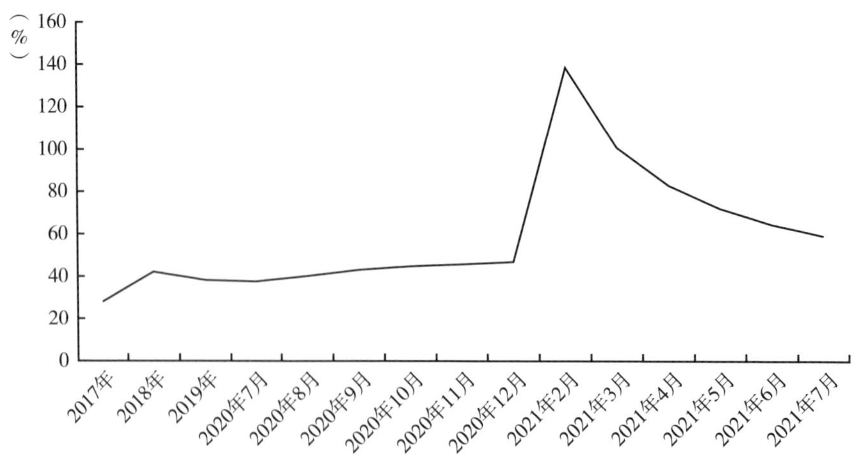

图 6　2017 年至 2021 年 7 月河南快递业务总量累计增速

资料来源：河南省统计局、国家统计局河南调查总队：《河南省统计月报》，2021 年 7 月。

（五）经济效益稳步回升，全省经济变中谋进

2021 年前 7 个月，河南服务业在地区生产总值中占比 49.7%，是全省经济的主体和主要部分，因此全省经济效益可以用规模以上服务业营业收入及利润增速变动情况来衡量。从图 7 可以看出，年初以来，河南省规模以上服务业营业收入和利润快速恢复。3 月以后，随着前期基数的增大，增幅有所收窄。第三季度河南由于经历了疫情反弹和洪涝灾害，经济发展受到一定影响，营业收入和利润都呈现下降态势。然而与 2020 年相比较，企业营业收入和利润仍有大幅增长，多数行业基本恢复到疫情之前的增长水平。

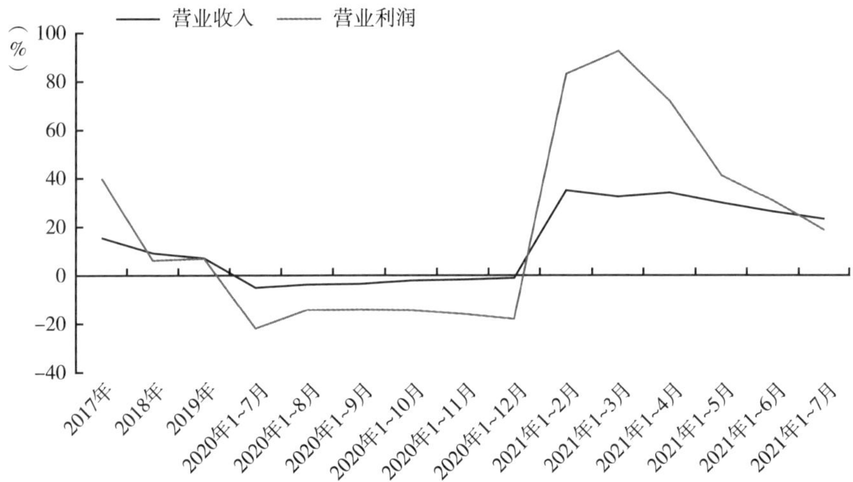

图 7　2017 年至 2021 年 7 月规模以上服务业营业收入及利润累计增速

资料来源：河南省统计局、国家统计局河南调查总队：《河南省统计月报》，2021 年 7 月。

二　2021 年河南产业发展存在的问题

（一）传统及高耗能制造业比重偏大

长期以来，河南传统制造业和资源型工业比重较大。2021 年 1 ~ 7 月

传统支柱产业占比49%，能源原材料工业占比44.6%，说明全省工业仍然以传统制造业和能源原材料产业为主。从纵向对比看，河南传统支柱产业2021年1~7月占比为49%，比2017年增加了4.8个百分点；高耗能工业2021年1~7月占比为38.9%，比2017年增长了6.2个百分点。这些数据表明，全省传统支柱产业和高耗能工业占比并没有降低，反而是增加了。1~7月，河南高技术制造业占比10.4%，与2017年相比，占比只增长了2.2个百分点，增长较慢。1~7月，战略性新兴产业占比23.1%，比2017年增长了11个百分点，尽管比重增长较快，但是由于基数较小，总体上对全省工业的支撑力较弱（见表1）。

表1　2017年至2021年7月河南规模以上工业指标构成

单位：%

行业	2017年	2018年	2019年	2020年	2021年1~7月
规模以上工业	100.0	100.0	100.0	100.0	100.0
能源原材料工业	38.5	35.2	41.9	41.8	44.6
消费品制造业	—	—	—	28.4	27.5
五大主导产业	44.6	45.2	45.5	46.8	45.3
传统支柱产业	44.2	46.6	46.7	46.2	49.0
战略性新兴产业	12.1	15.4	19.0	22.4	23.1
高技术制造业	8.2	10.0	9.9	11.1	10.4
高耗能工业	32.7	34.6	35.3	35.8	38.9

资料来源：河南省统计局、国家统计局河南调查总队：《河南省统计月报》，2021年7月。

（二）新兴服务业发展相对滞后

目前，河南服务业仍以传统的交通运输、仓储和邮政业，批发零售业，住宿和餐饮业等为主，这些产业占地区生产总值的比重较大。2021年1~6月，交通运输、仓储和邮政业，批发零售业，住宿和餐饮业等三大传统服务业占地区生产总值的14.8%，比重较高。金融保险业、现代物流、网络信息和知识产业等新兴服务业尽管近年来有了较快发展，但由于基础差，规模小，比重低，总体上仍处于较低水平。从纵向对比看，2017 年以来，河南交通运输、仓储和邮政业，批发和零售业等传统服务业增加值占地区生产总值比重一直比较高，部分年份还有增加趋势，而金融业的比重相对较低，低于全国平均水平。这种“一高一低”的行业结构特征，说明河南服务业仍然是以传统服务行业为主，新兴服务行业发展相对滞后。

表 2　2017 年至 2021 年 7 月河南服务业分行业占地区生产总值比重

单位：%

时间	批发零售业	交通运输、仓储和邮政业	住宿和餐饮业	金融业	房地产业	其他服务业
2017 年	7.2	5.4	2.2	4.8	6.0	18.0
2018 年	7.4	5.7	2.1	5.1	6.2	20.3
2019 年	7.5	5.7	2.2	5.2	6.2	21.2
2020 年 1 ~3 月	7.2	4.8	1.8	6.9	6.7	24.8
2020 年 1 ~6 月	7.1	5.2	1.7	6.0	6.6	22.0
2020 年 1 ~9 月	7.2	5.3	1.8	5.7	6.4	21.2
2020 年 1 ~12 月	7.5	5.6	1.9	5.4	6.4	21.3
2021 年 1 ~3 月	7.6	5.8	2.0	6.4	6.8	24.3
2021 年 1 ~6 月	7.1	5.9	1.8	5.6	6.6	22.1

资料来源：河南省统计局、国家统计局河南调查总队：《河南省统计月报》，2021 年 7 月。

（三）科技自主创新能力不强

长期以来，河南科技资源缺乏，科技人才不足，科技创新能力长期不强，对经济和产业发展的带动能力较弱。一方面，河南发展模式的科技含量不高。长期以来，河南产业发展主要靠要素投入、规模扩张，靠投资拉动，企业的自主创新能力不强。很多企业满足于给沿海地区做代工、给先进企业做配套，而不重视自身科技研发实力的提升。另一方面，河南省对基础研究重视不够。在现行政策体系中，经常出现“创新”“创业”“战略性新兴产业”等词语，表明当前的政策对于基础研究的关注度还远远不够。大部分政策对资助对象的学历等提出了一定的要求，而不太重视一线的技术人才。此外，河南对科技的投入也不足。长期以来，受制于全省经济实力，河南对科技的投入不足，全省科技投入强度不但远低于江苏、浙江等发达地区，而且与中西部地区部分省份相比，也相对落后，导致全省科技创新能力长期居于较为落后的地位。

（四）产业层次和附加值相对较低

经过多年的发展，目前全省农业、工业、服务业门类齐全、结构合理，三次产业融合协调发展水平在全国较高。但是与发达地区相比较，河南产业整体处于价值链底部，产业附加值不高。一方面，河南资源型产业突出。目前，全省传统的资源型产品较多，煤炭、石油、有色金属等产业比重较大，这些产业大多处于价值链的上游，受外部市场波动的影响较大。2021 年以来，由于外部需求不景气，沿海发达地区产品出口下降，河南资源型产品的生产受到较大影响，进而全省经济也受到较大的影响。另一方面，河南传统产业比重较大。钢铁、水泥、玻璃等产能过剩，在供给侧结构性调整中遇到了较大的压力，发展受到严重影响。此外，新兴产业呈现低端化现象。近年来，河南引进的一些高新技术产业，很多处于组装、简单加工等低端环节，市场风险较大，产业发展的质量不高。此外，河南新产业、新业态、新模式尽管有了一定的发展，但是与浙江、广东、江苏等发达省份相比仍有较大差距。在电子商务大行其道的背景下，由于缺乏大型的互联网销售平台，河南的消费需求和购买力大量流失，同时也造成税源大量流失，对河南整体经济发展造成了一定的负面影响。

（五）企业“小、散、弱”现象突出

长期以来，河南企业规模相对较小，竞争力较弱，缺乏实力雄厚、业态先进、竞争力强的领军企业和品牌。2021 年，中国企业 500 强中河南仅占 12 家，尽管相比上年上榜数量多了 2 家，但是全国排名却没有变化，还是排第 11 名。河南入围的企业排名普遍靠后，排名最靠前的河南企业是万洲

国际有限公司，排名第131位，这种现象与河南作为全国经济大省的地位极不相称。河南入围的企业规模普遍偏小，以排名最靠前的万洲国际有限公司为例，其营业收入只有17646430亿元，与排名前十的企业差距巨大。在河南省12家500强企业中，能源企业2家、制造企业8家、服务企业2家，这些企业基本上属于传统产业，企业创新能力和竞争力相对不强。

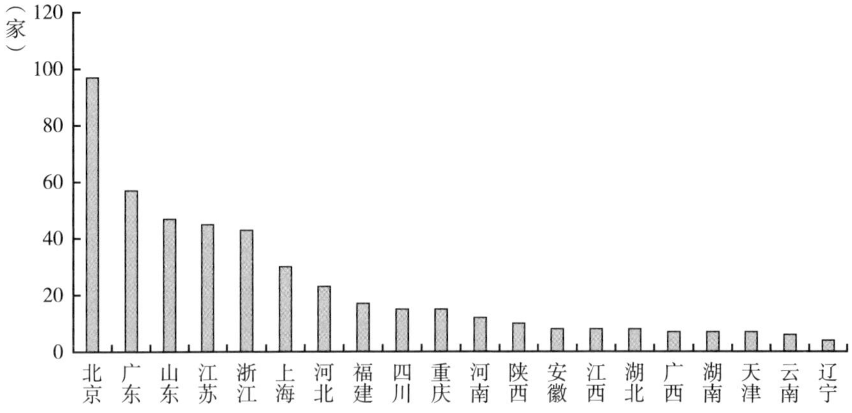

图8　2021年中国500强企业部分省（区、市）上榜数量

资料来源：中国企业联合会、中国企业家协会。

三　2022年促进河南产业转型发展的对策建议

当前，新冠肺炎疫情和洪涝灾害的叠加冲击正在减弱，全省产业增长的动能不断积累，三大产业均保持了较好发展势头。2022年，河南产业发展总体上仍然是机遇与挑战并存，为此，全省上下必须加快数字化转型，推进体制机制创新，优化发展环境，推进供给和需求结构性改革，促进产业转型升级取得新的进展。

（一）加快推进产业数字化转型

准确把握产业数字化、数字产业化的内涵和外延，把加快数字化转型作为引领性、战略性工程，构建新型数字基础设施体系，发展数字核心产业，全面提升数治能力，全方位打造数字强省。一是要继续推进以5G、互联网、云生态、人工智能为代表的“新基建”，加快基础能力和应用能力发展，为产业发展提供基础支撑。二是加快培育和引进一批数字经济企业。加强与浙江、广东、上海等数字经济发展比较好的省市的对接，通过产业链和价值链的合作，引进一批数字化企业和产业。三是大力发展新产业、新业态、新模式。以互联网经济为突破口，大力发展跨境电商、直播带货、微商团购等新经济模式，促进数字经济快速发展。

（二）健全产业升级的体制机制

推动产业转型升级发展的关键在于健全产业转型升级的体制机制，强化产业转型发展的制度保障。一是坚持和完善新发展理念导向机制。新发展理念强调创新发展、协调发展、绿色发展、开放发展、共享发展，是指导新阶段产业发展的基本纲领。因此，未来河南促进产业转型发展，必须贯彻新发展理念，实现产业与科技、生态协同发展，为实现共同富裕奠定基础。二是坚持和完善生产率导向机制。坚持生产率导向，坚持效率优先，将产业结构调整的主线转向提高生产率、提升产业竞争能力。为此，要不断推动高技术制造业、新兴产业发展，提高资源要素配置效率。三是健全完善产业转型发展绩效考核机制。加快建立促进产业转型发展的考核体系，健全政府推动产业转型发展的绩效评价机制，将产业转型升级的成果纳入地方官员职务晋升政绩考核，形成地方支持产业高质量发展的强约束。

（三）强化产业升级的政策引导和要素支撑

推动产业升级发展需要优化产业政策，强化产业发展的要素支撑。一方面，要加快构建更加包容、竞争的产业政策，推动产业结构优化、创新、可持续发展。按照附加价值高、竞争力强、可持续发展的要求，积极引导各方资源向基础性、战略性、关键性的产业集聚，提升重点领域和行业的竞争力。坚持和完善促进创新、促进新业态发展、促进可持续发展的产业政策，清理和废止不合时宜、制约产业转型发展的政策，推动产业升级和可持续发展。另一方面，要强化产业转型的要素支撑。结合河南产业发展现状及资源禀赋，强化产业转型发展的基础性支撑，必须加强人才、金融、科技、土地等要素保障，构建与现代产业体系发展相匹配的要素供给体系。

（四）持续优化和提升营商环境

当前，全国范围内各个省份对人才、科技、资金等要素的争夺战愈演愈烈，营商环境好的地区，对人才、资金、技术的吸引力强，更能在新一轮的竞争中占据有利地位。作为内陆欠发达地区，未来一个时期，河南营商环境的优化仍任重道远。一是要深入推进市场化改革。进一步推进人才、土地、资金等要素价格市场化改革，破除各种隐形门槛，推动资源要素自由流动和优化配置。进一步深化垄断行业改革，推进减税降费，降低企业用工、物流等成本。二是要提高政府行政效能。深化简政放权改革，推动政务流程再造，提高行政效能。实施“智慧政务”工程，建立集办公、审批、对外服务、监察、信息公开等于一体的智慧政务平台，提高行政效率。三是要优化生态和人居环境。大力加强生态环境建设，强化文化和社会建设，大力推动低碳产业发展，保护“绿水青山”，营造良好的人居环境，为人才汇聚中原创造有利条件。

参考文献

林毅夫、张维迎、张军等：《产业政策总结、反思与展望》，北京大学出版社，2018。

赵昌文、许召元等：《新工业革命背景下的中国产业升级》，北京大学出版社，2020。

河南省统计局、国家统计局河南调查总队：《河南统计月报》，2021 年 7 月。

B.6
2021~2022年河南省固定资产投资形势分析与展望

李　斌*

摘　要： 2021年1~8月，由于受新冠肺炎疫情、洪涝灾害等不利因素影响，河南省固定资产投资整体呈现出增速前高后低的特征，其中，1~8月工业投资增速呈现出“V”形变化态势，基础设施投资增速呈现出“高开低走”特征，预计第四季度全省固定资产投资增速将稳步上升，但增幅相对较小。2022年，河南推动投资增长要从以下方面发力：坚持项目为王，释放重大项目对投资增长的拉动作用；强化要素保障，为各类投资项目落地提供要素支撑；坚持结果导向，调动各部门抓项目促投资的积极性；优化投资环境，持续降低市场主体投资活动成本。

关键词： 固定资产投资　投资效率　投资结构

固定资产投资是连接总需求和总供给、畅通经济循环的关键变量，是稳定经济增长的压舱石。2021年在新冠肺炎疫情反弹、洪涝灾害等多种不利因素影响下，全省上下深入贯彻“项目为王”理念，按照高质量发展要求，聚焦补短板强弱项，积极谋划推进投资项目建设，持续优化投资环境，固定资产投资总体呈现稳中向好发展态势，投资在拉动全省经济增长中的关键作

* 李斌，博士，河南省社会科学院经济研究所助理研究员，主要研究方向为区域经济。

用得到进一步发挥，为河南锚定“两个确保”、全面实施“十大战略”奠定了良好的基础。

一 2021年1~8月河南省固定资产投资总体情况

（一）投资增速呈现前高后低态势

由于2020年初固定资产投资受新冠肺炎疫情影响较大，2021年伊始河南省固定资产投资同比增速强势上扬，2021年1~2月，全省固定资产投资（不含农户）同比增长31.0%。因2020年3月起疫情逐步得以控制，固定资产投资稳步回升，2021年3月起，河南省固定资产投资同比增速逐步走低，2021年1~3月，河南省固定资产投资（不含农户）同比增长14.6%，考虑到2020年同期固定资产投资数据具有特殊性，与2019年1~3月相比，增长6.0%。2021年4月起，全省固定资产投资增速逐步企稳，1~4月同比增长10.1%，比2019年1~4月增长8.9%；1~5月，同比增长7.8%，比2019年1~5月增长8.8%；1~6月，同比增长7.8%，比2019年1~6月增长10.6%；1~7月，同比增长5.8%，比2019年1~7月增长8.9%。2021年1~8月，全省固定资产投资（不含农户）同比增长5.4%，从总体上看，增速呈现出前高后低态势，如图1所示。但2021年1~8月固定资产投资与2019年同期相比增长8.7%，增速上扬态势明显，反映出基础投资领域基本面持续向好，为确保全省经济持续增长奠定了良好基础。

（二）重点领域投资成效显著

2021年以来，河南牢固树立“项目为王”理念，强调“要素跟着项目走”“有限资源保重点”，围绕新型基础设施、新型城镇化、重大基础设施、产业结构优化升级、创新驱动、生态环保、社会民生等重点领域，加大投资力度，使得全省重点领域投资成效显著。上半年全省基础设施

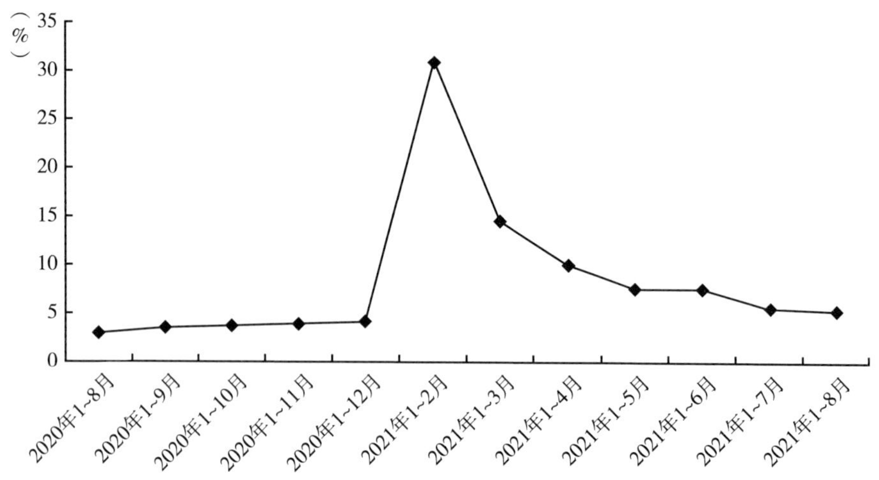

图1　2020～2021 年 1～8 月河南省固定资产投资（不含农户）增长情况

资料来源：河南省统计局、国家统计局河南调查总队：《河南统计月报》，2021 年 8 月。

投资同比增长 9.6%，高于全部投资增速 1.8 个百分点；两年平均增长 5.2%，与全部投资两年平均增速持平。全省房地产开发投资同比增长 11.5%，两年平均增长 7.0%，分别高于全部投资增速 3.7 个、1.8 个百分点。工业投资恢复加快。上半年全省工业投资同比增长 7.7%，两年平均增长 5.1%，比第一季度、1～4 月和 1～5 月两年平均增速分别加快 5.8 个、3.8 个和 3.6 个百分点。投资后劲有所增强。2021 年上半年全省亿元以上新开工项目 1713 个，较第一季度增加 1328 个；全省投资实际到位资金同比增长 14.9%，高于投资增速 7.1 个百分点，两年平均增长 9.4%，比第一季度、1～4 月和 1～5 月分别提高 2.1 个、1.6 个和 0.7 个百分点。在重点领域中，高技术制造业投资持续快速增长，1～7 月，全省高技术制造业投资同比增长 32.2%，高于全省工业投资增速 22.9 个百分点，拉动工业投资增长 3.0 个百分点。此外，1～8 月，医药制造业、农副产品加工业、计算机通信和其他电子设备制造业同比增长显著，分别比上年同期增长 41.1%、36.2%、33.3%。

（三）区域投资格局稳步向好

2021 年 1 ~ 7 月，全省固定资产投资同比增长 5.8%，其中，开封（10.6%）、许昌（10.1%）、漯河（10.8%）、三门峡（10.7%）、南阳（10.5%）、驻马店（11.2%）、济源（10.3%）等 7 个省辖市（示范区）固定资产投资增速超过 10%，平顶山（9.4%）、安阳（9.0%）、鹤壁（9.0%）、商丘（9.1%）、信阳（9.7）等 5 个省辖市（示范区）固定资产投资增速超过 9%，固定资产投资增速超过 8% 的省辖市（示范区）共 14 个，占全省省辖市个数的 78%。各省辖市固定资产投资亮点纷呈，其中，在民间投资领域，安阳（28.7%）、平顶山（18.8%）、新乡（16.2%）、南阳（11.2%）、商丘（17.5%）、驻马店（14.0%）等 6 个省辖市（示范区）民间投资呈现两位数增长；在基础设施投资领域，郑州（13.9%）、开封（27.4%）、鹤壁（38.5%）、许昌（16.3%）、漯河（45.4%）、三门峡（29.9%）、南阳（12.7%）、济源（15.2%）等 8 个省辖市（示范区）基础设施投资呈现两位数增长；在工业投资领域，郑州（11.9%）、开封（11.1%）、安阳（17.9.%）、新乡（18.7%）、许昌（33.0%）、漯河（19.3%）、三门峡（20.8%）、商丘（17.0%）、信阳（16.1%）、周口（11.8%）、驻马店（28.4%）、济源（15.6%）等 12 个省辖市（示范区）工业投资增速突破两位数。

（四）重点投资项目密集出台

2021 年以来，河南坚持“项目为王”理念，积极落实“三个一批”项目投资战略部署，开展精准招商，提高招商质量，强化跟踪落地，集中签约一批；提高审批效率，优化用地供给，拓宽融资渠道，集中开工一批；强服务、促在建，疏堵点、促复工，抓配套、促达效，集中投产一批。在此背景下，2021 年河南省谋划重点项目 1371 个，总投资 4.4 万亿元，其中 2021 年计划完成投资 1.1 万亿元，项目数量、总投资额、年度计划投资额均创历史新高。单个项目平均投资 32 亿元、平均年度计划投资 8.3 亿元，比 2020 年分别增长4%和2%。其中，新型基础设施项目个数和年度计划投资，较2020年分别提高107%和26%。项目结构进一步优化，“两新一重”项目共294个，占比约为21%，比2020年提高3个百分点。产业项目个数占比65%，其中制造业项目个数占比35%，现代服务业项目个数占比27%。带动作用进一步增强，投资规模大、带动性强的项目增多，100亿元以上项目76个，比2020年增加15个，占比约为6%。2021年7月，河南省召开“三个一批”推进会，集中签约项目258个，总投资2860.5亿元，其中先进制造业项目74个，总投资770亿元；战略性新兴产业项目89个，总投资1133.5亿元。集中开工项目中5亿元以上重大项目555个，总投资7345亿元。集中投产项目524个，总投资3621亿元。

二 2021年1~8月河南省固定资产投资分类分析

（一）三次产业投资分析

2021年1~8月，河南省第一产业投资增速呈现出明显的“前高后低”态势，1~2月第一产业投资同比增长39.8%，进入3月后第一产业投资增速回落，1~3月同比增长25.7%，增幅比前两个月回落14.1个百分点，4月后增速进一步回落，1~4月同比增长10.7%，1~5月同比增长1.3%，1~6月同比下降5.4%，1~8月同比下降11.3%。2021年1~8月，河南省第二产业投资增速呈现持续增长态势。1~2月第二产业投资增长15.7%，1~3月第二产业投资增长5.9%，1~4月第二产业投资增长2.8%，1~5月第二产业投资增长1.3%，上半年第二产业投资增长7.5%，1~8月第二产业投资增长11%。第二产业投资增速持续呈现正增长的原因在于河南坚持“项目为王”，积极谋划推进一批重大项目，不断发挥投资对经济增长的拉动作用。从第三产业投资增速来看，1~2月第三产业投资增长37.6%，1~3月第三产业投资增长18.0%，增幅收缩了19.6个百分点，1~4月第三产业投资增长13.3%，增幅进一步收缩4.7

个百分点，1~6月第三产业投资增长8.8%。1~8月全省第三产业投资同比增长4.1%。

（二）三大领域投资分析

2021年1~8月，河南省工业、基础设施、房地产开发三大领域投资增势强劲，反映了河南在“项目为王”理念引领下，以“三个一批”为抓手，带动投资持续增长，为实现全年经济发展目标奠定了坚实基础。从工业投资情况来看，2021年1~8月，工业投资保持较快增长势头。1~2月，工业投资同比增长15.5%，1~4月工业投资同比增长2.6%，1~6月工业投资同比增长7.7%。2021年上半年，随着“万人助万企”等多项惠企政策落地生效，企业生产经营中遇到的困难和问题不断被化解，生产成本有所降低，1~7月全省规模以上工业企业每百元营业收入中的成本费用同比减少0.26元，有效助力企业投资能力提升。全省工业投资自6月以来的“V”形反转加速态势不断巩固，1~8月同比增长10.8%，分别比上半年和1~7月加快3.1个、1.5个百分点。此外，2021年1~8月，河南省基础设施投资、房地产开发投资也均实现较快增长。2021年1~8月，全省基础设施（不含电力、热力、燃气及水生产和供应业）投资同比增长1.7%，其中，2021年1~6月全省基础设施投资同比增长9.6%，高于全部投资增速1.8个百分点；两年平均增长5.2%，与全部投资两年平均增速持平。2021年1~8月，全省房地产开发投资增长7.0%，其中，2021年1~6月全省房地产开发投资同比增长11.5%，两年平均增长7.0%，分别高于全部投资增速3.7个、1.8个百分点。

（三）工业内部投资分析

2021年1~8月，从河南省工业投资内部结构来看，采矿业、制造业以及电力、热力、燃气及水生产和供应业三大部门投资增速均整体呈现出“V”形增长态势，反映出河南在“项目为王”理念下，工业投资强劲反弹，投资对经济增长的拉动作用未来可期。从2021年河南省采矿业投资增速情况看，1～2月采矿业投资同比增长21.0%，1～3月同比增长24.0%，1～5月同比增长7.0%，比1～4月增幅缩小3个百分点，比1～3月增幅缩小17个百分点，但是从6月开始采矿业投资增速大幅上扬，同比增长20.1%，1～8月采矿业投资整体增长9.5%。从2021年河南省制造业投资增速情况看，2021年前5个月，河南制造业投资增速在高位起点上持续下滑，1～2月制造业投资增长15.5%，1～3月制造业投资增长6.7%，1～4月制造业投资增长3.8%，1～5月制造业投资增长2.6%，较1～2月增幅缩减了12.9个百分点，进入6月后，制造业投资增速逆势上扬，1～6月全省制造业投资增速恢复至7.6%，1～8月制造业投资增长11.5%，保持了恢复增长的良好态势。从电力、热力、燃气及水生产和供应业投资增速情况看，2021年1～2月，电力、热力、燃气及水生产和供应业投资同比增长14.3%，进入3月后，该行业投资增速持续下滑并由正转负，1～5月投资下降5.7%，6月后随着一系列稳投资政策落地，该行业投资增速由负转正，1～6月投资增长5.4%，1～8月投资增长7.6%，整体上实现了投资增速的"V"形反转。

（四）基础设施投资分析

2021年1～8月，从河南省基础设施投资内部结构来看，水利、环境和公共设施管理业（不含土地管理业），交通运输、仓储和邮政业，信息传输业三大基础设施投资增速呈现出高开低走的特征。从水利、环境和公共设施管理业（不含土地管理业）投资增速来看，1～2月，水利、环境和公共设施管理业投资同比增长31.6%，1～3月投资同比增长21.1%，增幅较1～2月收窄10.5个百分点，1～5月投资同比增长8.1%，较1～4月增幅收窄4.2个百分点，上半年投资同比增长4.8%，1～8月同比增长0.3%，较2021年年初增幅收窄了31.3个百分点。从交通运输、仓储和邮政业投资增速情况来看，1～2月交通运输、仓储和邮政业投资增长74.5%，随后增速持续走低，1～4月投资增长26.0%，1～6月投资增长19.4%，1～8月投资增长4.3%，增幅较年初收窄70.2个百分点。从信息传输业投资增速情况看，1～2月信息传输业投资同比增长295.3%，1～4月同比增长101.3%，1～6月同比增长51.4%，1～8月同比增长7.7%，较年初增幅收窄287.6个百分点。从整体上看，2021年1～8月，河南固定资产投资增速大起大落，原因有两个方面，一是受新冠肺炎疫情影响，2020年同期河南固定资产投资增速呈现出“先低后高”特征，使得2021年河南固定资产投资同比增速呈现出“先高后低”态势；二是受洪灾及疫情影响，7月后全省投资走低，第四季度随着灾后重建等各项促投资政策逐步落实，预计全省基础设施领域投资将会呈现出强势反弹。

三 2021～2022年促进河南省固定资产投资增长的对策建议

（一）坚持“项目为王”，释放重大项目对投资增长的拉动作用

把项目建设作为促投资、拉经济的主抓手，强化“项目为王”理念，使所有资源都跟着项目走、所有要素都围着项目转、所有干部都为项目服务，以超前眼光和战略眼光谋划项目建设，依托投资项目在线审批监管平台加强项目储备，围绕“三新一高”要求，坚持准入标准，聚焦先进制造业、新型基础设施、新型城镇化、重大基础设施、社会民生等重点领域，突出绿色低碳循环，严控“两高一危”项目，着力谋划储备一批好项目、大项目、新项目，以重大投资项目带动全省固定资产投资持续快速增长。

（二）强化要素保障，为各类投资项目落地提供要素支撑

围绕规划、审批、环评、土地、能耗、融资、用人等环节，做好投资项目要素保障工作，结合“万人助万企”活动，及时解决项目建设中的各类突出问题。实行全链条服务、全流程提速的用地保障机制，全面推行“承诺制+标准地”改革，探索增加混合产业用地供给，积极盘活存量土地。拓宽融资渠道，组建全牌照综合性金融控股集团，加大对事关全局发展的重大项目融资及综合金融服务的支持；对重点企业和重大项目实行主办银

行制度和“白名单”制度，简化授信审批程序；搭建政银企项目合作平台，健全贷款风险分担补偿机制，常态化开展线上线下政银企对接活动。

（三）坚持结果导向，调动各部门抓项目促投资的积极性

强化重大投资项目对经济发展的拉动作用，深入推进项目投资“三个一批”行动，坚持投资项目结果导向，提高项目建设在年度绩效考核中的权重，优化完善“四比四看”评价指标体系，增加签约项目分值比重，设立停缓建项目复工指标，强化对签约项目落地率、落地项目开工率、开工项目投资率、投产项目达效率的考核。对推进快、服务优、成效好的部门和市县，在评先评优及土地、资金等方面按规定予以激励，对推进不力、成效不佳的予以严肃问责。

（四）优化投资环境，持续降低市场主体投资活动成本

进一步优化营商环境，全面落实投资项目“不见面”在线审批，推行“一枚印章管审批”，全面推行备案类企业投资项目承诺制改革，将一般性备案类企业投资项目开工前审批时间压减至40个工作日以内，推动审批服务“马上办、网上办、一次办、就近办”。持续开展“万人助万企”活动，切实解决企业投资领域面临的问题，降低企业投资负担，营造良好投资环境。

参考文献

邱冬阳：《创新驱动发展战略下固定资产投资结构与经济增长的关系研究》，《改革》2020年第3期。

杨宇辰：《固定资产投资与经济发展关系的统计研究》，《商展经济》2021年第8期。

冯文元：《新时期河南投资增长与GDP增长关系研究》，《统计理论与实践》2021年第7期。

河南省统计局：《8月份全省经济运行情况分析》，http：//www. ha. stats. gov. cn/2021/09 – 17/2314763. html。

B.7

2021~2022年河南省消费品市场形势分析与展望

石　涛[*]

摘　要： 2021年，河南省消费品市场保持平稳发展趋势，规模和增速较2019年有明显提升。空间上，受不确定因素影响大，郑州等地市的消费品市场发展变化明显。区域上，河南省在中部六省中保持规模优势，但增速位次后移。结构上，全省限额以上消费品增幅较大，尤其是汽车消费大幅提升。在全球经济持续承压的大背景下，2022年河南省消费品市场将持续面临机遇和调整，预计全年全省消费品零售总额增速加快明显，保持在15.0%左右。

关键词： 消费品　消费结构　河南省

2021年，在国内外经济下行压力持续加大的客观现实下，河南坚持稳中求进的工作基调，在供需两端共同发力，持续挖掘消费潜力、培育消费热点，全省社会消费品零售市场稳定恢复、稳中向好。2022年，全球经济不确定性持续存在，国家持续推进国际国内双循环，河南省消费品市场发展机遇与挑战并存。为此，分析2021年河南省消费品市场发展客观情况，展望2022年全省消费品市场发展的趋势，对于促进河南省消费品市场稳定持续

---

* 石涛，管理学博士，河南省社会科学院经济研究所助理研究员，主要研究方向为计量经济、区域金融。

健康发展，激发促进全省高质量发展的消费活力，具有十分重要的现实价值。

一 2021年河南省消费品市场运行总体状况

2021年，河南省消费品市场保持平稳发展态势，1～8月实现社会消费品零售总额15486.72亿元，同比名义增长12.3%，较2019年同期提高2.3个百分点，低于全国同期平均水平5.8个百分点。同时，河南省消费品市场规模继续在中部六省中处于较好位次，地市消费品市场发展变化明显。

（一）河南省社会消费品零售规模及总体状况

图1显示了2021年1～8月全国和河南省社会消费品零售总额及其增速。一是规模上，2021年1～8月，河南省社会消费品零售总额达到15486.72亿元，同比增加1699.36亿元，全省社会消费品零售总额规模持续扩大。同期，全国社会消费品零售总额达到281224亿元，河南省占比达到5.51%，较2019年同期提高0.01个百分点，河南省社会消费品零售总额占全国的比重连年增加。二是增速上，2021年1～8月，河南社会消费品零售总额增速达到12.3%，较2019年同期提高1.9个分点；全国社会消费品零售总额增速达到18.1%，较2019年同期提高9.9个百分点，1～8月河南和全国社会消费品零售总额增速平均值分别为20.96%、26.40%，河南增速略低于全国平均水平。总体来看，2021年前8个月河南省消费品市场在规模上进一步保持了扩大的发展态势，但增幅收窄，发展潜力有待进一步释放。

（二）中部六省消费品市场发展速度对比分析

表1显示了2021年上半年中部六省社会消费品零售总额规模及增速对比情况。

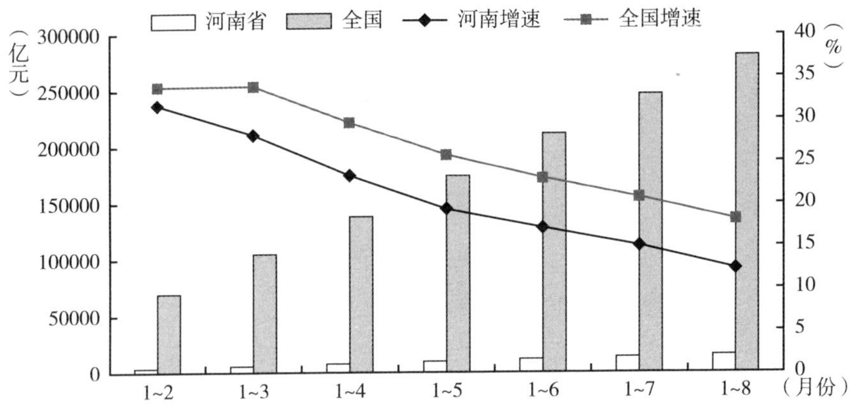

图1　2021 年 1 ~8 月全国和河南社会消费品零售总额规模及增速

一是规模上，2021 年上半年，河南省、湖北省、湖南省、安徽省、江西省及山西省的社会消费品零售总额分别达到 11813. 1 亿元、9498. 9 亿元、8898. 0 亿元、10771. 1 亿元、5510. 1 亿元、3635. 4 亿元，其中，河南省同期社会消费品零售总额分别高出湖北省、湖南省、安徽省、江西省及山西省 2314. 2 亿元、2915. 1 亿元、1042. 0 亿元、6303. 0 亿元、8177. 7 亿元，河南省消费品市场规模在中部六省中持续位居第一。二是增速上，河南省、湖北省、湖南省、安徽省、江西省及山西省社会消费品零售总额增速分别达到 17. 1%、34. 5%、24. 9%、27. 4%、31. 3%、30. 3%，其中，河南省社会消费品零售总额增速下滑至中部第六位，较 2019 年同期下滑 3 个位次，分别低于湖北省、湖南省、安徽省、江西省、山西省同期增速 17. 4 个、7. 8 个、10. 3 个、14. 2 个、13. 2 个百分点。综上可以看出，2021 年上半年中部六省消费品市场继续保持了较快增长态势，规模扩大明显，同时，河南省消费品市场在中部六省中连续保持规模上的领先优势，但增速较往年同期有明显下滑。

表1　2021年1～6月中部六省社会消费品零售总额规模与增速对比

地区	总额（亿元）	规模差（亿元）	增速（%）	增速差（个百分点）
河南省	11813.1	—	17.1	—
湖北省	9498.9	-2314.2	34.5	17.4
湖南省	8898.0	-2915.1	24.9	7.8
安徽省	10771.1	-1042.0	27.4	10.3
江西省	5510.1	-6303.0	31.3	14.2
山西省	3635.4	-8177.7	30.3	13.2

注：规模差以河南省规模为基准值，增速差以河南省增速为基准值。

（三）河南省地市消费市场发展状况

图2显示了2021年1～7月河南省18个省辖市社会消费品零售总额及增长趋势。一是总体趋势上，2021年1～7月，全省18个省辖市社会消费品零售总额均值达到759.0亿元，较2019年同期增加47.0亿元，增幅略微收窄；同比增速15.1%，较2019年同期增长4.6个百分点，消费规模持续扩大，消费增速明显加快。二是规模上，2021年1～7月，郑州、洛阳、南阳、周口及商丘五个省辖市位居18个省辖市社会消费品零售总额前五位，其社会消费品零售总额合计占比超过50%，达到53.7%，较2019年同期提高1.2个百分点，说明河南省消费品市场空间集中度进一步提高。三是增速上，开封、平顶山、三门峡、漯河、鹤壁五个省辖市社会消费品零售总额增速位居18个省辖市前五位，其增速均值达到17.0%，高于全省1.9个百分点，同时，排名前五位省辖市的增速较2019年提高6个百分点。此外，2021年1～7月，全省有9个省辖市社会消费品零售总额增速未达到全省平均值，较2019年同期增加5个，部分消费规模较大省辖市的增速相对较低，在一定程度上制约了全省消费品市场的整体增长态势。

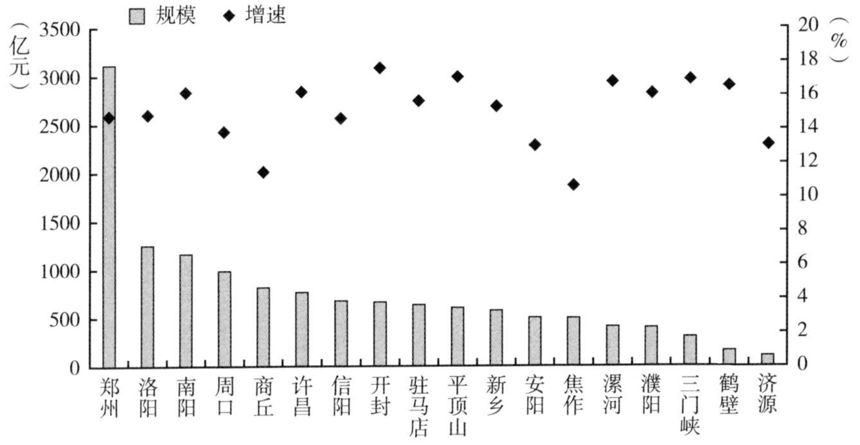

图 2　2021 年 1～7 月河南省 18 个省辖市社会消费品零售总额规模及增速

二　2021年河南省消费品市场运行特点分析

2021 年 1～8 月，河南省餐饮业收入增速持续快于商品零售行业收入，消费结构中“大”件商品消费表现突出，农村消费市场增速明显加快且好于城镇市场，中西药品等消费品保持较快增长势头，有效地推动了全省消费品市场的持续发展。

（一）餐饮收入增速继续快于商品零售收入

图 3 显示了 2021 年 1～8 月河南限额以上单位餐饮收入与商品零售收入及其增速。一是总体趋势上，2021 年 1～8 月，河南省商品零售收入持续高于餐饮收入，但是，餐饮收入增速明显高于商品零售收入增速。2021 年 1～8 月，河南省限额以上单位消费品零售额达到 4179.2 亿元，同比上涨 12.3%，较 2019 年同期扩大 4.2 个百分点，其中，餐饮收入、商品零售收入分别达到 224.3 亿元、3954.9 亿元。二是增速上，2021 年 1～8 月，餐饮收入、商品零售收入同比增速分别为 18.4%、12.0%，餐饮收入增速继续快于商品零售收入增速。三是结构上，商品零售收入、餐饮收入占限额以上单位消费品零售

额的比重分别为94.6%、5.4%，商品零售收入比重持续增加，餐饮收入比重持续降低。

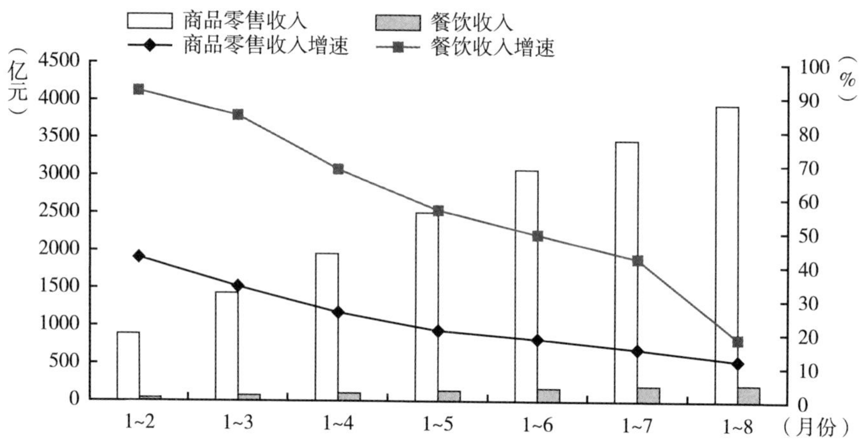

图3　2021年1~8月河南限额以上单位餐饮收入与商品零售收入及其增速

（二）消费结构变化明显

图4显示了2021年1~8月河南15种商品累计零售额及增速。一是总体趋势上，2021年1~8月，河南省15种商品零售总额累计规模达到3736.3亿元，较2019年同期明显扩大；平均增速为10.4%，较2019年同期明显提高，全省重要消费品规模持续扩大，增速明显加快。二是规模上，2021年1~8月，汽车类，石油和制品类，粮油、食品类，服装、鞋帽、针纺织品类，中西药品类5种商品累计零售额位居河南省15种商品零售额前五位，商品结构较2019年有较大变化；相应零售额分别为1462.8亿元、500.2亿元、395.7亿元、247.9亿元、214.5亿元，合计达到2821.1亿元，与2019年基本持平，同时，占15种商品零售总额的比重达到75.5%，较2019年同期集中度明显提高。三是增速上，2021年1~8月，烟酒类，文化、办公用品类，日用品类，金银珠宝类，饮料类5种商品零售额增速位居河南省15种商品零售额增速前五位，商品结构较2019年有明显变化；相应零售额增速分别为30.2%、22.3%、20.5%、

18.9%、16.0%，较2019年同期增速明显加快。同时，增速较快的商品主要是烟酒和文化、办公用品等日常基础消费类商品，与2019年基本相同。此外，2021年1~8月，河南省15种商品零售额增速方面，仅有通信器材类及建筑和装潢材料类商品零售额增速为负，其他商品增速为正，但仍然有石油和制品类，服装、鞋帽、针纺织品类等8种商品零售额增速低于平均值。

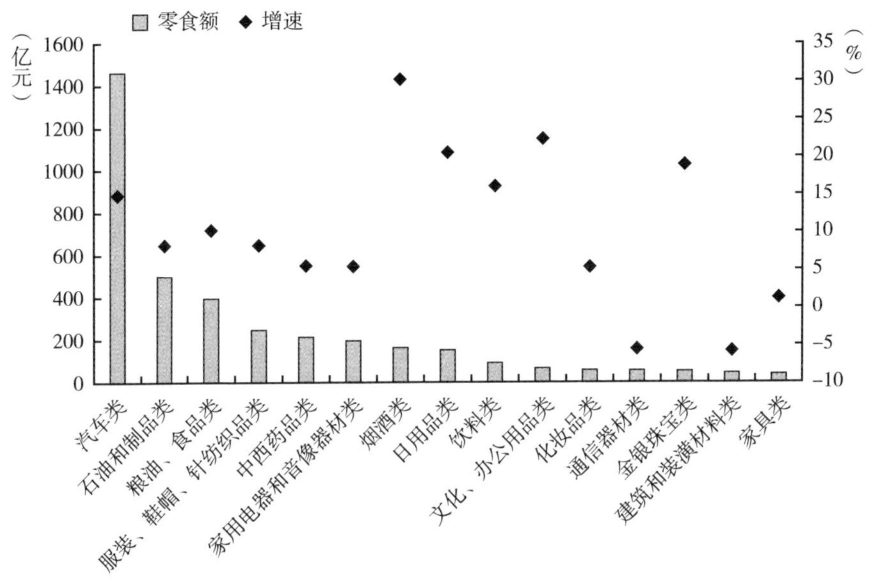

图4 2021年1~8月河南15种商品累计零售额及增速

（三）城乡消费收入差距收窄

图5显示了2021年2~8月河南省城镇和乡村限额以上单位消费品零售月度总额及增速。一是规模上，2021年2~8月，河南省乡村和城镇限额以上单位消费品零售额累计分别达到223.2亿元、3956.0亿元，略低于2019年同期，城乡消费品市场规模差距有所收窄。2~8月，河南省乡村和城镇限额以上单位消费品零售额月均值分别为44.76亿元、550.42亿元，城镇消费规模较2019年同期明显扩大，农村消费规模较2019年同期略有缩小。

二是增速上，乡村和城镇消费规模月均增速分别为20.4%、10.5%，略快于2019年同期，农村消费市场增速持续快于城镇消费市场。值得注意的是，2021年6月以来，受到不确定性因素的影响，河南省城镇和乡村消费增速明显下降，在一定程度上制约了全省城乡消费增速。此外，2021年1~8月，全省城乡限额以上单位消费品零售额比值达到17.7，较2019年同期扩大5.0以上，城乡消费品市场规模差距有所扩大。

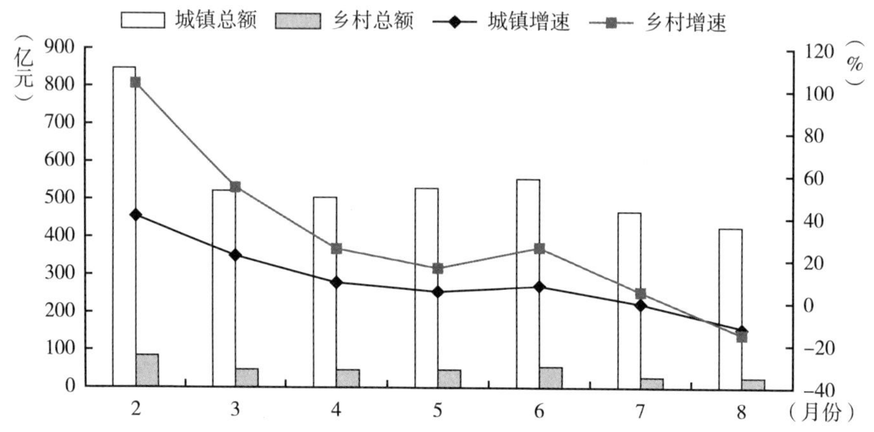

图5　2021年2~8月河南城镇和乡村限额以上单位消费品零售月度总额及增速

三　2021年河南省消费品市场的关键影响因素

2021年，河南省社会经济发展稳中有进，省内消费潜力稳步释放，对全省消费品市场的持续稳定发展起到了关键作用。但是，在国内外宏观经济持续承压以及重大不确定性因素等的干扰下，2021年河南省消费品市场呈现稳中趋缓的发展态势。

（一）河南省消费品市场发展的支撑因素

2021年，河南省居民就业稳中有进，消费价格指数日趋稳定，大类消费品持续发力，新兴消费业态逐步涌现，跨境电商业务持续增长，对全省消费品市场的稳定发展起到了支撑作用。

1. 居民就业稳中有进，消费价格指数趋于稳定

2021 年 1 ~8 月，河南省城镇居民新增就业数量达到 92. 2 万人，城镇失业人员再就业 26. 96 万人，新增农村劳动力转移就业 37. 07 万人，分别完成年度目标任务的 83. 8%、107. 8%、92. 7%，超额完成了计划工作任务，尤其是新增农村劳动力转移就业提前 4 个月完成年度目标任务，居民稳定就业为河南省消费品市场持续发展提供了切实保障。居民消费价格指数保持稳定，生活类商品价格指数下降明显。2021 年 1 ~8 月，河南省居民消费价格指数（CPI）同比上涨 0. 8%，处于温和通货膨胀水平，其中，8 月，河南省居民消费价格指数（CPI）同比上涨 1. 1%，环比上涨 0. 4%，物价指数保持基本稳定。值得注意的是，与生活类消费紧密相关的衣着、食品烟酒类商品的价格指数下降明显，8 月，衣着、食品烟酒、畜肉类价格指数同比下降幅度分别为 0. 6%、0. 4%、27. 0%，其中，猪肉价格指数同比下降 44. 1%。

2. 汽车等“大”类商品消费发力，新兴消费业态加快发展

2021 年 1 ~8 月，河南省汽车类零售额达到 1462. 8 亿元，同比增长 15. 1%，较 2019 年同期增幅超过 50 亿元，增速提高超过 10 个百分点。全国大力推进新能源汽车消费，汽车消费规模扩容较快，为河南省消费品市场稳定发展提供了有效支撑。同时，基础类消费保持较快增长。2021 年 1 ~8 月，河南省烟酒类及日用品类等商品零售额增长较快，其中，烟酒类零售额达到 163. 6 亿元，同比增长 30. 2%，较 2019 年同期增长 15 个百分点以上，增速较快，增幅最大。日用品类零售额达到 152. 0 亿元，同比增长 20. 5%，较 2019 年同期增长 5 个百分点以上。石油和制品类零售额达到 500. 2 亿元，同比增长 8. 3%，增速较 2019 年同期明显提高。此外，新兴商品消费也保持快速增长。随着智能家居市场和新能源汽车需求量不断增大，智能及新能源商品零售额实现较快增长。1 ~8 月，全省限额以上单位的智能家用电器和音像器材、新能源汽车、可穿戴智能设备零售额分别增长 9. 8%、48. 8%、60. 7%。

3. 电商平台稳步发展，跨境电商业务持续增长

2021 年上半年，河南省商品服务类电子商务交易额达到 5585. 3 亿元，

较上年同期增长40.7%，高于同期全国平均水平11.1个百分点，两年平均增长12.0%。全省监测的电子商务平台有95个，实现网络交易金额2090.4亿元，同比增长22.0%，其中服务收费1.5亿元，同比增长12.6%，电商平台发展迅速。同时，网络零售增长较快。在国家大力推进新型消费的政策引导下，2021年1~6月，河南省网上零售消费总额为1373.5亿元，同比增长25.6%，其中，实物商品零售额为1141.2亿元，同比增长20.7%，分别高于全省社会消费品零售总额增速8.5个、3.6个百分点。此外，全省跨境电商业务持续增长。2021年1~8月，河南省全省跨境电商进出口（含快递包裹）1352.2亿元，同比增长26.5%，比2019年同期增长28.8%，两年平均增长13.5%。其中，出口982.4亿元，增长24.8%；进口369.8亿元，增长31.4%。郑州市跨境电商进出口766.4亿元，增长24.5%，规模占全省跨境电商进出口的57.2%，发展较快。

（二）河南省消费品市场发展的制约因素

2021年，经济下行压力加大，疫情、极端天气等不确定性因素对全省消费品市场的稳定发展产生了制约作用，全省消费品市场增速有所放缓。

1. 省内经济下行压力较大

2021年上半年，河南省实现地区生产总值28927.96亿元，同比增长10.2%，低于全国平均水平2.5个百分点。2020年1~8月，全省社会消费品零售总额增长12.3%，低于全国平均水平5.8个百分点。此外，河南省规模以上工业增加值、固定资产投资等同比增长略微缓慢，在一定程度上制约了2021年全省消费品市场的稳定发展。

2. 疫情、极端天气等不确定性因素影响较大

2021年7月，郑州及其周边城市出现暴雨等极端灾害天气，给居民生产生活消费造成了一定影响。同时，疫情等因素也给郑州等城市居民消费造成了一定影响。郑州是河南省省会城市，消费规模大、消费增长潜力大，但2021年1~7月郑州社会消费品零售总额3116.4亿元，同比增长14.8%，增速略低于全省平均水平，消费引领力受到一定限制。

3. 住宿餐饮及家具类等商品增长乏力

2021 年 1 ~ 8 月，河南省餐饮收入和商品零售收入同比分别增长 18.4%、12.0%，但分别低于全国平均水平 16 个、4.5 个百分点。8 月，餐饮收入和商品零售收入同比分别下降 24.4%、10.3%。此外，在全省多地以消费券等多种形式刺激居民消费的政策背景下，汽车类、日用品类等商品零售额增长较快，但是，8 月除粮油食品类、饮料类、烟酒类等商品零售额保持正增长外，其余商品零售额增速均为负。因此，受极端天气及疫情等多种不确定性因素影响，全省社会消费品零售总额的恢复仍需一段时间。

四 2022年河南省消费品市场运行态势分析

2022 年是河南推进“两个确保”、实施“十大战略”的第一年，需要发挥消费对促进高质量发展的关键作用。在全球经济持续承压的复杂形势下，河南省消费品市场将呈现稳中有进的良好态势，预计 2022 年全省社会消费品零售总额增速将保持在 15.0% 左右，高于 2021 年。

（一）2022年河南省消费品市场发展的支撑条件

1. 消费环境持续改善

2021 年，商务部、财政部等部门发布《关于提振大宗消费重点消费促进释放农村消费潜力若干措施的通知》，明确要求在汽车消费、家电家具家装消费、餐饮消费及农村消费等方面，推动重点消费，进一步拓展农村消费空间。同年 9 月，商务部发布《关于进一步做好当前商务领域促消费重点工作的通知》，从加力稳住大宗消费重点消费、促进新型消费加快发展及优化提升消费平台载体等三个方面推出 14 条举措，加大商务领域促消费力度，更加有利于 2022 年河南省消费环境的整体提升。

2. 消费引导更加精准

2021 年河南省积极响应国家扩大内需、挖掘消费潜力的政策要求，5 月，河南省人民政府办公厅印发《关于进一步扩大消费的若干意见》，从文旅消费、消费高地、农村消费、大宗商品、新型消费及消费环境等方面明确提出30条措施，进一步扩大消费市场规模，尤其是提出要促进新型消费发展，鼓励实体零售企业数字化改造和转型升级，突出“网红经济”“直播经济”等新兴消费载体，“网上餐厅”“网上家政”等消费新业态新模式，为2022年河南省拓展消费潜力提供了有效的政策支撑。

3. 消费举措更加务实

2021年9月，河南省人民政府办公厅印发了《关于切实做好灾后促消费工作的通知》，支持开展灾后促消费工作，增强消费对经济发展的基础性作用。其中，支持受灾报废汽车更新，对符合规定的报废汽车给予5000～15000元的消费补贴；对于在2021年9月1日至12月31日在河南省购买的乘用车，尤其是新能源汽车给予不同程度的补贴；支持2021年10月10日至12月31日A级旅游景区、重点文旅企业开展门票减免活动，对于相应复工复产企业的银行贷款利息给予贴息。对景区、星级酒店、旅行社、民宿等旅游经营单位和影剧院、文创店、特色文化街区等文化娱乐场所发放专项消费券。务实明确的消费政策，能够激发消费潜力，为2022年拓展省内消费空间发挥重要作用。

（二）2022年河南省消费品市场发展的制约因素

1. 全球经济发展的不确定性持续存在

2022年，全球经济复苏仍然面临不均衡的局面，尤其是新冠肺炎疫情这一重大公共卫生事件对全球部分国家的就业和经济增长形成重要冲击，全球经济恢复仍然面临不少压力。2021年7月IMF的《世界经济展望》报告显示，受到全球大宗商品供需失衡的影响，大多数国家通胀水平在2022年回到2019年之前水平的不确定性仍然较大，同时，发展中经济体和新兴市场的通胀仍将处于较高水平。IMF对2022年中国经济增速预期调高至8.4%，但考虑到基数效应，国内经济发展仍然承压。全球经济不确定性持续存在，将通过收入、价格等多种因素给2022年河南省消费品市场稳定发展带来制约作用。

2. 房地产管控持续强化

近年来，各省市持续加强对房地产市场的管控，房地产市场结构化趋势明显。2021 年 1 ~8 月，河南省办公楼销售面积下降 46.6%，商业营业用房销售面积下降 8.0%，办公楼销售额下降 44.6%，商业营业用房销售额下降 3.3%。但是，住宅销售面积增长 6.9%，房地产市场结构化趋势明显。在“房住不炒”的政策导向下，2022 年全省房地产市场将依然面临较强调控举措，这将不利于家具建材等房地产相关领域消费潜力的挖掘。

3. 消费环境仍有提升空间

一是消费投诉行为明显上升。2021 年上半年，河南省“12315”工作机构共接收各类诉求 81.86 万件，同比增长 33.32%。其中，投诉 17.12 万件，举报 8.87 万件，咨询 55.87 万件，分别占 20.91%、10.83%、68.26%，为消费者挽回经济损失 8625.27 万元。二是消费投诉相对集中。2021 年上半年，河南省“12315”工作机构接收的投诉问题集中在合同、质量等五个方面，商品类投诉热点是一般食品、服装鞋帽、交通工具、家居用品及烟酒和饮料等。三是绿色消费仍有较大提升空间。在国家大力推进绿色生活消费方式的背景下，河南在新能源汽车充电、绿色出行、能源节约等方面仍有较大提升空间，同时，对低碳绿色生活方式的宣传等还需加大力度。消费投诉持续增加反映了河南消费环境仍存在很多问题，这些问题将会对 2022 年全省消费潜力释放带来一定的负面影响。

参考文献

河南省统计局、国家统计局河南调查总队：《河南统计月报》，2021 年 9 月。

河南省统计局、国家统计局河南调查总队：《河南统计月报》，2021 年 9 月。

漯河市统计局、国家统计局漯河调查总队：《漯河统计月报》，2021 年 9 月。

国际货币基金组织：《世界经济展望》，2021 年 8 月。

河南省市场监督管理局：《2021 年上半年河南省 12315 消费维权数据分析报告》，2021 年 7 月。

B.8

2021～2022年河南省对外贸易形势分析与展望

陈 萍*

摘 要： 2021年1～8月，河南进出口总值再创新高，增速远高于全国平均水平，但进口总额下降趋势还在延续。民营企业进出口总额首次超越外商投资企业，主力军地位更加凸显。美国仍为河南第一大贸易伙伴国，韩国贸易贡献率显著提升。出口商品结构依然有待优化，进口商品结构体现了河南旺盛的产业内贸易需求。加工贸易进出口占比过高，贸易方式有待进一步优化。外贸创新发展步伐加快，高水平开放平台蓬勃发展。展望2022年，虽然外部经济环境趋紧，但是在实施制度型开放战略、打造新时代制度型开放新高地的战略背景下，河南外贸发展将在2022年步入更稳健的增长通道。为此，推动对外开放不断迈上新台阶的关键是加强自贸试验区建设引领制度型开放，持续打造高水平对外开放新平台，持续推进产业链精准招商，密切跟进服务重点企业，加快电子商务发展。

关键词： 河南省 对外贸易 开放战略

2021年以来，在以习近平同志为核心的党中央坚强领导下，河南全面贯彻党的十九大和十九届二中、三中、四中、五中全会精神，立足新

* 陈萍，河南省社会科学院区域经济中心副研究员，主要研究方向为国际贸易。

发展阶段、贯彻新发展理念、构建新发展格局，全力以赴稳外贸，坚定不移促创新，广大外贸企业迎难而上、奋力拼搏，实现外贸逆势增长、好于预期。“十四五”及今后一个时期河南将把开放强省作为高质量建设现代化河南的重要内容。2021 年 4 月中共河南省委、河南省人民政府《关于推进中国（河南）自由贸易试验区深化改革创新打造新时代制度型开放高地的意见》进一步明确，到 2025 年基本形成以投资贸易自由化便利化为核心的制度型开放政策体系。2021 年 9 月 7 日，河南省委工作会议更是把制度型开放提升到河南现代化建设的发展战略高度，并提出明确要求。展望 2022 年，宏观经济环境将更加复杂严峻，建设开放强省，需要准确把握当前对外开放的形势，推动开放工作由“商品和要素流动型开放”向“规则、规制、管理、标准等制度型开放”转变，确保全省外贸平衡发展。

一 2021年1~8月河南对外贸易形势分析

（一）进出口增速高于全国平均水平，进口总额下降趋势还在延续

2021 年 1 ~8 月，河南货物贸易进出口总额 4770. 1 亿元，同比增长 46. 8%，稳居中部地区第一、中西部地区第三、全国第 12 位。河南货物贸易进出口总额增幅大于全国平均增幅 23. 1 个百分点，货物贸易进出口总额比 2019 年同期增长 61. 4%，两年平均增长 27. 4%。其中，出口总额 2957. 6 亿元，增长 43. 2%，分别居全国第 10 位、第 6 位，增幅大于全国 20 个百分点；进口总额 1812. 5 亿元，增长 53. 2%，分别居全国第 14 位、第 6 位，增幅大于全国 28. 8 个百分点。

从月度变化情况看，2021 年前 8 个月河南进口总额、出口总额均呈现增速前高后低的变化趋势（见图 1）。其中，进口总额、出口总额基本稳定。但是进、出口总额的增速变化比较突出。由于受新冠肺炎疫情的影响，2020 年 1 ~2 月中国外贸按下暂停键，至 2020 年 7 月才基本恢复

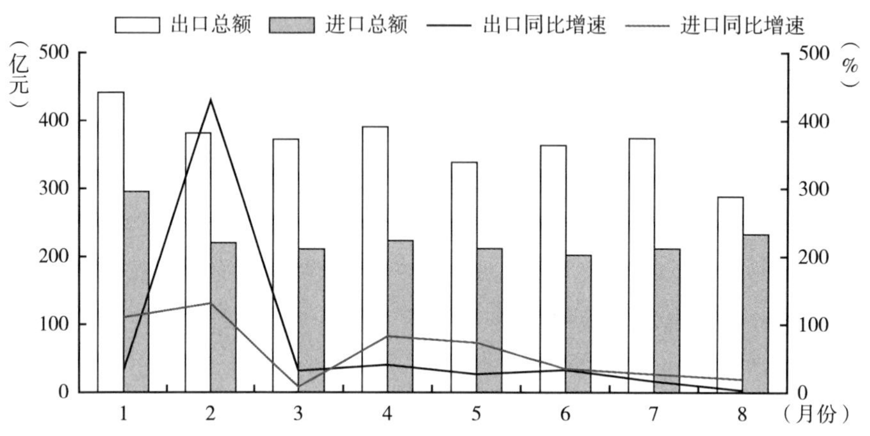

图1　2021 年 1～8 月河南进口总额、出口总额月度变化趋势

资料来源：郑州海关，http：//zhengzhou. customs. gov. cn/zhengzhou_ customs/zfxxgk97/2967383/2967458/501407/index. html。

至疫情前的水平，因此河南 2021 年 2 月进出口同比增速达到 430% 的高位，到 8 月基本恢复至理性增长水平，维持 10% 以上的增速。受 7 月暴发的汛情和疫情的影响，2021 年 7 月、8 月河南的对外贸易进出口总额增速都在下行。

（二）民营企业进出口总额首次超越外商投资企业，主力军地位更加凸显

2021 年 1～8 月，河南外贸经营主体方面最大的亮点是民营企业首次超越外商投资企业，成为对全省对外贸易贡献率最大的主体。其中，民营企业进出口总额 2205. 6 亿元，增长 96. 5%，高出全省平均增速 49. 7 个百分点，占外贸总值的 46. 2%，比上年同期提升 11. 7 个百分点，对全省外贸增长的贡献率为 71. 2%，比外商投资企业贡献率高出 50 个百分点，对全省外贸增长贡献最大。同时，外商投资企业进出口 2119 亿元，增长 16. 9%，占 44. 4%，同比减少 11. 4 个百分点，对全省外贸增长的贡献率为 20. 2%；国有企业进出口 398. 6 亿元，增长 32. 8%（见图 2）。

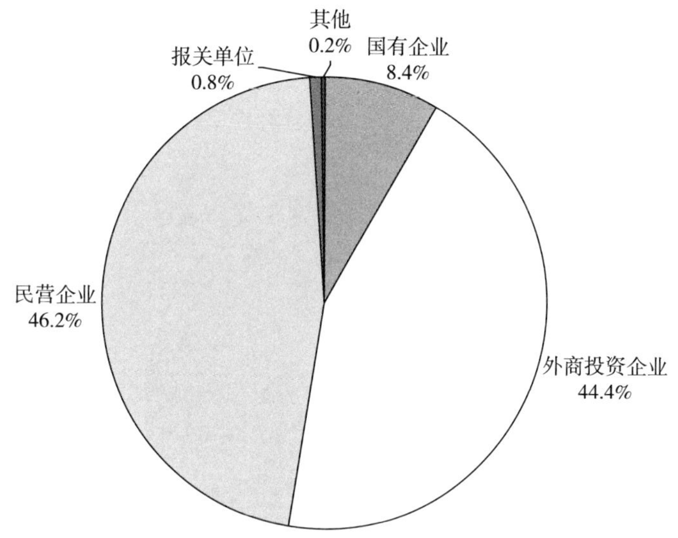

图2　2021 年 1 ~8 月河南省进出口商品企业类型分布情况

资料来源：《2021 年 8 月河南进出口商品企业性质总值表》，郑州海关，http：//zhengzhou. customs. gov. cn/zhengzhou_ customs/zfxxgk97/2967383/2967458/501407/index. html。

（三）美国仍为河南省第一大贸易伙伴，韩国贸易贡献率显著提升

2021 年 1 ~8 月，美国、东盟、欧盟（不含英国）、中国台湾和韩国为河南的前五大贸易伙伴，贸易额分别为 1064 亿元、521. 5 亿元、506. 5 亿元、431. 8 亿元和 404. 4 亿元，分别增长 119%、16. 3%、5. 8%、61. 8% 和 141. 3%，上述五个市场的贸易额合计占全省外贸总值的 61. 4%，对全省外贸贡献率为 71. 1%（见图 3）。2020 年同期，由于受中美贸易摩擦的影响，河南与美国的进出口总额下降 20. 9%，随着中国政府一系列免惩罚性关税政策的实施，加上中美两国存在较好的贸易基础，2021 年前 8 个月，河南与美国的进出口贸易总额出现成倍增长，美国稳居河南第一大贸易伙伴地位。同时，由于中韩自贸区一系列政策的完善稳定，河南与韩国的进出口贸易也出现大幅增加。河南与韩国的进出口贸易总额在河南对所有国家和地区

的贸易额中跃居第五，政策效应逐步显现。此外，河南对 RCEP 贸易伙伴国进出口总额 1297.8 亿元，增长 38.9%；对共建“一带一路”国家进出口总额增至 1060.2 亿元，同比增速由 28.8% 下降至 21.7%。

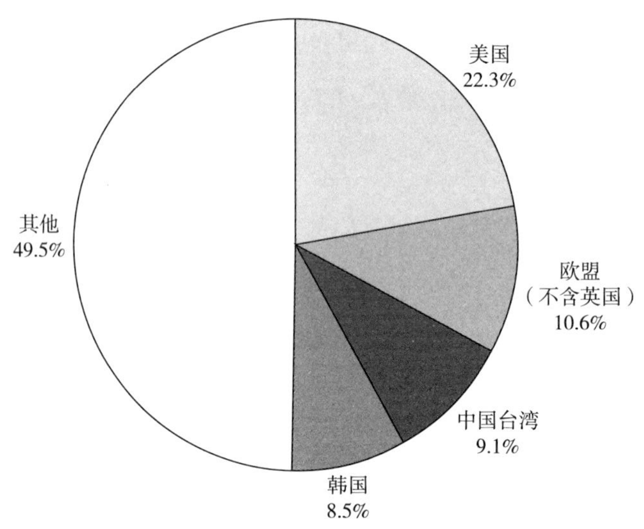

图 3　2021 年 1～8 月河南省进出口主要贸易伙伴情况

资料来源：《2021 年 8 月河南进出口商品国别（地区）总值表》，郑州海关，http://zhengzhou.customs.gov.cn/zhengzhou_customs/zfxxgk97/2967383/2967458/501407/index.html。

（四）出口商品结构依然有待优化，进口商品体现了旺盛的产业内贸易需求

2021 年 1～8 月，出口产品中排名前五的是机电产品、未锻轧铝及铝材、农产品、家具及其零件、纺织纱线织物及其制品。机电产品出口 1900.2 亿元，增长 41.9%，占全省出口的 64.2%，其中手机仍是最大单项出口产品，手机出口总额 1539 亿元，增长 47.7%，占全省出口总额的 52%，出口数量占全国出口总数量的 7.7%，出口总额占到全国的 28.9%。劳动密集型产品出口 202.2 亿元，增长 8%，其中家具及其零件出口 57.3 亿元，增长 78.2%；纺织纱线织物及其制品出口 50.6 亿元，下降 30.5%；服

装及其衣着附件出口41亿元，下降19.5%。人发制品出口116.6亿元，增长104.9%；铝材出口89.8亿元，增长52.7%；未锻造银出口89.3亿元，增长444.9%；农产品出口79.7亿元，下降8.6%。如果按《国际贸易标准分类》（简称SITC）划分标准，河南的出口商品结构以机电产品为主（见图4），其所占比重达64.2%，高于2020年我国机电产品出口占比53.6%的平均水平，说明了河南的经济发展、资源储备以及外贸政策都处在一个较高的水平上。但是在机电产品的出口中，手机的出口占比超过一半，如果扣除手机出口，那么机电产品的出口占比较低，劳动密集型产品和农产品依然是河南的主要出口商品，出口商品结构有待改善，机电产品的出口占比还需要再提升。

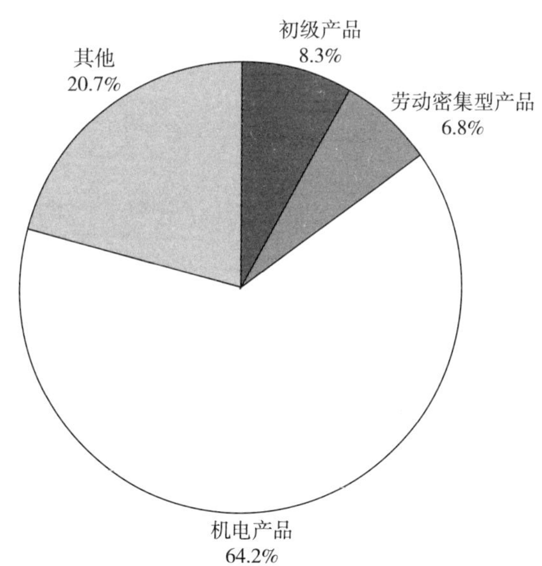

图4　2021年1~8月河南出口商品结构

资料来源：《2021年8月河南省出口主要商品量值表》，郑州海关，http://zhengzhou.customs.gov.cn/zhengzhou_customs/zfxxgk97/2967383/2967458/501407/3887463/2021091716423526089.xls。

2021年1~8月，进口商品总额中排在前三的是集成电路、音视频零件、金属矿及矿砂。机电产品进口总额1172.8亿元，增长57.5%，占全省进口总额的64.7%，其中集成电路进口总额601.2亿元，增长55.5%；音视频零件进口总额214.5亿元，增长53.7%，二者合计占全省进口总额的45%。金属矿及矿砂进口总额332.7亿元，增长49%，其中铜矿砂及其精矿进口总额124.7亿元，增长24.9%；铁矿砂及其精矿进口总额88.3亿元，增长72.1%。农产品进口总额62.3亿元，增长20.8%；化妆品进口总额46.4亿元，增长42%；铜材进口总额38.8亿元，增长149.7%；原油进口总额24.3亿元，下降4.8%。从进口商品结构可以看出，机电产品的进口占比最大，说明河南正走在产业结构转型升级的道路上，同时农产品、钢材等的大量进口也说明河南在初级产品的资源结构基础上具有旺盛的产业内贸易需求（见图5）。

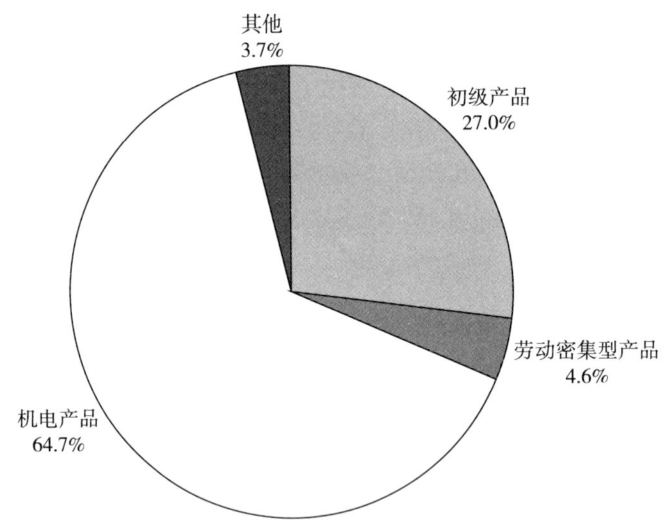

图5　2021年1~8月河南进口商品结构

资料来源：《2021年8月河南省进口主要商品量值》，郑州海关，http：//zhengzhou. customs. gov. cn/zhengzhou_ customs/zfxxgk97/2967383/2967458/501407/3887456/202109171641189 2757. xls。

（五）加工贸易进出口占比过高，贸易方式有待进一步优化

一般贸易贡献持续提高。2021年，一般贸易进出口1744.1亿元，同比增长

46.8%，占进出口总额的36.56%。其中，出口1197.8亿元，增长37.1%，占出口总额的40.5%；进口546.3亿元，同比增长31.8%，占进口总额的30.1%。加工贸易进出口2823.1亿元，同比增长52.6%，占进出口总额的59.2%。其中出口1703.5亿元，同比增长48.2%，占出口总额的57.6%；进口1119.6亿元，同比增长59.9%，占进口总额的61.8%①。与全国加工贸易占比仅20%左右的水平相比，河南的加工贸易占比过高，一般贸易占比过低，说明河南具有自主知识产权的进出口产品比例还有待提升。

（六）外贸创新发展步伐加快，高水平开放平台蓬勃发展

2021年1～8月，全省跨境电商进出口（含快递包裹）1352.2亿元，增长26.5%，比2019年同期增长28.8%，两年平均增长13.5%。其中，出口982.4亿元，增长24.8%；进口369.8亿元，增长31.4%。快递包裹出口13.0亿元，下降67.3%。周口、焦作、三门峡、漯河、鹤壁、新乡等6地跨境电商进出口增幅超过50%。郑州市跨境电商进出口766.4亿元，增长24.5%，规模占各地总额的57.2%。高水平开放平台带动作用明显，综合保税区进出口2779.5亿元，增长56.3%，增速远远高于全国平均水平，对全省外贸增长贡献率为65.8%，全省外贸增长46.8%中有30.8个百分点由综合保税区进出口拉动，综合保税区进出口占全省进出口总值的58.3%。保税物流进出口165.3亿元，增长102.7%，占全省进出口总值的3.5%②。

二　河南对外贸易发展面临的国内外环境分析

当前全球疫情仍未得到有效控制，疫苗生产、分发、接种进展不一，世

① 资料来源：郑州海关，《2021年8月河南省进出口商品贸易方式总值表》，http://zhengzhou.customs.gov.cn/zhengzhou_customs/zfxxgk97/2967383/2967458/501407/3887377/2021091716364152000.xls。

② 数据来源：《2021年1～8月全省商务运行情况分析》，河南省商务厅网站，http://hnsswt.henan.gov.cn/2021/09-30/2322613.html。

界经济复苏不稳定不平衡，国际产业链供应链布局深刻调整，国内整体经济运行“稳”的基础不断夯实，“进”的因素持续累积，但在全球经济存在较多不确定因素的前提下，国内经济恢复的基础仍需进一步巩固，河南外贸发展面临的外部环境仍然错综复杂。

（一）外贸发展的国际环境错综复杂

从国际来看，2022 年外部环境将呈现以下三个特点。一是世界经济复苏呈现不均衡态势。疫苗推广和各国为恢复经济所做出的不懈努力，使得世界经济加快回暖，国际组织纷纷上调世界经济和贸易增长预期。二是全球经济复苏不平衡问题凸显。美国经济实现同比增长，欧盟和欧元区经济增长前景显著改善。日本由于疫苗接种进展缓慢，经济复苏乏力，经济增速下降趋势尚不能改变。新兴经济体和发展中国家方面，多数国家面临疫苗分配不足、政策支持有限以及内需低迷等困难，部分新兴经济体还面临资本外流、货币贬值、国际收支形势严峻等风险挑战。同时，受全球经济回暖和流动性环境宽松等因素叠加影响，国际大宗商品价格维持高位。三是全球疫情发展面临较大不确定性。当前，全球疫苗接种进程有所加快，但各国接种进展不一，加之病毒变异，全球疫情有所反弹，使世界经济贸易稳定复苏基础面临威胁。如果依然有多数国家（地区）对货物贸易、交通工具、边境口岸、人员入境等采取限制措施，那么世界经济复苏态势还要延缓。四是全球产业链供应链布局加快重塑。短期看，全球产业链供应链部分环节仍面临不稳定因素，芯片等全球供应紧张，汽车、消费电子行业产能将受到影响。长期看，疫情冲击将加速全球产业链供应链重构，各国内顾倾向加剧，保护主义、单边主义抬头，由追求效率向兼顾安全与效率转变，产业链供应链布局趋于区域化、本土化、短链化。

（二）外贸发展的国内环境稳中加固

从国内来看，2022 年我国经济持续改善，以国内大循环为主体、国内国际双循环相互促进的新发展格局在逐步形成，中国经济运行稳中加固、稳中向好，稳外贸政策多措并举，新业态新模式蓬勃发展，外贸企业发展韧性不断增强，这些将为进出口实现量稳质升提供有力支撑。一是从增长结构来看，经济增长状况持续改善，经济发展呈现稳中加固、稳中向好态势。二是工业生产稳定增长，高技术制造业发展加快。规模以上工业增加值、服务业生产指数、医药制造业增加值、电气机械和器材制造业增加值都实现大幅增长。三是固定资产投资平稳增长，制造业投资和民间投资增长较快。四是从国际市场来看，货物进出口加快增长，贸易结构持续优化。[①] 中国主要经济指标稳定复苏，创新动能不断增强，经济长期向好的基本面不变。

（三）外贸发展的省内环境韧性和活力较强

从省内来看，2021 年 7 月下旬以来的灾情、疫情反弹对河南经济产生的负面效应在 8 月集中显现，同时叠加基数效应减弱等因素影响，全省主要指标增速出现不同程度回落，经济运行遇到严峻挑战。在党中央、国务院的坚强领导下，省委、省政府团结带领全省人民统筹推进灾后重建、企业复工复产、疫情防控和经济社会发展各项工作，工业、投资等指标累计增速与全国的差距持续缩小，2022 年河南经济将依然显现出较强韧性和活力。一是主导产业支撑有力。从工业领域看，全省五大主导产业增加值增速高于全省规模以上工业增速，全面拉动全省工业增长。二是产业升级步伐加快。从投资领域看，全省主导产业投资将进一步加快，高技术制造业增加值、战略性新兴产业增加值、部分技术含量和附加值较高的工业新兴产品产量都将实现快速增长。三是新经济新业态快速成长。为应对灾情疫情带来的不利影响，企业加快发展互联网销售、外卖送餐等无接触服务，与网络相关的消费新业态呈较快增长。

展望 2022 年全年，河南外贸增长态势将回归理性。虽然外部经济环境趋紧，但是按照省委工作会议安排部署，河南经济长期向好、稳中向好的基

① 数据来源：国家统计局，《8 月份国民经济发展韧性持续显现》，http：//www. stats. gov. cn/tjsj/zxfb/202109/t20210915_ 1822083. html。

本面没有改变，河南在对上半年经济的复盘和对下半年经济的展望中，强调经济发展的强劲韧性，为河南外贸发展奠定了基础。河南外贸将围绕中心大局，力推省委工作会议部署落地见效，特别是在实施制度型开放战略中，将进一步借助新一代信息技术和现代综合交通体系，通过制度创新实现跳跃式、直联式开放，一系列更有针对性、更有时代特色的开放策略和举措的实施，将使河南外贸在2022年步入更稳健的增长通道。

三 加快河南对外贸易发展的对策建议

全球新冠肺炎疫情仍未得到完全遏制，河南作为拥有巨大人口规模和市场潜力的中原腹地，作为重要的综合交通枢纽和商贸物流中心，作为诸多国家战略平台叠加的先行先试地区，应推动制度型开放，在对外开放新阶段自觉把发展放到全国大棋盘中谋划推动，在对接大局中探路子，推动对外开放不断迈上新台阶。关键要加强自贸试验区建设引领制度型开放，持续打造高水平对外开放新平台，持续推进产业链精准招商，密切跟进服务重点企业，加快电子商务发展。

（一）加强自贸试验区建设引领制度型开放

发挥好自贸试验区制度型开放“试验田”作用。高水平建设自贸试验区2.0版，将自贸试验区建设纳入高水平开放建设之中，通过自贸试验区先进的贸易规则，辐射带动周边资金、人才、科技等的流动。首先，破除省内各区域间体制壁垒。自贸试验区与高水平开放协同发展，涉及各个部门之间、各个区域间的协同合作，单一部门或单一地区是无法有效推动两者协同发展的，因此，需从国家战略层面出发，统筹安排、协调各方，避免自贸试验区发展与高水平开放建设出现战略、发展定位错误，最大限度地发挥国家政策的引导作用。其次，以自贸试验区建设优化产业秩序，构建现代化产业结构体系。要合理构建高水平开放战略下的产业结构体系，利用自贸试验区制度优势，有效整合区域内产业项目，共商共建共享，减少重复建设，避免低效竞争。再次，打造高水平开放发展产业分工合作链条，促进区域间有序协作。河南各区域正处于不同工业化发展阶段，加强区域产业合作、有序承接产业转移，有助于自贸试验区发挥自身带动作用，并与高水平开放实现协同发展。最后，构建重点产业协同实施载体，加快其与自贸试验区的沟通合作。促进各区域主导产业协同发展，提升高水平开放战略下的产业链条竞争能力，充分利用自贸试验区开放平台，提升高水平开放战略下的产业发展水平。

（二）持续打造高水平对外开放新平台

河南要进行开放强省建设，必须强化自贸试验区、跨境电商综试区、各类经开区、物流示范园区等高能级对外开放平台的建设。一是借助自贸试验区对外开放平台，发展国际水陆空联合物流业务，鼓励国际物流公司合并重组，提升国际物流运输能力，形成一批具有国际竞争力的大型物流集团。整合高水平开放物流资源，提升物流运输效率。二是在推动国家战略平台质效提升的基础上，实施开发区规范提升工程，调整完善开发区体系和管理体制。三是拓展口岸及海关特殊监管区域功能，促进综合保税区与进口肉类、水果、水产品等指定监管场地联动发展；加快国际合作产业园区建设。

（三）持续推进产业链精准招商

招商引资是加快产业链现代化建设步伐，实现强链、补链、延链目标的主要抓手。传统的土地、税收等优惠政策对招商的指引性作用越来越小，以集聚上下游产品、降低综合配套成本、构建产业链和营造宜居宜业的营商环境为核心的产业链精准招商方式，正逐渐受到各种投资者的关注与青睐。一是做好对重点发展的工业新兴优势产业链的研究分析，摸清家底，掌握行业动态，为产业链精准招商夯实基础。充分利用各产业链现状图和全景图，加强对工业新兴优势产业链的调查研究，把握各产业链的发展现状，并结合产业发展规划，按照“从弱到强”（强链）、“从缺到全”（补链）、“从单到多”（延链）的思路，明确各产业链需重点发展的环节。充分了解国内国际相关产业链的上中下游主要企业库、龙头企业、技术平台中心、知名院所、知名专家、重要展会论坛和行业协会商会等，为产业链精准招商工作指明方向。二是针对招商形势的变化，加强招商人才队伍建设，完善产业链精准招商政策，建立健全产业链精准招商的工作机制。加强对驻外招商小分队、各产业链链长办公室和相关服务单位等招商力量的建设，提升招商人员对相关产业链的认识和对全市产业链现状和产业政策的熟知程度，为产业链精准招商提供必要的知识储备。三是进一步优化营商环境，完善产业链主要承载园区生产生活配套设施，提升产业服务水平，增强投资吸引力，为产业链精准招商增加砝码。

（四）密切跟进服务重点企业

打造高水平承接平台，提升外贸综合服务企业通关、物流、退税等系统集成服务能力。推动许昌发制品市场采购贸易方式试点健康发展，考核认定省级外贸转型升级基地、数字出口基地。加强服务贸易和服务外包业务培训，提高企业登录商务部统一业务平台录入率。出台支持会展业高质量发展的政策措施，研究制定境外经贸合作区管理办法。指导境外企业搞好疫情防控，防范化解境外项目人员风险。指导企业规范海外经营行为，促进能源、矿产、机械制造、农业等优势领域的国际合作。

（五）加快电子商务发展

疫情下，外贸企业迎难而上，求新求变，超万家传统外贸企业触网上线、提质增效。客户开发和营销方面，外贸企业借助大数据精准营销工具、B2B 平台、线上展会等进行客户开发、推广及引流，加快数字化转型，成为疫情下外贸发展的主力军。为此，要进一步加大跨境电商综试区建设力度，组织开展综试区建设考核评估，支持零售进口药品试点、海外仓、重要电子商务园区建设。推进电商与传统产业深度融合、与快递物流协同发展，培育龙头品牌企业，加强产业链生态圈建设。改善电子商务治理环境，发展绿色电商，支持直播电商，促进网络消费。加大跨境电商人才培训力度。聚焦提升供应链管理、品牌打造、专业服务、品质控制和售后服务等综合能力，打

造新的核心竞争力。经过经贸摩擦和疫情冲击等重大考验，中国已经培育出一大批具有国际竞争力的行业、企业和有国际视野的企业家队伍，积累了开拓市场和开展国际化经营的宝贵经验，这些都将对未来外贸整体发展产生积极作用。

参考文献

侯爱敏：《3656.6亿元！中部第一！稳稳的!》，《郑州日报》2021年7月18日。

王文博：《商务部报告：预计全年外贸增速“前高后低”》，《经济参考报》2021年6月10日。

马玲：《多措并举破解外贸企业“一箱难求”困境》，《金融时报》2021年6月16日。

倪铭娅：《商务部报告预计全年外贸增速“前高后低”》，《中国证券报》2021年6月10日。

郑州海关，http：//zhengzhou. customs. gov. cn。

《2021年1~8月全省商务运行情况分析》，河南省商务厅网站，http：//hnsswt. h enan. gov. cn/2021/09－30/2322613. html。

河南统计局：《8月份全省经济运行情况分析》，http：//www. ha. stats. gov. cn/2021/09－17/2314763. html。

B.9
2021～2022年河南省财政形势分析与展望

郭宏震　赵艳青*

摘　要： 2021年河南财政收入平稳增长、重点支出保障有力、地方政府债券加速发行、财税体制改革扎实推进，整体财政形势平稳向好。但同时，受灾情、疫情冲击，叠加基数效应减弱等因素影响，财政运行“紧平衡”状态更加突出。2022年要坚定树立以政统财、以财辅政的理念，加强财源建设、规范财政管理、推进财政改革等，在锚定“两个确保”、支持实施“十大战略”中彰显财政更大作为。

关键词： 河南财政　财政收支　财政政策

2021年，面对灾情和疫情的双重冲击，河南以习近平新时代中国特色社会主义思想为指导，扎实做好“六稳”工作，全面落实“六保”任务，严格执行党中央关于财经工作的方针政策和工作部署，坚持省委“紧日子保基本、调结构保战略”的思想，使积极的财政政策更加提质增效、更可持续，切实发挥财政稳定经济的作用，助力现代化河南建设。全年财政收支运行呈现平稳向好态势，为全省经济高质量发展提供了有力支撑。

* 郭宏震，河南省财政厅政策研究室主任；赵艳青，河南省财政厅政策研究室主任科员。

一 2021年河南省财政运行情况分析

2021 年 7 月下旬以来的灾情、疫情对河南经济产生的负面效应在 8 月集中显现，全省主要经济指标增速出现不同程度的回落，经济运行遇到严峻挑战，8 月全省一般公共预算收入下降 15.8%。1～8 月，全省一般公共预算收入 3065.9 亿元，增长 9.9%，增幅比前 7 个月、上半年分别回落 2.8 个、4.8 个百分点，收入规模和增速分别居全国第 8、28 位；全省一般公共预算支出 7397.9 亿元，增长 4.3%，支出规模和增速分别居全国第 3、16 位，灾后恢复重建以及科技、教育、住房保障等重点民生支出保障较好。全省财政运行情况主要有以下特点。

（一）财政收入平稳增长

2021 年 1～8 月，全省一般公共预算收入增长 9.9%，同比提高 8.6 个百分点。地方税收收入增长 9.7%，同比提高 14.6 个百分点，其中国内增值税、企业所得税、个人所得税分别增长 20.2%、2.7%、13.1%；非税收入增长 10.1%，同比回落 6 个百分点。分区域看，17 个省辖市及济源示范区一般公共预算收入合计增长 8.6%，同比提高 5.6 个百分点。17 个省辖市及济源示范区一般公共预算收入均为正增长，其中漯河、平顶山、南阳、开封分别增长 20.9%、15.5%、12.8%、12.6%。10 个直管县一般公共预算收入合计增长 11.9%，同比提高 4.5 个百分点，其中兰考、汝州、长垣分别增长 31.2%、16.7%、14.6%。

（二）房地产相关税收下降较多

受房地产贷款集中度管理、郑州等重点城市“两集中”供地等房住不炒调控政策及灾情疫情双重影响，1～8 月，全省房地产业增值税增长 6.4%，比 2019 年同期下降 12.7%，两年平均下降 6.6%，依旧未恢复至疫情前水平。房地产企业所得税、城镇土地使用税、耕地占用税分别下降 20.1%、12.6%、4.1%，同比分别回落 15.3 个、23.6 个、14.6 个百分点。

从房地产行业相关统计指标看，2021 年前 8 个月，全省房地产开发投资、商品房销售面积分别增长 7.0%、5.5%，比上半年分别回落 4.5 个、8.8 个百分点，低于全国平均水平 3.9 个、10.4 个百分点；房地产开发企业土地购置面积、土地成交价款分别同比下降 28.9%、30.1%，下降幅度比全国平均水平分别扩大 18.7 个、23.9 个百分点，反映出全省房地产市场恢复依旧较慢，后期相关税收恢复增长面临较大压力。

（三）重点支出保障有力

2021 年 1～8 月，全省一般公共预算支出 7397.9 亿元，快于序时进度 6.6 个百分点，增长 4.3%，同比提高 3.8 个百分点。2021 年以来财政支出结构加快调整，聚焦服务乡村振兴、创新驱动、科教兴省、人才强省战略和改善民生目标。分科目看，农业农村、科技、住房保障、教育、卫生健康支出分别增长 33%、18.7%、11.3%、8.8%、4.3%；灾害防治及应急管理支出增长 175%，主要是由于省本级以及郑州、新乡等地持续加大救灾支持力度，支出同比增加 38.7 亿元。科技和住房保障支出保持较快增长速度，增速分别达到 18.7% 和 11.3%，金融支出下降 85.8%，主要是因为上年同期省本级补充中原再担保集团和中原资产管理有限公司资本金 16 亿元，拉高了基数。

（四）地方政府债券加速发行

为有效保障全省重大项目和重点领域资金需求，发挥地方政府债券对稳投资、扩内需、补短板的积极作用，截至 2021 年 9 月中旬，河南共发行政府债券 3006.5 亿元，其中：新增专项债券 1643.6 亿元，占财政部下达河南 2021 年新增专项债券额度的 80.43%，总量在全国排名第四。同时，为拓宽发行渠道，提高个人和中小机构对经济发展的参与度和获得感，首次通过银行柜台发行 5 亿元政府债券。从资金投向看，新增一般债券主要用于市政建设、社会事业、交通基础设施、农林水利、生态环保等领域，新增专项债券主要用于市政及产业园区基础设施、社会事业、保障性安居工程、城乡冷链物流基础设施等领域。

（五）财税体制改革扎实推进

聚焦完善财政体制机制、深化预算管理制度改革、深入推进财政管理改革等七个方面的32项具体改革任务均按时间节点积极推进。一是预算管理制度更加完善。自编制2021年省级预算起，河南全面推进省级部门支出零基预算管理改革；建立绩效评价结果“四个挂钩”机制，加快推进绩效指标体系建设，不断提高预算和绩效管理一体化程度。二是财政体制改革进一步健全。财政事权和支出责任划分改革全面推进，已出台医疗卫生领域、教育领域、科技领域等7个省与市县财政事权和支出责任划分改革方案，初步构建了“1+1+N”的财政事权与支出责任划分体系。深化省与市县财政体制改革，研究出台了《深化省与市县财政体制改革方案》。三是建立常态化直达资金机制，扩大直达资金范围，优化资金分配下达流程，加快2021年直达资金分配下达，强化信息技术支撑，不断完善资金监管。四是财政资金引导撬动更加有力。通过建立健全政府、国企、社会资金多元投入机制，不断拓宽创新经费来源渠道，形成支持科技创新工作合力。2021年省财政设立了总规模1500亿元的新兴产业投资基金和150亿元的创业投资基金，引导社会资本积极支持保障科技企业和产业发展；财政部门联合科技部门设立省级科技研发计划联合基金，引导企业高校院所等共同开展基础应用研究。

二　2022年财政形势展望

当前国际环境复杂严峻，国内疫情多点散发和汛情等自然灾害对经济运行的冲击不断显现，经济恢复的基础仍需巩固。同时，河南发展不平衡、不充分、不协调、不适应的问题仍然存在，改革创新发展任务艰巨繁重，财政运行环境不容乐观，预计2022年，财政紧平衡和收支矛盾加剧或将延续。

从全国情况看，2021年8月，国民经济继续保持恢复态势，但经济指标多数继续回落，结构分化明显。内需继续走弱，工业增加值和固定资产投资略低于预期，消费则大幅低于预期。目前支撑经济增长的仍是出口和房地产，但由于内外部环境复杂多变，未来这两项动能或将减弱。特别是国内疫情多点散发和汛情等自然灾害对经济运行的冲击显现，经济恢复的基础仍需巩固。同时，中美竞争、共同富裕要求 GDP 继续保持一定增速，使得 2022 年稳增长重要性提升，预计 2022 年我国 GDP 增长目标或在 5.5% 左右。

从全省情况看，受洪涝灾害和新冠肺炎疫情的叠加影响，河南部分经济指标增速出现回落。1～8 月，全省规模以上工业增加值同比增长 8.6%，固定资产投资同比增长 5.4%，社会消费品零售总额同比增长 12.3%，分别比 1～7 月回落 1.1 个、0.4 个、2.7 个百分点，分别比全国低 4.5 个、3.5 个、5.8 个百分点，表明全省经济恢复面临较大困难，经济持续回升难度进一步加大，需采取积极有效措施加以应对。随着河南省委工作会锚定“两个确保”、推动实施“十大战略”，预计 2022 年全省 GDP 增长目标或在 6% 左右。

从财政自身看，2021 年以来，我国经济的恢复性增长叠加大宗商品价格上涨，带动全国财政收入呈现恢复性增长，但受经济恢复基础不牢固、不均衡和国内外疫情影响，第四季度房地产投资和出口存在下行压力，而在财政收入回落的同时，刚性支出不减，财政紧平衡态势仍存。预计 2022 年河南财政收入增长将继续放缓。加之近两年市县为弥补大规模减税降费政策对财政收入的影响，不断加大盘活存量资源资产力度，后续可用于盘活的资源资产相对有限，多渠道筹集收入难度加大。同时，财政部门要做好“六稳”工作、落实“六保”任务，以更大的政策力度对冲汛情疫情影响，各方面资金需求较大。综合分析，2022 年财政收支平衡压力将更加突出，预计全省一般公共预算收入增长目标或在 5% 左右。

三　2022年财政政策建议

2022 年，河南要以习近平新时代中国特色社会主义思想为指导，全面贯彻落实党的十九大和十九届二中、三中、四中、五中全会精神和习近平总书记视察指导河南工作时的重要讲话，做到以政统财、以财辅政，科学谋划、精准施策，坚持“紧日子保民生、调结构保战略”，统筹整合财政资金资本资源，创新财政政策机制措施，不断深化财税体制改革，在锚定“两个确保”、支持实施“十大战略”中彰显财政更大作为。

（一）聚焦省委省政府决策部署强化财政作为

深刻理解把握省委省政府对河南现代化建设的方向原则、机遇挑战、战略战术、路径举措的分析研判和决策部署。一是积极主动抓好财政研究。增强宏观思维，从战略和全局高度积极开展前瞻性研究，聚焦财政服务“两个确保”“十大战略”，在强化财政保障、规范财政管理、推进财政改革、防控财政风险等方面加强研究，为省委省政府制定财政政策提供决策参考。二是积极主动做好需求测算。密切跟进后续出台的各类具体措施、规划、方案，对标“两个确保”“十大战略”的各项目标，加强与相关职能部门的沟通衔接，进行科学、精准、翔实的财力测算，明确资金需求，定好资金盘子。三是积极主动加强财政保障。强化财政统筹，集中一切可用的财政资金资源，建立大事要事保障清单管理制度，保障产业转型升级、科技创新、乡村振兴等重大战略任务资金需求。四是发挥财政资金“四两拨千斤”作用，综合采用财政贴息、担保补偿、保费补贴、政府采购等措施，引导银行、保险、担保等金融“活水”精准支持“十大战略”落地实施。

（二）加强财源建设提高财政可持续性

一是把厚植财源培育、壮大财政实力放到财政工作的突出位置，健全完善财源建设激励机制，加大财政资金统筹整合、盘活使用力度，夯实财政持续增收基础，着力构建厚植财源、增加财力的长效机制。二是促进县域经济发展。发挥好均衡性财政转移支付的作用，加大财力性转移支付力度，增强县乡财政保障能力。建立省对市县奖补制度，引导支持县域经济发展。创新开发区财政支持政策，打造县域经济发展增长极。三是加强完善税费制度。

坚持税法统一、税负公平、调节有度，推进地方税体系建设，按照国家统一部署，研究调整完善税制结构，培育并丰富地方税源，充分调动地方积极性。综合考虑财政承受能力以及实施助企纾困政策需要，精准实施减税降费政策，激发市场主体活力。四是全面推进综合治税。稳步推进涉税信息共享，扩大涉税数据采集范围。完善综合治税信息系统功能，开展涉税数据分析对比，指导市县开展综合治税工作。

（三）规范财政管理提高资金使用效益

一是坚持政府过紧日子。坚持落实“过紧日子”要求。始终把开源节流、增收节支作为首要原则，科学制定支出政策，进一步压减一般性支出。不断硬化预算约束，严格按照预算安排支出，严格规范暂付性款项管理。二是调整优化支出结构。预算安排上突出重点，聚焦财政服务“两个确保”，围绕“十大战略”重点任务，坚持“三保”支出的优先顺序，注重结构调整，坚持有保有压，确保高质量完成各项重点任务。三是提高预算绩效管理质量。强化绩效目标管理，做实绩效运行监控，深入开展绩效评价，以财审联动机制、“四个挂钩”机制为抓手，强化绩效管理结果应用。推进预算绩效指标体系建设，持续夯实基础支撑。四是加快数字财政建设。规范和统一各级预算管理业务流程、管理要素和控制规则，推动全省各级加快部署预算管理一体化建设，强化全口径预算管理，全面提升预算管理现代化水平。

（四）切实保障和改善民生

继续增加基本民生保障投入，有效保障和改善民生特别是困难群众基本生活。认真做好重点民生实事资金保障工作，持续解决人民群众最关心最直接最现实的利益问题。一是稳步提高社会保障水平。落实财政支持农村重度残疾人照护服务机制，完善公共卫生服务补助资金动态监控机制，落实提高城乡低保补助、城乡居民最低基础养老金等标准，完善企业职工基本养老保险省级统筹制度，积极参与全国统筹。支持以社会保障卡为载体建立居民服务“一卡通”。二是集中财力补齐教育发展短板。深化基础教育改革，扩大优质普惠学前教育资源供给，推进义务教育优质均衡发展和城乡一体化，扎实做好“双减”工作。深化职业教育改革，支持实施高水平职业院校建设行动计划、职业教育产教融合发展行动计划等。三是支持深化医药卫生体制改革。推动医疗、医药、医保、医养、医改“五医联动”，改革完善疾病预防控制体系，健全完善分级诊疗体系，持续推进医疗保障制度改革，推进中医药传承创新发展等。四是建立稳定的经费投入机制，推进城镇养老服务设施建设。聚焦“一老一小”，深入推进普惠养老试点和普惠托育服务试点，支持加快构建以居家为基础、设区为依托、机构为补充、医养相结合的养老服务体系，支持多种托育机构发展模式。

（五）推进财政改革助力高质量发展

聚焦“两个确保”“十大战略”，在省直管县财政改革、预算管理、绩效管理等方面谋划财政领域重大改革，推动各项决策部署落地见效。一是推进省直管县改革。着力构建激励市县高质量发展的财政格局，进一步放权赋能，最大限度地赋予县（市）财政管理权限，增强基层公共服务保障能力。优化省与市县收入分配关系，研究调整完善税制结构，培育并丰富地方税源，充分调动地方积极性。二是深化预算管理改革。健全预算管理机制。出台河南《关于进一步深化预算管理制度改革的意见》，从财政收入、财政支出、预算编制、预算执行和风险管理、风险防控等方面改善财政紧平衡状况，实现财政可持续。强化绩效目标管理，加强绩效评价结果应用，推进预算绩效指标体系建设，健全预算绩效管理体系。三是深化国资国企改革。发挥好省属金融企业作用，推动省属金融类国有企业高效履行出资人职责，畅通河南省新技术、新产业对接资本市场的融资渠道，使国资国企在服务省委重大战略上加力提效。健全以管资本为主的国资监管体制，推动投资集团调整优化总部职能定位和管控模式，有效发挥其国有资本运营平台功能作用。四是深化投融资体制改革。发挥地方政府债券撬动作用，推动项目申报数量和质量提升，充分发挥债券资金效益。加快新兴产业投资引导基金和创业投资引导基金的设立，建立省市县协同联动机制，带动各地设立引导基金，充分发挥基金引导作用。

参考文献

河南省财政厅：《2021 年 8 月简要分析》。

《8 月份全省经济运行情况分析》，河南省统计局网站。

B.10

2021～2022年河南省物流业运行分析与展望

毕国海　李　鹏　秦华侨*

摘　要： 2021年以来，河南全省社会物流供需两端共同发力，物流需求规模稳定增长，运行效率不断提升，物流业延续总体平稳、稳中有进发展态势。预计2022年，河南省物流业运行的宏观经济环境总体向好；同时，随着“通道＋枢纽＋网络”的现代物流运行体系不断完善，降本增效试点省任务逐步落实，河南全省物流业高质量发展趋势将不断加强，物流业推动经济社会高质量发展的基础性、战略性、先导性作用将充分发挥。

关键词： 物流　高质量发展　河南省

一　2021年河南省物流业总体运行态势

2021年是我国“十四五”规划开局之年，是建党100周年，也是全面建设社会主义现代化国家新征程开启之年。随着我国加快构建双循环新发展格局、全面推进现代物流体系建设，物流业发展方式、质量要求和治理能力

* 毕国海，中国物流学会兼职副会长、河南省物流学会会长、河南省物流与采购联合会执行副会长，主要研究方向为流通经济；李鹏，河南省物流与采购联合会秘书长、河南省物流学会副秘书长、高级物流师，主要研究方向为流通经济；秦华侨，河南省物流与采购联合会现代物流信息中心副主任，主要研究方向为流通经济。

不断升级，全面迈入高质量发展新阶段。2021 年上半年，河南全省社会物流供需两端共同发力，物流需求规模稳定扩大，运行效率不断提升，物流业延续总体平稳、稳中有进发展态势。

（一）社会物流需求平稳增长

2021 年上半年，河南全省物流需求保持平稳增长，社会物流总额实现新高，达到 8 万亿元，按可比价格计算，增长 14.1%，增速低于全国平均水平 1.6 个百分点，高于 2019 年同期 4.7 个百分点（见图 1）。

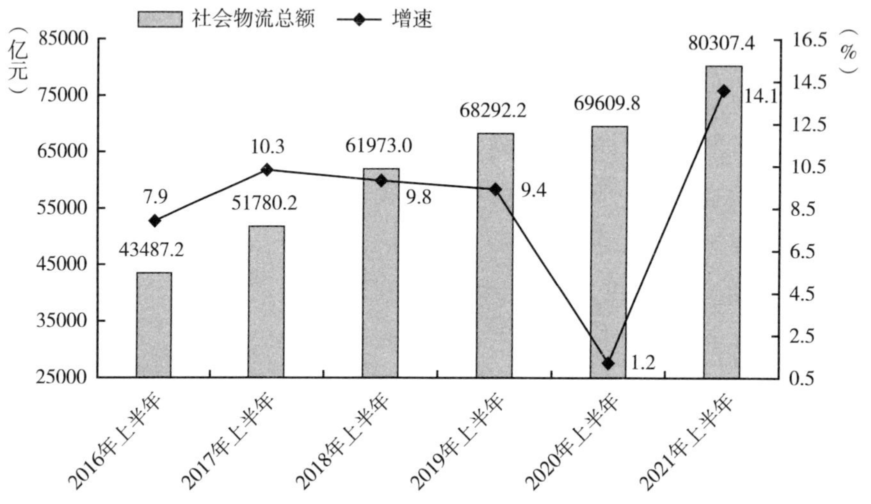

图 1　近年来河南省社会物流总额及增速

资料来源：河南省物流与采购联合会。

从需求变化来看，进口货物物流总额迅猛增长，单位与居民物品物流总额和外省流入物品总额较快增长，工业品物流总额、再生资源物流总额和农产品物流总额稳健增长。从需求类型来看，工业品物流总额占社会物流总额的 83.9%，占比同比下降 1.0 个百分点；农产品物流总额占社会物流总额的 5.5%，占比同比上升 0.1 个百分点；单位与居民物品物流总额占社会物流总额的 0.6%，占比同比上升 0.1 个百分点；外省流入物品总额占社会物流总额的8.2%，占比同比上升0.3个百分点；进口货物物流总额1360.5亿元，增长67.9%，增速较上年同期上升44.8个百分点，占社会物流总额的1.7%，占比同比上升0.5个百分点（见表1）。

表1　2021年上半年河南全省社会物流总额及构成情况

单位：亿元，%

指标名称	物流总额	增长	占比
社会物流总额	80307.4	14.1	100
其中:农产品物流总额	4420.9	9.8	5.5
工业品物流总额	67373.7	12.9	83.9
进口货物物流总额	1360.5	67.9	1.7
再生资源物流总额	60.8	15.8	0.1
单位与居民物品物流总额	474.8	36.8	0.6
外省流入物品总额	6616.7	20.4	8.2

资料来源：河南省物流与采购联合会。

（二）物流运行效率不断提高

2021年上半年，随着物流领域一系列纾困解难和减税降费政策持续落地生效，社会物流成本持续回落，成本结构不断优化。2021年上半年，河南省社会物流总费用为4098.7亿元，增长17.2%，社会物流总费用占GDP的比例为14.2%，低于全国平均水平0.5个百分点，低于2019年同期1.3个百分点（见图2）。

从物流各环节的费用看，运输费用占总费用的56.1%，占比同比上升0.1个百分点；保管费用占总费用的31.4%，占比同比下降0.2个百分点；管理费用占总费用的12.5%，占比同比上升0.1个百分点（见表2）。

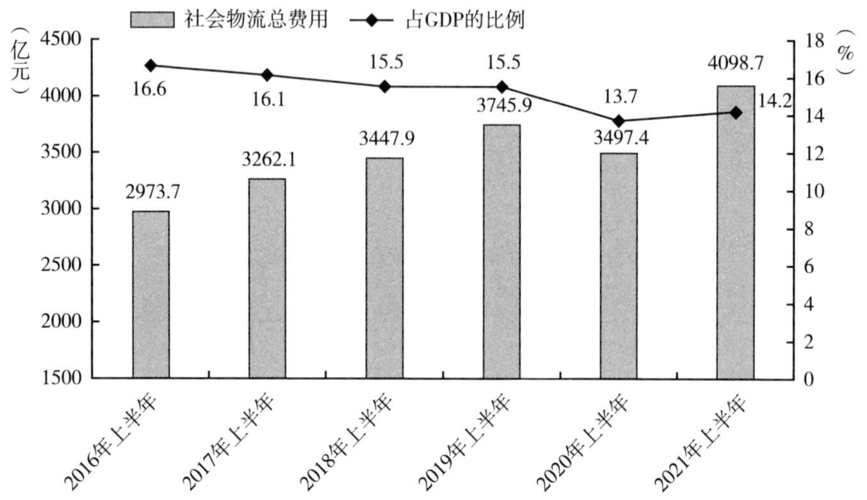

图 2　近年来河南省社会物流总费用及其占 GDP 比例的变化

资料来源：河南省物流与采购联合会。

表 2　2021 年上半年全省社会物流总费用及构成情况

单位：亿元，%

指标名称	费用总额	增速	占比
社会物流总费用	4098.7	17.2	100.0
其中：运输费用	2300.5	17.4	56.1
保管费用	1285.5	16.6	31.4
管理费用	512.7	17.7	12.5

资料来源：河南省物流与采购联合会。

（三）物流市场规模不断壮大

2021 年上半年，河南全省物流总收入 3512.5 亿元，增长 19.1%，增速高于 2019 年同期 8.6 个百分点。全省交通运输、仓储和邮政业固定资产投资增长 22.1%，高于全省固定资产投资增速 14.3 个百分点，高于全省第三产业投资增速 13.3 个百分点。截至第 32 批 A 级物流企业名单公布，河南全

省共有A级以上物流企业229家（见图3），其中3A级以上物流企业218家，5A级企业12家。双汇、大象等10家企业入选全国冷链物流百强，总量与上年同期持平（见图4）。藏金源、中原四季水产物流港、双汇、顺安获评四星级冷链物流企业，东森医药获评三星级冷链物流企业。

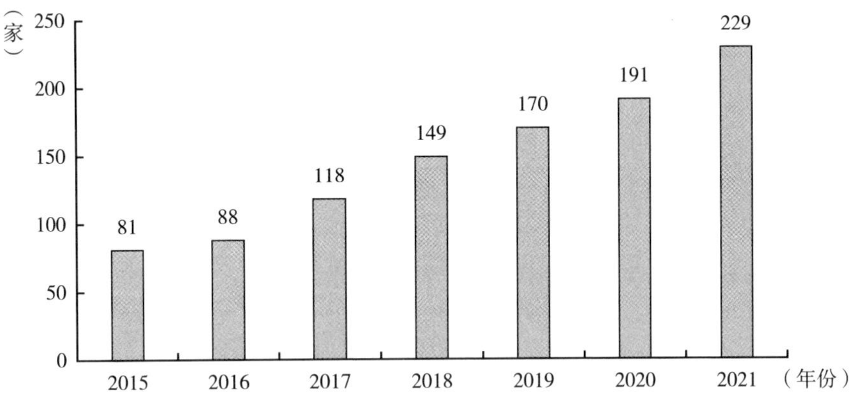

图3　2015~2021年河南省A级以上物流企业数量

资料来源：中国物流与采购联合会：《关于发布第三十二批A级物流企业名单的通告》（物联评估字〔2021〕95号）。

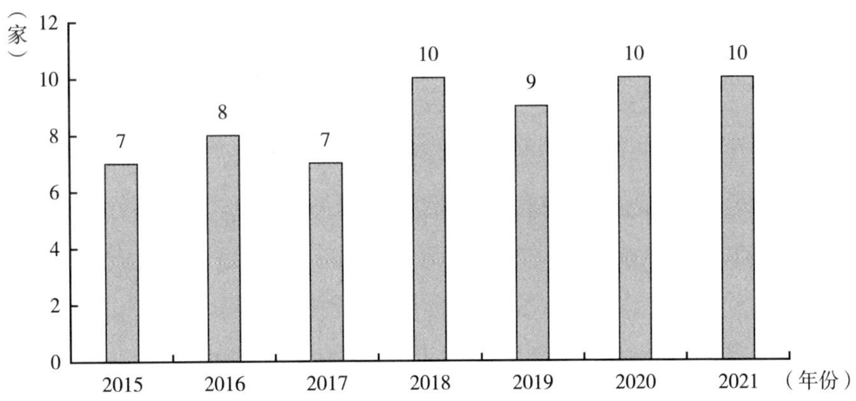

图4　2015~2021年河南省入选全国冷链物流百强企业数量

资料来源：中国物流与采购联合会：《中国冷链物流发展报告（2021）》。

（四）货运实物量加快增长

2021 年上半年，河南全省货物运输量 12.3 亿吨，增长 34.5%；货物周转量 5078.6 亿吨公里，增长 37.1%（见图 5）。其中，铁路货物运输量占总货物运输量的 4.5%，占比同比下降 0.8 个百分点，货物周转量占总周转量的 21.2%，占比同比下降 4.3 个百分点；公路货物运输量占总货物运输量的 88.6%，占比同比上升 0.8 个百分点，货物周转量占总周转量的 66.9%，占比同比上升 4.5 个百分点；水路货物运输量占总货物运输量的 6.8%，占比与上年同期持平，货物周转量占总周转量的 11.8%，占比同比下降 0.2 个百分点（见表 3）。

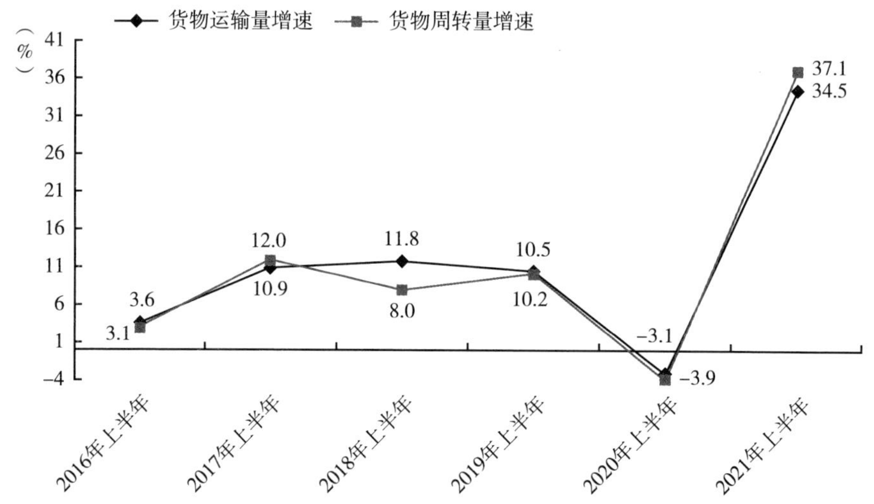

图 5　近年来河南省货物运输量、周转量增速

资料来源：河南省统计局。

表 3　2021 年上半年全省货物运输量与周转量情况

运输方式	货物运输量（亿吨）	增速（%）	占比（%）	货物周转量（亿吨公里）	增速（%）	占比（%）
铁路	0.55	13.5	4.5	1075.16	14.1	21.2
公路	10.87	35.7	88.6	3399.70	47.0	66.9

续表

运输方式	货物运输量（亿吨）	增速（%）	占比（%）	货物周转量（亿吨公里）	增速（%）	占比（%）
水路	0.84	35.2	6.8	601.37	34.4	11.8
航空	0.002	33.6	—	2.38	27.8	—
总计	12.27	34.5	100	5078.62	37.1	100

资料来源：河南省统计局。

（五）特色物流发展不断加快

2021年以来，河南物流转型升级不断加快，快递物流、跨境电商物流等专业特色物流高质量发展趋势不断加强。一是快递物流迅猛发展。1~8月，河南全省快递服务企业业务量累计完成26.6亿件，增长52.9%；业务收入累计完成199.7亿元，增长34.9%。二是跨境电商物流较快增长。1~8月，河南全省跨境电商进出口（含快递包裹）1352.2亿元，增长26.5%（见图7），约完成年目标的75%，比2019年同期增长28.8%，两年平均增长13.5%。

（六）中欧班列（郑州）提质增效

2021年上半年，中欧班列（郑州）新开通意大利米兰目的站点，使境外目的站点增至10个，共开行751班，同比增长71%（见图8）；自2013年7月18日首班中欧班列开行以来，郑州开往亚欧沿线各国的班列累计开行4637列，实现每周16列去程、18列回程的高频次往返对开模式，开行频次、满载率、单班货值货重明显提高，在全国开行的班列中，中欧班列（郑州）的开行质量、市场化程度、信息化程度等体现综合运营能力的指标水平稳居全国前列。

（七）航空货运需求保持高涨

2021年上半年，河南全省机场货邮吞吐量达34.2万吨，同比增长

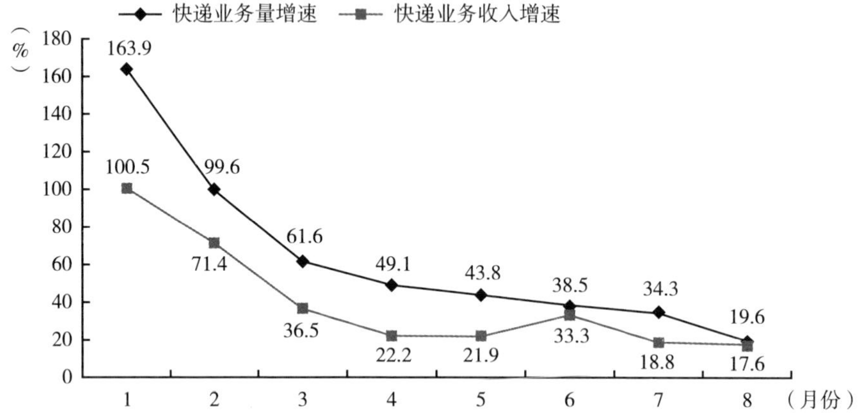

图6　2021年1～8月河南省快递业务量和业务收入增速

资料来源：河南省邮政管理局：《2021年1～8月份邮政行业运行情况》。

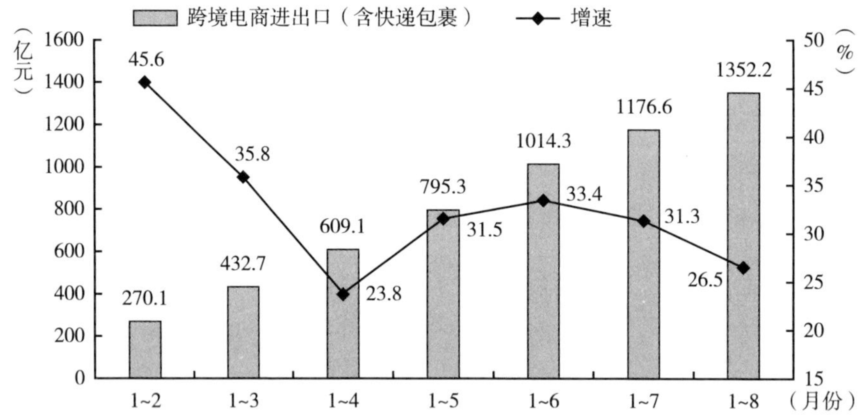

图7　2021年1～8月河南省跨境电商进出口（含快递包裹）总额及增速

资料来源：河南省商务厅：《2021年1～8月全省商务运行情况分析》。

33.6%（见图9），客货吞吐量持续位居中部六省第1。其中，郑州机场货邮吞吐量34.1万吨，增长33.6%，在全国大型货运机场中排第6位；洛阳机场货邮吞吐量449.5吨，增长62.2%；南阳机场货邮吞吐量388吨，增长10.9%。

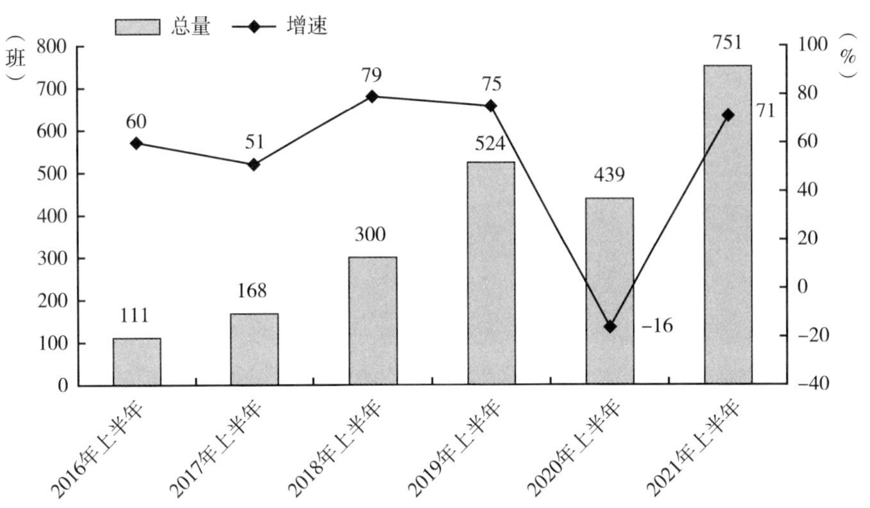

图 8　近年来中欧班列（郑州）开行情况

资料来源：河南省物流与采购联合会。

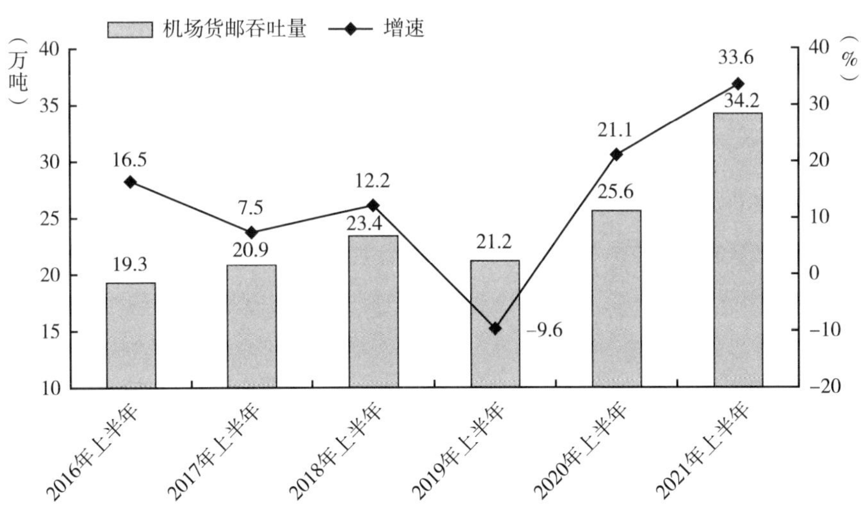

图 9　近年来河南省机场货邮吞吐量情况

资料来源：河南省物流与采购联合会。

（八）物流景气度保持平稳

2021 年上半年，河南全省物流业景气指数（LPI）平均值为55.1%，高于上年同期6.1个百分点，高于全国平均水平0.6个百分点。业务活动预期指数平均值为61.9%，高于正常水平11.9个百分点，位于较高景气区间，物流业预期将继续保持平稳增长（见图10）。

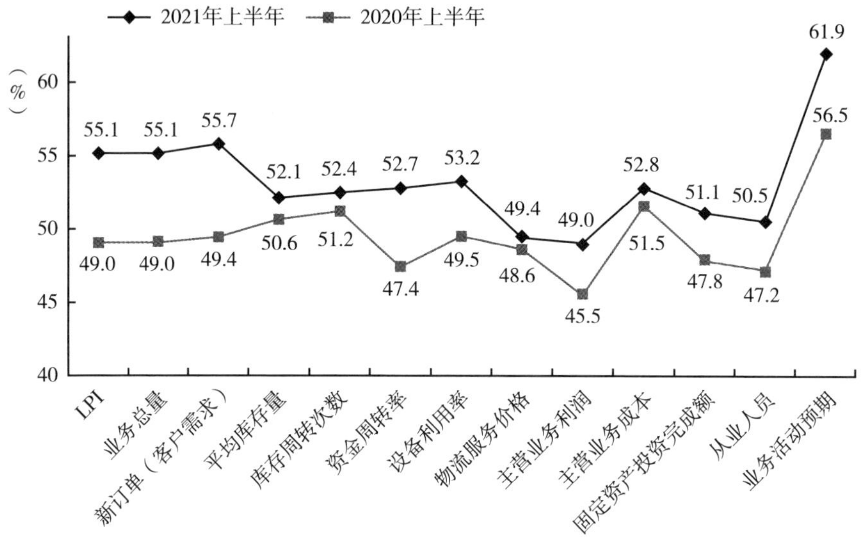

图10　2020 年上半年与 2021 年上半年物流业景气指数及各指标平均值

资料来源：河南省物流与采购联合会。

二　2022年物流业运行分析和预测

2022 年及今后一段时期，河南省物流业运行的宏观经济环境总体向好，河南省物流业高质量发展态势将不断增强，具体将呈现以下几个特点。

（一）社会物流需求平稳增长

2021 年以来，河南遭受了特大洪水侵袭和新冠肺炎疫情反弹，经济发展速度放缓，物流运行一度中断，物流需求减弱。在党中央、国务院和省委省政府的坚强领导下，河南全省人民共同努力，不断加快灾后重建和疫后重振，推动物流业继续保持稳中向好、稳中有进发展态势。初步预计，2021 年河南全年社会物流总额将达到 17 万亿元，增长 6% 左右；2022 年全省社会物流总额将达到 18.2 万亿元，增长 8% 左右。

（二）物流降本增效持续推进

为加快完善物流业管理体制机制，破除制约物流降本增效和创新发展的体制机制障碍，进一步降低制度性交易成本，推动物流业高质量发展，国家于 2019 年 9 月至 2021 年 8 月，在河南、山西等 6 省开展物流降本增效综合改革试点，河南配套出台了试点建设实施方案，经过努力，河南物流公共服务平台功能和辐射能力显著增强，物流融资服务能力明显改善，统计体系得到完善，多式联运水平大幅提升，物流降本增效工作走在全国前列。预计 2021 年，河南全省社会物流总费用约 7800 亿元，增长 5% 左右；2022 年全省社会物流总费用约 8200 亿元，增长 7% 左右。

（三）现代物流运行体系不断完善

为高质量推进"十四五"时期国家物流枢纽建设工作，国家发展改革委下发了《国家物流枢纽网络建设实施方案（2021～2025 年）》（发改经贸〔2021〕956 号），要求加快枢纽互联成网，推动形成以国家物流枢纽为核心的骨干物流基础设施网络和骨干多式联运体系。河南成立了全国第一个省级物流枢纽联盟，推动建立"科学合理、功能完备、开放共享、智慧高效、绿色安全"的河南省物流枢纽网络体系。同时，《河南省国民经济和社会发展第十四个五年规划和二〇三五年远景目标纲要》将"综合交通枢纽和现代流通体系建设"列为十二项战略行动之一重点推进。"十四五"时期，河南将依托大市场、大枢纽、大通道优势，不断完善“通道 + 枢纽 + 网络”的现代物流运行体系，加快建设现代物流强省，打造国内大循环的重要支点和国内国际双循环的战略链接。

（四）商贸物流发展提质增效

为推动商贸物流高质量发展，商务部等 9 部门下发了《商贸物流高质量发展专项行动计划（2021 ~ 2025 年）》，强化优化网络布局、建设城乡高效配送体系、促进区域商贸物流一体化等 12 项重点任务实施，推动商贸物流网络化、协同化、标准化、数字化、智能化、绿色化和全球化水平加快提升，为形成强大的国内市场、构建新发展格局提供有力支撑。河南近年来大力推进供应链创新与应用试点建设，加强农商互联完善农产品供应链，加快县域商业体系建设，强化特色物流园区建设，推动特色物流转型升级，使商贸物流不断延长产业链、创新供应链、提升价值链，为加快推动商贸物流业高质量发展营造良好环境。

（五）物流业绿色化水平不断提升

习近平总书记在第 75 届联合国大会上做出“中国将提高国家自主贡献力度，二氧化碳排放力争 2030 年前达到峰值，努力争取 2060 年前实现碳中和”的庄严承诺，对我国经济、社会转型发展提出更高要求。河南省人民政府下发了《关于加快建立健全绿色低碳循环发展经济体系的实施意见》（豫政〔2021〕22 号），要求健全绿色低碳循环发展的流通体系，推动物流绿色发展迈上新台阶。物流业作为重要的移动排放源，面临的环保治理压力将进一步加大，将倒逼传统物流生产方式变革，使绿色环保、清洁低碳成为发展新要求。绿色物流装备将得到全面推广，绿色包装、绿色运输、绿色仓储、绿色配送等绿色物流技术将加快普及应用。集装箱多式联运、托盘循环共用、甩挂（箱）运输、物流周转箱、逆向物流等绿色物流模式将得到广泛支持，绿色物流质量标准将得到严格执行，一批绿色物流企业将加快涌现，促进经济社会全面绿色化转型。

（六）物流标准化建设不断加强

国家高度重视物流行业标准化建设，不断完善物流标准体系，持续推动物流行业相关标准制定、实施。2021 年先后批准发布、正式实施《食品安全国家标准食品冷链物流卫生规范》（GB31605 －2020）、《物流术语》（GB/T18354 －2021）、《物流追溯信息管理要求》（GB/T40480 －2021）等多项国家物流标准，进一步推动我国物流标准化发展。3 月，河南省物流标准化技术委员会（下文简称“标准委”）正式获批成立，主要负责河南的物流管理、物流技术、物流服务领域地方标准的制修订等相关工作，积极为全国物流标准建设提供“河南方案”。下一步，随着标准委工作的逐步展开，河南全省物流标准化建设工作将不断加快。

（七）物流人才供给全面提速

为破解制约物流高质量发展的人才难题，河南积极构建物流专业人才培养体系，创新人才培养模式。2021 年 6 月，教育部、河南省人民政府联合下发了《关于深化职业教育改革推进技能社会建设的意见》（豫政〔2021〕2 号），强调加快推进技能社会建设，重点加强物流仓储等产业相关专业建设。《河南省职业技能竞赛管理办法（试行）》发布，推动建立完善全省职业技能竞赛体系；河南省人力资源和社会保障厅加强全国新职业技术技能大赛选手的选拔和集训工作，“供应链管理师”作为 20 项赛事之一，为河南物流高质量发展选拔了行业急需的知识型、技能型、创新型人才。

（八）城乡物流协同发展不断加强

商务部等 17 部门下发了《关于加强县域商业体系建设促进农村消费的意见》（商流通发〔2021〕99 号），推动健全农村流通网络、补齐流通设施短板、创新流通业态和模式，畅通工业品下乡和农产品进城双向流通渠道，促进城乡融合发展。河南商务部门正在积极编制相关实施意见，构建县域商业体系建设工作协调机制，强化县域城乡物流体系建设，推动资源要素向农村市场倾斜，健全县、乡、村三级物流服务网络，培育乡村物流龙头企业和物流发展新业态、新模式。同时，河南将“完善农村流通体系，加快发展农村电商，提高城乡配送效率”作为2021年重点推进工作之一，列入政府工作报告，为加快城乡物流融合发展提供政策保障。

参考文献

《河南省人民政府关于印发〈河南省国民经济和社会发展第十四个五年规划和二〇三五年远景目标纲要〉的通知》（豫政〔2021〕13号）。

尹弘：《政府工作报告》，《河南日报》2021年1月25日，第1版。

河南省发展改革委、河南省交通运输厅：《河南省物流降本增效综合改革试点建设实施方案》（豫发改服务业〔2020〕8号）。

《国家发展改革委关于印发〈国家物流枢纽网络建设实施方案（2021～2025年）〉的通知》（发改经贸〔2021〕956号）。

河南省发展改革委、河南省交通运输厅：《关于加快实施济源示范区等15个区域物流枢纽（节点）建设方案的通知》（豫发改服务业〔2021〕456号）。

何黎明：《构建现代物流体系建设“物流强国”——2020年我国物流业发展回顾与展望》，中国物流与采购联合会，2021年1月29日。

商务部等17部门：《关于加强县域商业体系建设促进农村消费的意见》（商流通发〔2021〕99号）。

《河南省人民政府办公厅关于印发〈河南省乡村建设行动实施方案〉的通知》（豫政办〔2021〕23号）。

任豪祥：《紧紧围绕碳达峰、碳中和目标　加快物流行业绿色低碳转型》，中国物流与采购联合会，2021年8月23日。

B.11 2021～2022年河南省居民消费价格走势分析

袁金星*

摘　要： 2021年1～8月，河南省居民消费价格指数（CPI）同比上涨0.8%，较上年同期回落3.0个百分点。从CPI自身构成来看，本轮CPI大幅回落，主要原因是食品类特别是猪肉价格大幅下跌，初步预判2022年河南CPI将呈现温和上涨态势。最后，本文提出了稳定生猪生产、加强民生商品保供稳价工作、持续优化营商环境、扩大内需促消费等建议，以促进居民消费价格平稳运行。

关键词： 居民消费价格指数　河南　保供稳价

居民消费价格指数（Consumer Price Index，CPI）是反映城乡居民家庭购买的消费商品和服务价格变动情况的重要指标，是一个度量代表性消费商品和服务项目价格水平随着时间变动的相对数（指数的基期数值定为100）。从我国CPI构成分类来看，一共由八大类构成，分别是食品烟酒、居住、衣着、教育文化和娱乐、医疗保健、生活用品及服务、交通和通信、其他用品和服务。2016年我国对CPI权重进行调整后，“食品”项占比在17%～21%，居住类占比近20%。CPI是进行经济分析和决策、价格

* 袁金星，河南省社会科学院经济研究所副研究员，主要研究方向为科技经济、国民经济。

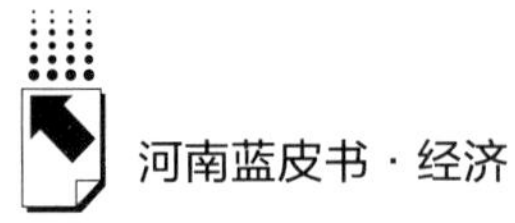

总水平监测和调控及国民经济核算的重要指标，同时也与广大居民的生活密切相关，社会公众关注度也比较高。在这种情况下，开展年度 CPI 走势分析及预测就显得十分必要。

一　2021年1~8月河南省居民消费价格指数总体情况

2021 年，全省认真贯彻落实习近平总书记重要讲话和指示精神以及国家重大决策部署，统筹做好疫情防控、防汛救灾和经济社会发展工作，积极实施保供稳价一系列政策措施，生猪生产全面修复产能持续释放，猪肉价格大幅回落，主要“菜篮子”商品价格总体稳定，服务消费需求逐步复苏，市场供需总体平稳。1 ~8 月，河南省居民消费价格指数（CPI）同比上涨 0.8%，较一季度及上半年分别上涨 0.6 个和 0.1 个百分点，涨幅呈持续收窄的运行态势，总体表现平稳。

（一）价格涨幅较上年同期明显回落

2021 年 1 ~8 月，河南居民消费价格指数（CPI）同比上涨 0.8%，较上年同期回落 3.0 个百分点。从宏观上看，消费需求不足是 CPI 明显回落的主要原因。1 ~8 月，全省社会消费品零售总额同比增长 12.3%，比 1 ~7 月回落 2.7 个百分点，与全国的差距比 1 ~7 月扩大 0.1 个百分点。洪灾叠加疫情影响，使全省限额以上商品零售额在 7 月、8 月出现了明显下降。消费品量价增速同步回落，反映了经济运行内需增长动力不足、牵引供给收敛式回落的特征。从结构上看，食品价格继续拖累 CPI 同比增速，非食品价格的拉动作用小幅收窄。1 ~8 月，全省畜肉类居民消费价格指数同比下降 13.9%，猪肉价格依旧是最大拖累项。伴随生猪产能的持续释放，猪肉价格出现了大幅下降，是 2021 年全省 CPI 出现明显回落的重要原因。

（二）涨幅高于全国平均水平

2021 年 1 ~ 8 月，河南 CPI 涨幅较全国（上涨 0.6%）大 0.2 个百分点（见图 1），整体呈低位运行特征，与全国趋势基本一致。在全国 31 个省（自治区、直辖市）中，按 CPI 涨幅由大到小排序，河南居第 10 位；在中部六省中，河南居第 1 位（见表 1）。

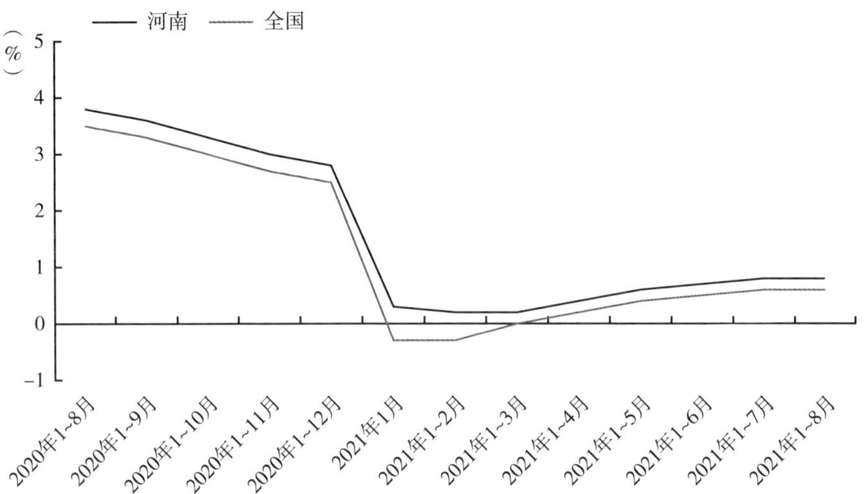

图 1　2020 年 8 月至 2021 年 8 月河南与全国居民消费价格指数运行趋势

资料来源：河南省统计局、国家统计局河南调查总队：《河南统计月报》。

表 1　2021 年 1 ~ 8 月河南 CPI 涨幅与中部其他省份比较

位次	省份	涨幅(%)
1	河南	0.8
2	山西	0.7
3	江西	0.6
4	安徽	0.6
5	湖南	0.2
6	湖北	-0.2

资料来源：国家统计局网站，https：//data. stats. gov. cn/easyquery. htm？ cn = E0101。

（三）八大类商品及服务价格“五升二降一平”

2021 年 1 ~8 月，全省八大类商品及服务价格累计呈明显的“五升二降一平”特征。“升”的五大类分别是：教育文化和娱乐类价格累计上涨 4.2%、交通和通信类价格累计上涨 1.9%、居住类价格累计上涨 0.4%、食品烟酒类价格累计上涨 0.3%、医疗保健类价格累计上涨 0.3%。“降”的两大类分别是：其他用品和服务类价格累计下降 1.8%、衣着类价格累计下降 0.9%。“平”的一类是生活用品及服务类价格，与上年同期持平。

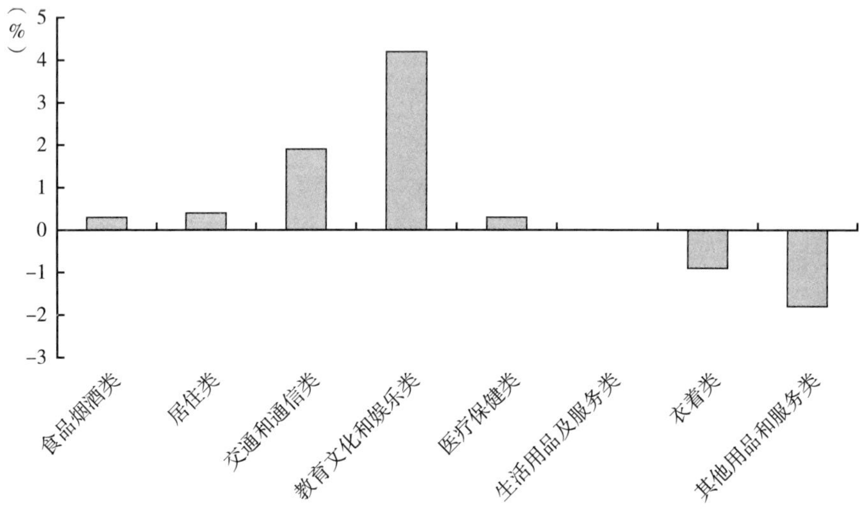

图 2　2021 年 1 ~8 河南省八大类商品及服务价格累计变动情况

资料来源：河南省统计局、国家统计局河南调查总队：《河南统计月报》，2021 年 8 月。

（四）与全国相比，八大类商品及服务价格“四高四低”

2021 年 1 ~8 月，河南八大类商品及服务价格与全国相比呈“四高四低”特征，即居住类、交通和通信类、教育文化和娱乐类、医疗保健类累计价格涨幅分别高于全国平均水平 0.3 个、2.5 个、4.2 个和 0.3 个百分点；食品烟酒类、生活用品及服务类、衣着类、其他用品和服务类累计涨幅分别低于全国平均水平 0.2 个、0.1 个、0.8 个和 0.9 个百分点。

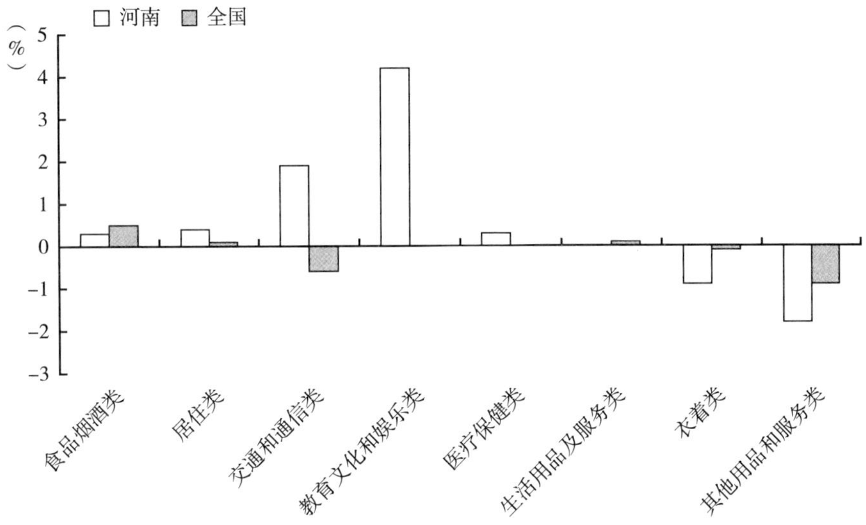

图3　2020 年 1 ~8 河南省与全国八大类商品及服务价格累计变动情况对比

资料来源：河南省统计局、国家统计局河南调查总队：《河南统计月报》，2021 年 8 月。

（五）月度同比先上升后趋稳，环比高开低走再回升

从同比看，2021 年 1 ~ 8 月，河南 CPI 当月同比分别上涨 0.3%、0.1%、0.4%、0.9%、1.5%、1.2%、1.1%、1.1%（见图 4）。第一季度，随着生猪产能的逐渐恢复，猪肉价格从上年末的高位回落，持续下降，很明显地抑制了全省 CPI 上行，1 ~3 月，全省 CPI 保持在 0.5% 以内；4 ~5 月，伴随着我国及全省新冠肺炎疫情防控成效的逐渐显现，旅游市场重新焕发活力，旅游、交通、住宿等相关价格开始明显上涨，加上鱼类价格涨幅扩大，推动全省 CPI 涨幅扩大。6 月，全国及河南猪肉价格呈现大幅下降局面，对全省 CPI 走势下行拉动作用十分明显；7 ~8 月，河南猪肉价格未出现明显反弹，但是受暴雨和疫情的影响以及传统节日中秋节拉动需求量增加，8 月，大部分主要食品价格同比呈上涨趋势，在所监测的 40 个品种中，上涨的有 25 种，占 62.5%；下跌的有 15 种，占 37.5%，支撑了 CPI 保持稳定。

从环比看，2021 年 1 月，元旦及春节假期“双节”叠加使得居民消费需求旺盛，“菜篮子”相关食品价格出现明显上涨，加上国际油价上涨，带动了国内、省内汽油、柴油价格明显上浮，CPI 环比上涨 1.2%；2 月，主要食品价格出现季节性下行，拉动全省 CPI 不断走低，2 月 CPI 环比涨幅缩窄为0.4%，3 月、4 月、5 月、6 月全省 CPI 出现止涨转跌，降幅分别为 0.7%、0.4%、0.4% 和 0.5%。7 月、8 月，受暴雨以及疫情影响，鲜菜、鸡蛋等生产和储运受到影响，价格同比涨幅扩大，拉动 CPI 止跌转涨，全省 CPI 出现明显回升。

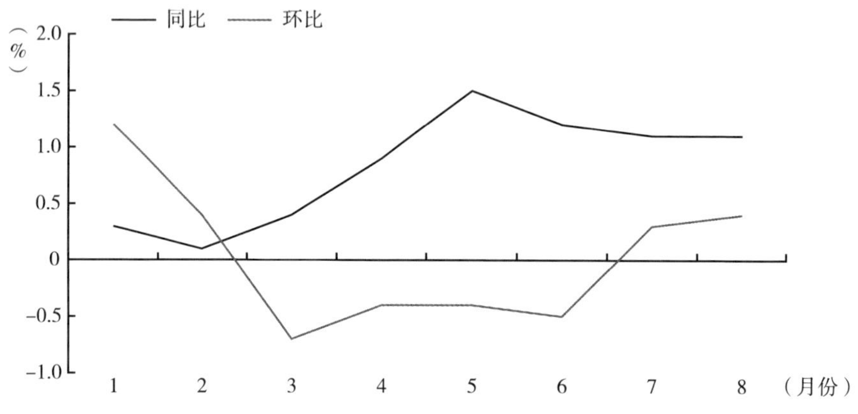

图 4　2021 年 1～8 月河南省 CPI 同比、环比涨跌幅

资料来源：河南省统计局、国家统计局河南调查总队：《河南统计月报》，2021 年 8 月。

二　2021年1～8月河南省 CPI 变动主要特征

（一）食品类价格变动情况

1. 食品类价格大幅下降

数据显示，2021 年 1～8 月，河南省食品烟酒类价格同比上涨 0.3%，涨幅较上年同期收窄 12.1 个百分点，分别较第一季度以及上半年收窄 0.4 个和

0.3 个百分点，畜肉类特别是猪肉价格下降是食品价格大幅回落的主要原因。2021 年 1 ~8 月，食品类价格构成的主要 6 大类食品中，粮食类、蛋类、水产类、鲜菜类、鲜果类 5 大类食品价格均呈现上涨态势，并且上涨幅度均大于 CPI 涨幅，只有畜肉类价格呈大幅下降态势，降幅达到 13.9%（见图 5）。CPI 构成按两分法来讲，分为“食品”项和“非食品”项。如前文所言，“食品”项在 CPI 中的权重在 17% ~21%，看似权重不大，但由于食品价格波动较大，其往往对 CPI 走势起着决定性作用。因此，可以判断，2021 年以来全省物价明显回落，食品类的价格特别是畜肉价格下降是核心影响因素。

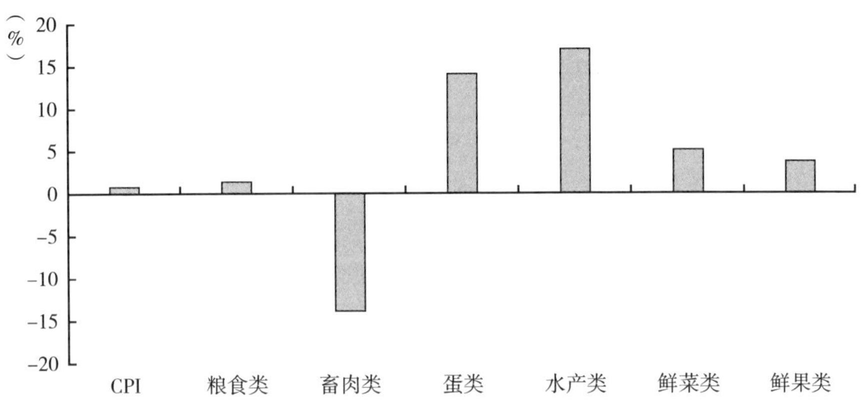

图 5　2021 年 1 ~8 月河南省 CPI 及食品类价格同比涨幅

资料来源：河南省统计局、国家统计局河南调查总队：《河南统计月报》，2021 年 8 月。

2. 畜肉类价格降幅显著

在畜肉类商品中，猪肉是中国长期以来最主要的传统肉类消费品。因此，一直以来，猪肉价格的波动都是影响 CPI 食品项变动的最重要因素。从图 6 可知，2021 年 1 ~8 月，畜肉类价格整体较上年大幅下降。与此同时，1 ~ 8 月各月畜肉类价格环比涨幅分别为 4.4%、-3.4%、-6.0%、-6.5%、-5.9%、-8.7%、-0.3%、-0.6%。1 月，受春节这一传统节日的影响，居民家庭猪肉消费需求相对较为旺盛，直接影响了肉类价格，带动了全省畜肉价格出现环比小幅上涨；之后，随着各地生猪生产的逐步恢

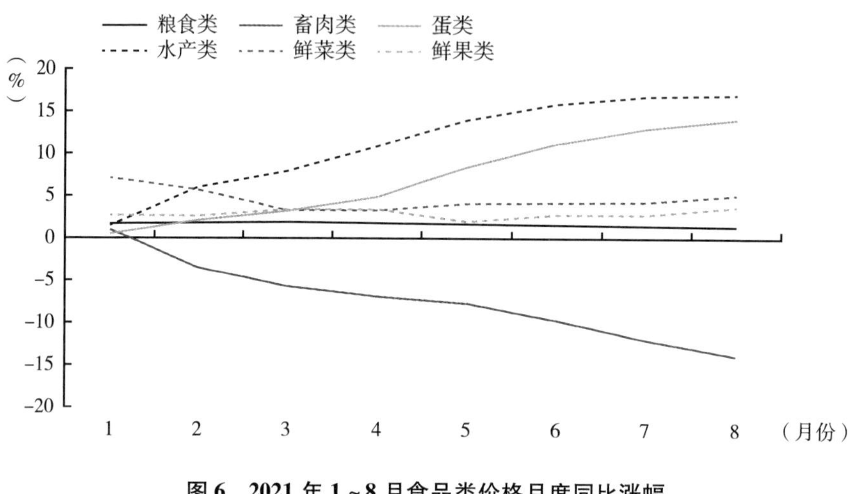

图6　2021年1～8月食品类价格月度同比涨幅

资料来源：河南省统计局、国家统计局河南调查总队：《河南统计月报》，2021年8月。

复，猪肉上市供应量开始大幅增加，猪肉价格进入下行通道，整体上看，2021年2～8月，全省畜肉类价格呈现环比七连降。因此，可以判断，猪肉价格的大幅下跌是河南2021年CPI大幅回落的核心影响因素。

3. 淡水鱼、鸡蛋价格涨幅明显

2021年1～8月，河南淡水鱼、鸡蛋价格领涨食品价格，涨幅分别为17%和14.1%。由于受淡水鱼养殖面积减少、养殖成本增加以及养殖周期等多种因素影响，淡水鱼市场供给相对偏紧，再加上受进口冷冻食品携带新冠病毒等事件影响，全省居民对淡水鱼消费需求增加，需求增加和供给短缺的双重影响使得淡水鱼价格出现了大幅上涨。在蛋类方面，由于上年鸡蛋价格较为低迷，很多蛋鸡养殖户经历了寒冬，纷纷加快了去产能步伐，这就造成蛋鸡存栏量明显下降，鸡蛋供应量有所下降，2021年玉米价格上涨也抬升了蛋鸡饲料成本，此外，受暴雨和疫情的影响，居民大量购买耐储存的鸡蛋，造成市场供求趋紧，鸡蛋价格上涨明显。

（二）非食品类价格变动情况

由图7可知，2021年1～8月，河南非食品类价格涨幅呈“四扩大三收窄”特点。其中，衣着类、医疗保健类、其他用品和服务类价格涨幅较上年同期分别收窄 0.2 个、3.0 个和 10.6 个百分点；而居住类、生活用品及服务类、交通和通信类、教育文化和娱乐类价格涨幅较上年同期分别扩大 0.7 个、0.1 个、6.3 个、3.7 个百分点，对全省 CPI 整体影响相对食品类较小。

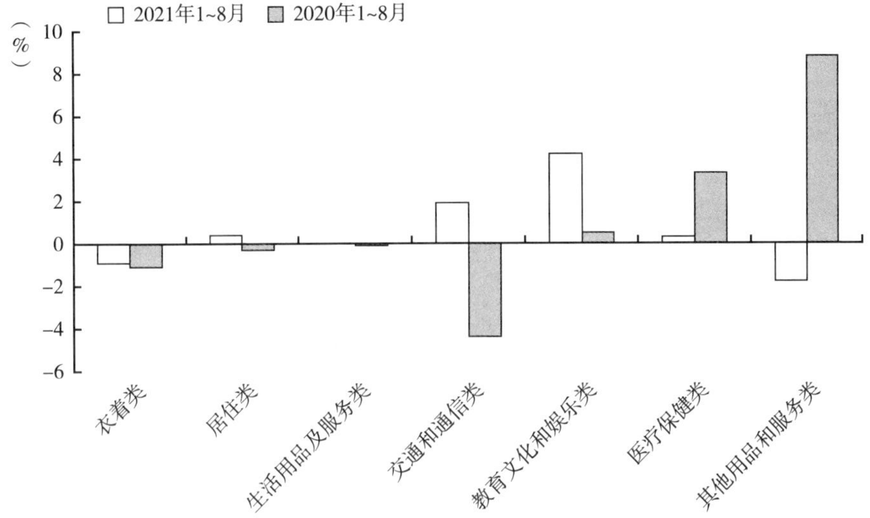

图7　2020 年 1 ~ 8 月与 2021 年 1 ~ 8 月非食品类居民消费价格同比涨幅

资料来源：河南省统计局、国家统计局河南调查总队：《河南统计月报》，2021 年 8 月。

（三）PPI 与 CPI“剪刀差”明显扩大

2021 年 1 ~ 8 月，河南工业生产者出厂价格指数（PPI）同比上涨 5.6%，较上年同期上涨 6.4 个百分点。与 CPI 的温和上涨不同，2021 年以来，PPI 涨幅持续走高，在 5 月河南 PPI 当月涨幅达到近年新高 8.9% 以后，8 月涨幅再次达到 8.9%。由图 8 可知，2021 年以来，全省 PPI 和 CPI“剪刀差”呈大幅扩大趋势。8 月，两者剪刀差扩大到 7.8 个百分点，说明市场价格传导不畅。在消费端，由于疫情叠加汛情，全省消费并未完全恢复，消费品价格缺乏上涨条件，特别是猪肉价格同比降幅较大，猪肉价格上一年基

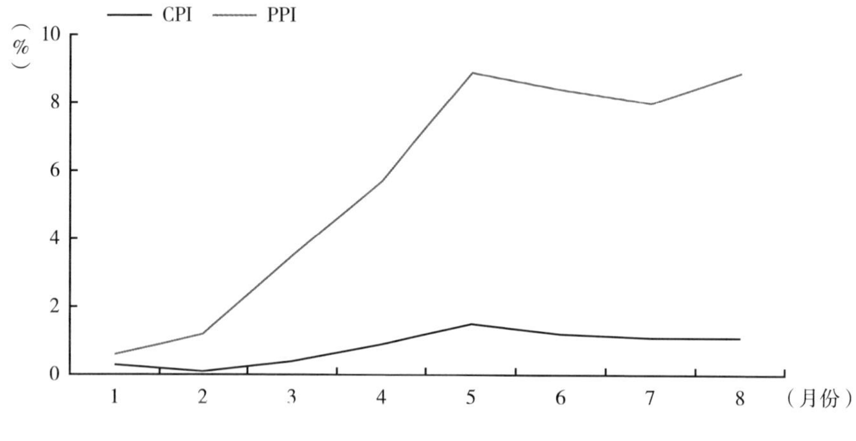

图8　2020 年 1～8 月河南 CPI 与 PPI 月度变化趋势

资料来源：河南省统计局、国家统计局河南调查总队：《河南统计月报》，2021 年 8 月。

数较大，需要一段时间才能完全消化。在生产端，受全球经济复苏、主要原材料生产国大宗商品供给偏紧、部分主要发达经济体财政刺激和货币流动性比较充裕等因素影响，大宗商品价格高位运行，国内上游生产资料价格全线上涨，传导至中下游，造成工业产品价格明显上涨。与此同时，持续高涨的大宗商品价格，抬升了中下游企业的生产成本，挤压了企业的利润空间。特别是中小企业多数处于产业链中下游，议价能力不强，对于原材料上涨成本压力的传导和消化能力比较弱，受影响比较大，这一问题需要引起高度关注。

三　2022年河南 CPI 走势展望

（一）拉动 CPI 上涨的因素

一是输入性通胀压力。国外主要经济体延续宽松货币政策，加之海外疫情反复，大宗商品供给收缩、供应链不畅，价格高位运行，带动国内工业原材料成本上涨，形成输入性通胀，向消费领域传导。

二是天气、供需等多种因素可能推升食品价格。在猪肉收储政策支持下，猪肉价格将会很快停止下跌，因此，2022 年食品类价格有望同比回升，对 CPI 的上涨形成一定动力。与此同时，夏季高温多雨天气，对鲜菜生产、运输、储存产生不利影响，鲜菜价格可能出现阶段性走高；淡水鱼供应偏紧局面将进一步缓解，但价格回落可能较慢。上述因素可能带动食品类价格上扬。

三是消费旺季影响部分服务价格。随着我国疫情防控形势持续向好，预计 2022 年河南居民文旅消费需求将增加，特别是“五一”、中秋、“十一”等节假日期间，交通出行、旅游、酒店住宿等价格会有所上升，服务类价格上升将推动 CPI 上升。

（二）抑制 CPI 上涨的因素

一是国内供求基本面不支持 CPI 大幅上涨。中央积极的财政政策和稳健的货币政策取得明显成效，加之疫情防控形势总体良好，生产供给总体恢复较好，投资、消费等需求仍处于恢复阶段，供求关系不支持居民消费价格大幅上涨。

二是农产品产能和供给充足，食品价格稳定有基础。2021 年全省夏粮总产量 760.64 亿斤，比上年增长 1.3%。其中小麦总产量 760.56 亿斤，占全国小麦总产量的 28.3%。河南小麦面积、单产、总产量均继续保持全国第一，粮食安全有保障。同时，全省生猪产能有效恢复，猪肉市场供给充足。

综合以上因素分析，如不出现其他突发性因素，初步预判 2022 年河南 CPI 将呈现温和上涨态势。

四 存在的问题及相关建议

（一）价格运行需关注的问题

1. 猪肉价格持续走低，谨防“价贱伤农”

生猪产能加快恢复，猪肉价格持续走低，加之饲养成本不断上涨，生猪养殖亏损面大，经营状况堪忧，对生猪稳产保供产生不利影响。2021 年 8 月，猪粮比价在 5∶1 ~6∶1，已经进入过度下跌二级预警区间。

2. 大宗商品价格上涨，企业成本压力增加

在 PPI 传导效应影响下，家具、家电等部分消费品价格涨势初显。需引起关注的是，由于多数中下游小微企业议价能力不强，对原材料上涨压力的传导和消化能力较弱，加之经济恢复带来的劳动力成本上升，企业盈利空间已受到挤压。

3. 消费市场复苏缓慢，市场活力仍需释放

2021 年河南受暴雨和疫情的叠加影响，经济下行压力较大，居民收入预期降低，消费市场复苏缓慢。1 ~8 月，全省社会消费品零售总额同比增长 12.3%，两年平均增长 1.4%。消费复苏速度整体仍滞后于生产和投资，有进一步提振空间。

（二）稳物价、惠民生相关建议

1. 稳定生猪生产，促进产业良性发展

要继续抓好生猪生产，及时发布市场信息，有效引导预期，指导养殖场（户）合理调整产能；密切关注生猪价格、猪粮比价等走势，加强政府冻猪肉储备工作；跟踪能繁母猪存栏量变化，加强监测预警，采取有效措施，稳定生猪生产基础产能；加快促进生猪产业转型升级，通过提升现代化水平来提高应对风险能力。

2. 提升综合调节能力，加强民生商品保供稳价工作

高温强降雨、雨雪等极端天气，会对鲜菜、鲜果生产运输产生不利影响，要提升产供储销各环节的综合调节能力，防止价格大起大落。及时指导种植户落实相关技术措施，保障农产品源头供应；抓好产销衔接，推广基地互助、线上助农等新方式，拓宽销售渠道；加强市场监管，合理引导预期，严肃查处囤积居奇、哄抬价格、串通涨价等违法行为。

3. 持续优化营商环境，大力保护市场主体

落实好减税降费等各项纾困惠企政策，使各项支持措施直达基层、直接惠

及市场主体，降低营商成本；拓展民营企业融资途径，简化放贷程序，帮助小微企业缓解融资难、融资贵等问题；降低基础设施、社会事业等领域市场准入门槛，破除各类显性和隐性壁垒，创造各类市场主体公平参与市场竞争的环境。

4. 扩大内需促消费，提高经济发展活力

继续稳定汽车、住房等传统大宗消费；加快培育新型消费，推动互联网医疗、在线文娱、智慧旅游等消费发展；顺应消费个性化、多样化、品质化发展趋势，扩大优质、中高端、富有文化内涵的商品和服务供给，创造消费新增长点；大力优化消费环境，加大对虚假宣传、价格欺诈、隐私泄露等行为的打击力度。

参考文献

河南省统计局：《8 月份全省经济运行情况》，http：//www. h a. stats. gov. cn/2021/09 - 17/2314763. html。

袁金星：《2020 ~ 2021 年河南省居民消费价格指数走势分析》，载于谷建全、完世伟主编《河南经济发展报告（2021）》，社会科学文献出版社，2019。

赵萌：《CPI 平稳运行　食品上拉作用减弱——2021 年上半年陕西居民消费价格运行形势分析》，《陕西调查》2021 年第 36 期。

河南省统计局、国家统计局河南调查总队：《河南统计月报》，2021 年 8 月。

专题研究篇

Special Reports

B.12
河南全力抓好第一要务的意义与举措

高　璇*

摘　要： 河南全力抓好第一要务是现代化河南建设的必然选择，是适应区域经济竞争的客观需要，是应对风险挑战的内在要求。面对新发展阶段，河南应牢牢扭住发展第一要务不动摇，以加快发展、科学发展、创新发展为主攻方向，以做好“六稳六保”、树立“项目为王”导向、优化营商环境、实施换道领跑战略、加快创新驱动发展为重要内容，以发展推动河南在全面建设社会主义现代化河南的新征程上阔步前进。

关键词： 河南　新发展阶段　第一要务

习近平总书记强调，“必须坚持以发展为第一要务，不断增强我国综合

* 高璇，经济学博士，河南省社会科学院经济研究所研究员，主要研究方向为宏观经济。

实力”。这为河南今后一段时间的发展明确了总抓手。改革开放以来的经验更是充分证明，在改革开放进程中不断释放的发展能力，是对中国制度优势的最好诠释。面对新发展阶段，河南应全力抓好第一要务，以加快发展、科学发展、创新发展，推动河南在全面建设社会主义现代化河南的新征程上阔步前进。

一　河南全力抓好第一要务的重大意义

（一）全力抓好第一要务，是现代化河南建设的必然选择

改革开放以来，河南同全国一样始终坚持扭住发展这个主题，坚持经济建设这个中心，大力发展社会生产力，使综合实力有了大幅跃升，人民生活有了显著改善。党的十九大以来，河南不断推进现代化建设。新征程新阶段，河南在变与不变中寻求着现代化河南建设的新机遇与新挑战，“变”的是世界百年未有之大变局进入加速演变期，“不变”的是河南发展仍处于重要战略机遇期；“变”的是全球化进入分化期、风险挑战和不确定性显著上升，“不变”的是河南发展持续呈现向好的态势、保持平稳增长的基本态势和基本条件不会发生根本性改变；“变”的是河南正处在转变发展方式、优化经济结构、转换增长动力的攻关期，“不变”的是河南现代化建设的目标方向更加坚定。面对新的要求、新的机遇、新的挑战，河南必须把发展摆在更加突出的位置，始终牢记发展是第一要务，不断朝着现代化河南建设目标迈进。

（二）全力抓好第一要务，是适应区域经济竞争的客观需要

当前，世界正处于百年未有之大变局中，多边主义和自由贸易体制受到冲击，不稳定不确定因素大幅增加，发展面临的外部挑战明显增多；就国内看，新一轮区域竞争已经全面起势，全国经济重心进一步南移，河南处于南北交界之地，经济发展既有增长速度较快的南方特征，也有动力下降的北方特征，面临形势逼人的竞争。发展是改革开放取得成功的重要经验，发展程度是决定区域竞争力的“命门”“要穴”。面对白热化的竞争态势，河南要

全力抓好发展第一要务，增强发展的危机感、紧迫感、责任感和使命感，以加快发展、科学发展、创新发展为主攻方向，注重前瞻布局、超前发展，全面提升河南经济社会发展质效，在拉高标杆中争先进位，在加压奋进中开创新局，向着大而新、大而强、高又快、上台阶不断迈进。

（三）全力抓好第一要务，是应对风险挑战的内在要求

改革开放以来的经验充分证明，在改革开放进程中不断释放的发展能力，是对中国制度优势的最好诠释。在疫情和灾情的双重考验下，河南经济社会发展遇到了前所未有的严峻挑战。应对风险和挑战，解决发展中遇到的现实难题，还是需要依靠发展。在新的征程上，河南发展不平衡（城乡差距、区域差距较大，产业结构偏重偏粗偏低，供需不匹配等）、不充分（人均 GDP、城乡居民收入与全国平均水平差距较大，创新能力不强，发展质效不高）问题比较突出，不协调（资源能源生态保护、发展安全有差距等）、不适应（体制机制障碍多、治理能力不强等）问题依然严重，金融等领域的重大风险依然存在，这就要求河南牢牢把握第一要务不放松，始终坚持用发展应对风险挑战，只有这样河南才能在复杂多变的环境中勇往直前。

二　河南全力抓好第一要务需要把握好的四大问题

一是要坚持系统观念。创新、协调、绿色、开放、共享五大发展理念内在贯通、有机统一，抓好第一要务必须完整、准确、全面贯彻，统筹兼顾推进，用联系的、发展的、全面的观点来看待和解决问题，加强前瞻性思考、全局性谋划、战略性布局、整体性推进，在发展中寻求动态平衡，形成整体大于部分之和的系统效应。

二是要突出工作重点。没有重点就没有全局。要坚持两点论与重点论的统一，善于抓住主要矛盾和矛盾的主要方面，牵住“牛鼻子”，实行非均衡发展，以重点突破带动全局整体跃升。加快动能转换，大抓创新，推动传统产业改造升级、新兴产业重点培育、未来产业谋篇布局；坚持项目为王，从

项目切入、以项目推动、用项目支撑，不断催生调结构突破点、新动能生长点、稳增长关键点；努力壮大市场主体、创新主体，把工作聚焦到产业、企业、企业家、科学家培育上。近年来，全国区域竞争不断加剧，一些地区特别是中西部地区能从激烈的竞争中脱颖而出，很大程度上得益于其换道领跑战略的实施。未来要持续释放发展潜力，不断激发发展活力。

三是要保持战略定力。要统筹当前与长远，锁定目标，既要步步为营、久久为功，也应只争朝夕、倍道而进，以当前目标的完成为长远目标的实现创造条件；要切实敢打敢胜，临事而惧、好谋而成，在变压力为动力、化危为机中勇攀新高峰。

四是要尊重客观规律。用好实事求是这个制胜法宝，以清醒的头脑、科学的态度、务实的精神，登高望远、洞幽察微，善作善成、事半功倍；要敏锐感知趋势，紧跟国际科技发展前沿，洞察产业变革走向，不断深化对高质量发展阶段特征、演进趋势、内在规律的科学认识，准确识变应变求变；要善于抢抓机遇，在构建新发展格局这一机遇性、竞争性、重塑性变革中确保入局；要认清竞争形势，紧盯发展提质提速，加快向创新型、开放型、数字型、生态型发展转变。

三　河南全力抓好第一要务的重大举措

（一）扎实做好“六稳”“六保”工作，稳住经济基本盘

在水灾疫情双重影响下，河南比以往任何时候都需要做好“六稳”“六保”工作，以“六稳”“六保”推进复工复产达产，以“六稳”“六保”兜住民生底线，以“六稳”“六保”恢复正常经济社会秩序。一是聚焦重点领域着力扩大内需。应继续加快“两新一重”建设稳投资，以建设全国一流新型基础设施为发展方向，推动大数据中心、充电桩等建设；以建设韧性城市为目标，加快城市基础设施建设；以国家重大战略为导向，推动黄河流域生态保护等项目建设；应继续激发市场潜力促消费，加大补贴力度，通过发

放消费券、旅游优惠券等多种举措，直接刺激河南消费旅游市场；创新消费模式，鼓励支持河南发展网红消费、流量消费、夜消费等新型消费模式。二是聚焦重点人群着力保就业。多渠道促进高校毕业生就业，鼓励大学毕业生到基层就业，支持大学毕业生创新创业；切实抓好农民工和就业困难人员就业工作，鼓励农民工回乡创业、就业，对符合条件的就业困难人员进行政府托底安置。三是聚焦底线保民生。筑牢公共卫生服务体系，以新冠肺炎疫情防控为契机，全面摸清全省公共卫生基础设施底数，加快构建省市县公共卫生三级防控救治体系，全面提升公共卫生防控救治能力；筑牢社会保障体系，实现老有所养、幼有所教、病有所医、住有所居。四是聚焦企业困难保市场。要严格落实税费减免政策，切实减轻企业负担；要建立健全省市县三级联动风险补偿机制，积极推进普惠金融帮扶计划，切实解决企业融资难问题；要积极开展“万人助万企”活动，聚焦企业发展重点难点堵点痛点问题，帮助企业解决实际问题，提振企业发展信心。五是聚焦粮食能源保安全。要压紧压实粮食生产目标任务，全面提升粮食安全生产保障能力；要继续拓展清洁能源入豫通道，优化能源配置体系，确保能源运行整体平稳。六是聚焦关键环节保产业链供应链稳定。要积极主动融入新发展格局，建立产业链供应链协同机制，健全“链长制”，打通链条堵点，连接链条断点，确保产业链供应链协同联动发展。七是聚焦收支管理保运转。要进一步强化政府过“紧日子”思想，盘活和使用好存量资金，配置好增量资金，扎实做好开源节流工作。

（二）牢固树立“项目为王”导向，跑出发展加速度

项目是发展的重要载体，项目是转型的推动力量，项目也是河南高质量发展的重要支撑。河南全力抓好第一要务，推动高质量发展，就是要牢固树立“项目为王”理念，把项目工作摆在突出位置。一是要强化项目谋划。河南应始终把项目谋划放在重要位置，围绕黄河流域生态保护和高质量发展、粮食安全、乡村振兴等国家战略需求谋划一批重大项目，立足创新研发、产业发展、基础设施、民生保障等河南发展关键领域谋划一批重点项

目，聚焦未来发展方向谋划一批“双碳”“高精特新”等项目，实现以重大项目拉动河南高效率投资，以项目推动河南经济社会高质量发展。二是要强化“三个一批”。“三个一批”就是要聚焦签约、开工、投产三大关键环节，强化项目全生命周期管理，构建由一把手负责的项目长效推进机制，推动“签约一批”项目尽早落地、“开工一批”项目加快建设、“投产一批”项目加快建成，确保项目“接力跑”、投资“不断档”。三是要强化项目管理。坚持跟踪服务，及时了解项目签约、开工、投产情况，协调解决存在的问题，确保每个项目顺利推进；坚持全链条服务，全面推行“承诺制 + 标准地”改革，持续探索混合产业用地供给，积极推行亩产论英雄评价标准，加强用地保障；积极拓宽融资渠道，创新融资方式，如发行专项债、建立政府发展基金等，简化授信审批程序，进一步破解融资难问题。

（三）持续优化营商环境，激发市场主体潜能活力

营商环境是区域经济软实力的重要体现，优化营商环境是提高国际竞争力的重要内容，也是高质量发展的关键一环。河南全力抓好第一要务，就是要努力打造一流营商环境，让企业更具获得感，让市场主体作用进一步凸显。一是持续完善“三大机制”，努力形成组织合力。建立完善联席会议制度，加快建立河南优化营商环境领导小组，支持发改、财政、金融、工信、商务、土地、税务等部门建立联席会议制度，定期召开工作会议，共同研究确定新形势下优化营商环境的方向、目标、任务、重点等；建立完善政策协调机制，要注重加强政策的系统性、协调性，加快开展全省范围内优化营商环境相关措施的梳理汇总工作，摸清各部门、各领域、各条线的具体情况；建立正确评价机制，在借鉴世界银行和国家发改委营商环境评价 18 项基本指标基础上，结合河南改革探索实践，建立具有河南特色的“18 + N”营商环境评价指标体系，形成量化评分标准，全面提升评估的科学性和针对性。二是持续深化“三项改革”，着力打造便利化的营商环境。持续深化政务服务改革，围绕“一件事一次办”开展服务流程再造，全面优化服务流程；围绕“一趋势”继续深化完善一体化信息管理服务平台中的政务服务功能；

围绕“一目标”提高服务标准水平，实现政务服务精准化、便捷化；围绕“一方向”提升企业获得感和满意度。持续深化“放管服”改革，进一步压缩企业开办时间，探索推行“容缺后补”机制；进一步减税降费，按照国家和河南省各项减税降费政策，积极做好宣传和辅导，确保河南纳税人应享尽享政策优惠。持续深化各项制度改革，进一步推动金融制度改革，围绕设立中小微企业融资担保基金、重点产业投资基金、企业纾困基金等多种基金，破解企业融资难问题；进一步推动政府招标制度改革，借鉴国际经验，持续完善政府采购信息公开机制，规范和优化招投标过程及标后管理、异议处理、合同履约等环节的监督管理制度。三是持续打造“三个体系”，着力打造法治化的营商环境。持续打造公平竞争市场体系，全面实施以负面清单管理模式为核心的内外投资管理制度，严格落实实施“一张清单”管理模式和统一代码体系，并根据河南需求，不断调整指导目录，持续放宽市场准入标准，做到“一单尽列，单外无单”；持续打造完备健全的法律法规体系，进一步加强法治保障，对实践证明行之有效、市场主体支持的相关法律法规加以强化，对滞后于河南改革要求、有悖于营商环境优化的相关法律法规予以修改完善，做到应改尽改，应废尽废。持续打造服务型政府，依托“万人助万企”活动，树立“企业至上”理念，切实做到为企业服务，让企业有依靠。四是持续强化“三大服务”，着力打造国际化的营商环境。强化跨境贸易服务，按照国际通行的投资贸易规则，加快制定具有河南特色的跨境贸易服务负面清单，进一步提升国际化水平。强化国际人才服务，加快建立更有利于外籍人才来豫工作的政策体系，通过试行电子签证，进一步提升外籍人才出入境和停居留便利程度。加快营造有利于海内外优秀人才创新创业的环境，吸引更多海外留学生带项目、带资金、带团队来豫。强化国际法律服务，加快建立国家商事纠纷仲裁组织，实现涉外商事纠纷“诉讼、调解、仲裁”一站式服务，全面提升河南涉外法律服务水平。

（四）全面实施换道领跑战略，重塑产业竞争新优势

近年来，全国区域竞争不断加剧，一些地区特别是中西部地区能从激烈

的竞争中脱颖而出，很大程度上得益于其换道领跑战略的实施。比如安徽发力“芯屏器合”与新能源汽车，贵州致力于发展大数据产业等，都取得了明显成效。面对全球科技创新进入高度密集活跃期、加速迭代期、全面突破期，河南绝不能“守株待兔”，应集中优势资源、集聚各方力量，主动出击，抢占制高点。一是在未来产业上前瞻布局。我国“十四五”规划纲要明确提出要在类脑智能、量子信息、基因技术、未来网络、深海空天开发、氢能与储能等前沿科技和产业变革领域，组织实施未来产业孵化与加速计划。河南应对上述产业做全图谱式分析研究，结合河南有条件、有基础、能突破的方向进行布局，构建河南的未来产业体系，为河南今后30年产业发展夯基垒台。二是在新兴产业上抢滩占先。战略性新兴产业是一个地区发展的基础和支撑。与东部沿海地区相比，河南战略性新兴产业发展基础仍较弱。这就要求河南加快推动战略性新兴产业发展，力争在竞争中抢滩占先。加快研究编制重点新兴产业供应链全景图，深入梳理各产业国内外领军企业、代表产品、核心技术、重点团队等，加大培育引进力度，发展壮大千亿级新兴产业集群。三是在传统产业上高位嫁接。河南是传统产业大省，2020年全省传统产业增加值占规模以上工业增加值比重为46.2%，如何推动传统产业转型升级，实现高位嫁接是河南面临的最大难题。要深入推进高端化、智能化、绿色化、服务化改造，与前沿技术、跨界创新、颠覆模式对接链接，加快实现涅槃重生。要与国家产业发展目标相衔接，在“双碳”目标下推动推动传统产业转型升级，如推动传统煤炭产业在“双碳”目标指引下进行转型升级，通过变革煤炭开采方式向绿色智能时代迈进，通过创新煤炭利用方式，将煤转化为碳基新材料，使煤炭焕发新的生机和活力。

（五）加快推动创新驱动发展，全力建设国家创新高地

习近平总书记指出，“科学技术从来没有像今天这样深刻影响着国家前途命运，从来没有像今天这样深刻影响着人民生活福祉”。作为创新能力相对不足的省份，河南迫切需要创新、依赖创新，把创新摆在发展的逻辑起点、现代化建设的核心位置，全力建设国家创新高地。一是全面重构

实验室体系。实验室是“国之重器”，承担着原始创新和关键核心技术攻关任务，是对接国家科技战略的重要载体。这就要求河南加快构建符合河南实际的实验室体系，以高水平实验室体系建设全面推动河南原始创新能力提升。完善全省实验室梯度培育机制，加快构建由“国家实验室、国家重点实验室、省实验室、省级重点实验室”等组成的新型实验室体系，全面提升基础研究和应用基础研究能力。加快河南省重点实验室项目建设，围绕重大国家战略需求，聚焦国家粮食安全和乡村振兴两大任务，立足区域高质量发展、产业转型升级技术需求，支持构建黄河实验室、农业供给安全实验室、嵩山实验室。二是全面提升高校和科研院所创新源头供给能力。高校和科研院所是推动原始创新的动力源，是对接国家重大战略的主要载体。面对更加强调原始性、前瞻性、引领性创新的新发展阶段，河南应充分发挥高校、科研院所创新资源和创新人才聚集的优势，通过科学的顶层设计与资源配置，推动各类创新要素深入融合，使高校院所成为原始创新的策源地。增强高校创新能力，支持高水平研究型大学建设，鼓励高校强化同国家战略目标、战略任务的对接，优化学科布局和研发布局，加强基础前沿探索和关键技术突破，打造基础研究的主力军和重大科技突破的生力军。提升科研院所发展水平，加快科研机构资源整合和治理模式转型，推进科研院所分类改革、分类管理、分类考核，引导院所建立健全现代科研院所制度。三是全面深化科技创新体制机制改革。发挥好郑洛新自创区试验田作用，加大先行先试力度；探索建立重大创新需求与财政投入保障衔接机制，持续加大财政科技投入，促进全社会研发投入水平提升；实行“揭榜挂帅”、“赛马制”、PI 制等新兴科研组织方式，落实以增加知识价值为导向的收入分配制度，为创新创业者提供优质的竞技场。四是全面打造一流创新生态。创新生态是以企业为主体，以政府为引导，大学、研发机构、金融、中介服务机构互相支撑、协同创新、共生演进的复杂网络系统，是创新活动赖以存续的“阳光”“空气”“水分”。应组织专业力量对河南省创新生态进行全面评估、全面架构、全面打造，加快形成一流的创新链条、创新平台、创新制度、创新文化，推动政、产、学、研、用主体贯通，人才、金融、土地、数据要素汇聚，让创新活力充分涌流、创业潜力有效激发，创造动力竞相迸发。

参考文献

谷建全：《全力抓好第一要务　奋力谱写中原更加出彩绚丽篇章》，《河南日报》2021 年 8 月 18 日。

《中华人民共和国国民经济和社会发展第十四个五年规划和二〇三五年远景目标纲要》，https：//m. thepaper. cn/baijiahao_ 11693278。

林光彬：《必须坚持以发展为第一要务》，《人民日报》2019 年 1 月 29 日。

思力：《新时代为什么仍然强调“发展是第一要务”》，求是网，2020 年 1 月 21 日。

B.13
河南实现“两个确保”的战略思考

李　斌*

摘　要：本文对实现“两个确保”的重大意义、现实基础和短板挑战进行了研究，在此基础上，对河南如何落实“两个确保”提出了对策建议。研究表明：“两个确保”谋划了现代化河南的宏伟蓝图，明确了现代化河南的奋斗目标，是全面建设现代化河南的总纲领。河南战略叠加效应凸显，比较优势突出，产业体系完整，市场空间巨大，实现“两个确保”奋斗目标具有坚实的基础。同时，由于人均发展水平低，结构调整任务重，创新发展能力弱，区域发展不均衡等，河南实现“两个确保”面临诸多挑战。鉴于此，河南应围绕推动高质量发展、服务国家大局、着力改善民生、激发开放创新活力等领域，着力发挥优势，补齐发展短板，推动“两个确保”战略部署全面落地，促进“两个确保”战略目标顺利实现。

关键词：两个确保　高质量发展　现代化建设

2021 年 9 月河南省委省政府在科学把握现代化发展规律和目标任务的基础上，提出了“两个确保”（确保高质量建设现代化河南，确保高水平实现现代化河南）的奋斗目标。“两个确保”把握时代大势，着眼发展大局，立足河南实际，谋划未来发展，是我国现代化建设“两步走”战略安排在河南的实

* 李斌，博士，河南省社会科学院经济研究所助理研究员，主要研究方向为区域经济。

践，是落实习总书记对河南“奋勇争先、更加出彩”的殷殷嘱托的具体行动，是开启全面建设现代化河南新征程的总目标和总纲领。在此背景下，围绕“两个确保”的重大意义、现实基础和短板挑战进行分析，并就河南如何落实“两个确保”战略部署提出对策建议，对于全面理解“两个确保”时代内涵、科学推进“两个确保”部署落地，具有重要的理论和实践价值。

一　“两个确保”的重大意义

（一）“两个确保”描绘了建设现代化河南的新蓝图

随着全面建成小康社会伟大目标的实现，河南到了可以大有作为的关键阶段，可以更有底气、更有勇气、更有锐气确立更高目标、实现更大突破。“两个确保”以新发展阶段、新发展理念、新发展格局为战略指引，基于对新发展阶段量变与质变的内在逻辑的深刻把握，坚持在经济社会发展全过程和各领域全面贯彻新发展理念，抓住主动服务并深度融入新发展格局的战略机遇，明确提出以经济实力、科技实力、综合实力大幅跃升为标志推动现代化河南建设的新要求，确定了规模、总量、质量、效益相统一的发展目标。以“十大战略”为引领，明确了社会、经济、文化、生态等领域高质量建设现代化的具体路径，体现了“高”和“新”的时代内涵，统筹了“高”和“新”的目标要求，为我们擘画了现代化强省建设的新蓝图。

（二）“两个确保”赋予了建设现代化河南的新使命

当前，河南已经进入新发展阶段，开启了现代化建设新征程，走到了由大到强、实现更大发展的重要关口，站上了可以大有作为、为全国大局做更大贡献的新起点。在这一历史方位下，“两个确保”站位服务全国发展大局，抓住我国的社会主义现代化是“人口规模巨大的现代化”这一基本特征，把河南放在全国大局中来谋划，放在实现“两个一百年”奋斗目标和实现中华民族伟大复兴中国梦中来定位，主动抬高坐标、提升目标，在更高的起点上使河南在服务全国现代化建设大局中肩负新使命，展示新担当。“中国梦归根到底是人民的梦”，拥有近1亿人民的河南能够高质量建设现代化，高水平建成现代化，就会有力支撑和促进我国全面建成社会主义现代化强国的历史进程，进而在现代化强国建设的历史进程中做出河南的独特贡献。

（三）“两个确保”明确了建设现代化河南的着力点

“两个确保”立足河南人口多、底子薄、基础弱、人均水平低、发展不平衡的基本省情，锚定不平衡、不充分、不协调、不适应等突出问题，从国情省情出发，顺应发展大势，从着力解决方向性、根本性、全局性问题入手，对河南今后一个时期的发展进行系统谋篇布局，使河南的发展思路更加清晰，发展抓手更加明确。在战略谋划上，“两个确保”明确提出了实施“十大战略”，围绕扬优势、补短板、释潜能、激活力的关键领域，把准战略方向、突出战略重点、明晰战略路径，通过实施一大批变革性、牵引性、标志性举措来育先机、开新局。其中创新驱动、换道领跑等引领性战略，指明了未来河南现代化建设的动力和方向；优势再造、实施数字化转型、文旅文创融合、新型城镇化、乡村振兴、绿色低碳转型等支撑性战略，进一步明晰了全面建设现代化河南的战略重点和战略路径；制度型开放、全面深化改革等保障性战略，通过优化制度供给，为建设现代化河南提供了坚实的制度保障。在推进方法上，“两个确保”明确提出要坚持系统观念，在现代化建设的多重任务、多重约束中寻求动态平衡，形成整体大于部分之和的系统效应。突出工作重点，坚持两点论与重点论的统一，实行非均衡发展，以重点突破带动全局整体跃升。保持战略定力，坚持结果导向，统筹当前和长远，锁定目标，久久为功。尊重客观规律，紧盯发展前沿，洞察变革走向，在准确识变应变求变中高质量建设社会主义现代化河南。

（四）“两个确保”增强了建设现代化河南的凝聚力

“两个确保”在对河南过往实践进行系统总结的基础上，提出了建设现代化河南的总纲领，无论从物质基础看还是从民心基础看，都具有切实可行性，极大地增强了全面建设现代化河南的凝聚力。从物质基础看，河南不仅是全国重要的工业大省、农业大省和有影响力的文化大省，更是正在加速崛起的经济大省、内陆开放大省；河南产业基础雄厚，实现“两个确保”具备强大实力；河南国家战略叠加，实现“两个确保”具备重大发展势能；河南开放优势凸显，实现“两个确保”具备强劲发展动能。从民心基础看，“两个确保”紧紧围绕“发展为了人民，发展依靠人民，发展成果惠及全体人民”的核心理念，把符合人民根本利益作为发展的价值标准，把人民对美好生活的向往作为奋斗目标，前瞻性谋划、系统化布局，坚定不移地增进民生福祉，顺应了亿万中原儿女过上美好生活的热切期盼。人民是历史的创造者，是真正的英雄，“两个确保”有利于全省上下统一思想、振奋精神，凝聚亿万中原儿女建设现代化河南的磅礴伟力。

二　“两个确保”的现实基础

（一）战略叠加效应凸显

改革开放以来，粮食生产核心区、中原经济区、郑州航空港经济综合实验区、郑洛新国家自主创新示范区、河南自贸区、中国（郑州）跨境电子商务综合试验区、中原城市群等十余项国家级战略密集落地河南，为河南高质量发展带来了前所未有的改革、创新、开放等综合红利，为中原更加出彩提供了强有力的支撑。当前，河南正处于战略叠加的机遇期，要乘势加快发展、为全国大局做出更大贡献。进入新发展阶段，河南大地又迎来了构建新发展格局、促进中部地区崛起、黄河流域生态保护和高质量发展等三大国家战略，“国字号”战略方阵被赋予更加丰富的时代内涵，彰显着河南在新发展格局中肩负的无可替代的历史使命与国家责任。可以说，每一个“国字号”战略都寄托着国家层面对中原崛起的鼎力支持，也是河南在新时期实现高质量发展、服务全国发展大局的重要着力点，为河南“两个确保”提供了宝贵的历史机遇和强劲动能。

（二）比较优势突出

近年来，面对复杂的国际国内经济形势，河南一直紧跟时代步伐，坚持“敢”字当头，在改革开放中不断巩固传统优势，如区位交通优越、市场规模大、劳动资源丰富等，加强培育新优势，如打造良好的经济基础、产业基础，不断增强综合竞争优势。与沿海地区相比，河南作为中部省份，外贸短板一直是经济社会发展的瓶颈，但随着一大批国家战略和重大项目纷纷落地，河南打通了陆上、空中、网上、海上“四条丝路”，“米”字形高铁网加快形成，枢纽能级优势持续提升，创新引领作用不断增强，多式联运能力大幅提升，开放型经济发展呈现良好态势，成为新时代中部地区崛起的新亮点。2020 年河南进出口总值 6654.8 亿元，保持中部第 1 位，进出口增速高于全国整体增速 14.5 个百分点，居全国第 3 位。据郑州海关统计，2020 年郑州海关共验放跨境电商进出口清单 2.43 亿单，货值 306 亿元，比上年分别增长 91.5% 和 89.4%，实现跨越式增长。2020 年，郑州机场旅客吞吐量 2140.7 万人次、居全国第 11 位；货邮吞吐量 64 万吨，增长 22.5%，居全国大型机场首位，货运规模进入全国六强。截至 2020 年 12 月 31 日，中欧班列（郑州）全年累计开行 1126 班，增长 13%，货值、货重分别增长 27%、31%，在全国 63 个中欧班列开行城市中，郑州市场化程度、可持续发展能力保持领先，综合运营能力处于全国“第一方阵”。可以看出，河南虽然地处中原腹地，却将得天独厚的传统优势转化为强劲有力的后发赶超优势，比较优势越发凸显，为河南实现“两个确保”创造了条件、赢得了主动。

（三）产业体系完整

当前，河南省实体经济基础扎实，工业门类齐全、体系完整，产业配套能力强，自 2004 年以来经济总量连续 17 年居全国第五位，拥有 41 个工业行业大类中的40个、207个种类中的199个，工业增加值稳居全国前列，制造业增加值占规模以上工业增加值比重超过85%，具有明显的产业基础优势。2020年河南粮食、化工、煤炭等传统产业增加值占规模以上工业增加值比重为46.2%，改造升级空间很大，如果与前沿技术、跨界创新、颠覆模式实现对接，未来前景不可限量。另外，河南已经拥有装备制造业、食品工业2个万亿级产业集群和电子信息、生物医药、现代轻纺、现代化工等19个千亿级特色优势产业集群，战略性新兴产业增加值占全部工业增加值比重已达22.4%，人工智能、数字经济等蓬勃发展，产业结构实现由“二三一”到“三二一”的历史性转变。对于河南而言，构建现代化产业体系，是关乎河南开启建设现代化强省新征程、服务全国发展大局的战略任务，如何紧抓战略机遇将产业基础优势转化为有效供给优势、挺起产业高质量发展的“脊梁”是当务之急。面对新发展格局，河南必须充分认识产业和技术发展趋势，不断增强高端产业和新兴产业的引领性、成长性和坚韧性，着力壮大新增长点、形成发展新动能，为河南实现“两个确保”提供强大的实力保障。

（四）市场空间巨大

根据第七次全国人口普查的数据，河南省常住人口9937万人，位列全国第三，近10年来人口增加534万人，增长规模位居全国第五；其中郑州常住人口超过1260万人，跃居中部地区城市第一位；全省社会消费品零售总额近2.3万亿元，居全国第五位。除此之外，河南未来五年还将面临每年约150万人的城镇化进程、2万多亿元的社会消费水平，消费升级需求也日趋明显，对各类技术、产品、服务的需求空间广阔，蕴藏着无限市场需求和消费潜力。党的十九届五中全会提出，“形成强大国内市场，构建新发展格局。坚持扩大内需这个战略基点，加快培育完整内需体系”。可以说，对于河南而言，只有大力实施扩大内需战略，全面融入新发展格局，才能使人口红利和市场规模等传统优势潜能进一步释放，使现有的广阔市场空间转化为超大规模市场优势和内需潜力，为河南实现“两个确保”发挥重要支撑作用。

三 实现“两个确保”存在的短板与挑战

（一）人均发展水平低

作为发展中的内陆大省，河南与沿海地区相比经济规模和发展质量还存在一定差距，特别是人均经济指标普遍低于全国平均水平，是实现“两个确保”的突出短板。一是人均 GDP 低。2020 年，全省人均 GDP 为 5.5 万元，居全国第 17 位、中部地区第 5 位，仅相当于全国平均水平的 76.9%，北京和上海的 1/3 左右，江苏、福建和浙江的一半左右，广东的 2/3 左右，湖北、内蒙古和山东的 3/4 左右。二是人均一般公共预算收入低。2020 年，全省人均一般公共预算收入为 4182 元，仅相当于广东、江苏、浙江的四成左右，山东的 2/3 左右。三是居民人均收入低。2020 年，全省居民人均可支配收入 24810 元，仅相当于全国平均水平的 77.1%，居全国第 24 位、中部第 6 位。因此，要实现“两个确保”，必须努力保持一定的追赶速度，加快缩小与全国平均水平和先进省份的差距。

（二）结构调整任务重

作为农业大省、人口大省和传统产业大省，河南发展不平衡不充分问题更加凸显，经济转型升级任务繁重，是实现“两个确保”的突出制约。一是城乡结构不优。2020 年，全省城镇化率仅为 55.43%，比全国低 8.46 个百分点，仍有 4428.7 万人居住在农村，城镇居民人均可支配收入和人均消费支出分别是农村的 2.16 倍和 1.69 倍。二是产业结构不优。农业大而不强、工业全而不优、服务业不大不强不优，尽管近年来河南省加快传统产业改造和新兴产业培育，但 2020 年规模以上工业增加值中战略性新兴产业、高技术制造业占比仅为 22.4%、11.1%，传统产业和高耗能产业占比分别为 46.2%、35.8%，传统产业比重仍然较大，新兴产业支撑明显不足，新经济新业态新模式发展相对滞后。三是质量效益不优。发展含金量不高，

2020 年，全省一般公共预算收入占地区生产总值比例为 7.56%，全国排名靠后，工业增加值尽管仍居全国第 5 位，但规模以上工业企业营业收入和利润总额由 2016 年均居全国第 4 位，分别下降到 2020 年的第 6 位、第 8 位。

（三）创新发展能力弱

作为发展的逻辑起点、现代化建设全局的核心，创新也是河南实现“两个确保”的核心支撑。当前区域竞争呈现不进则退、慢进亦退、不创新必退的特点，而河南创新驱动力不足的问题日益凸显，成为实现“两个确保”的关键制约。一是研发投入水平低。2019 年，全省研发投入 793 亿元，列全国第 9 位，仅为广东的 25.6%；研发投入强度为 1.46%，居全国第 18 位、中部第 5 位，仅相当于全国平均水平的 65.5%；一般公共预算支出中科学技术支出占比 2.1%，在经济总量排名前 10 位的省市中居第 9 位。二是创新成果少。2019 年，全省发明专利授权量6991 件，居全国第 14 位、中部地区第 4 位。三是创新主体不足。2019 年，全省高新技术企业 4749 家，排名全国第 16 位，不仅远远低于沿海地区，不到广东的1/10，而且在中部六省中排名第 5 位，仅为湖北的 62%。“两院院士”、国家杰出青年科学基金获得者数量分别仅占全国总数的 1.4%、0.03%。四是创新平台不强。河南省没有“985”高校，“国字号”的创新平台数量少，国家重点实验室、国家工程技术研究中心占全国总数的比重均低于 3%。五是创新生态不优。创新创业氛围不浓厚，创新型企业和企业家数量少，技术市场交易发展缓慢，2019 年全省技术市场成交合同金额在经济总量排名前 10 位的省市中仅居第 9 位。

（四）区域发展不均衡

当前，河南区域发展总体不均衡，市域、县域经济发展能级普遍不高，制约着“两个确保”的基本盘。在市域发展上，2020 年，除郑州外仅有洛阳地区生产总值超 5000 亿元，鹤壁、济源示范区地区生产总值不到千亿元，而江苏有 9 座城市地区生产总值超 5000 亿元；人均 GDP 5 万元以下的城市，河南有 10 个，比湖北、江西分别多 6 个，比安徽多 4 个；人均 GDP 5 万 ~

10万元的城市，河南比湖北少3个；河南目前还没有人均GDP 10万元以上的城市，而湖北、安徽分别有2个，湖南有1个；第七次全国人口普查结果显示，郑州常住人口10年间增量最大，达397.4万人，新乡、洛阳常住人口增量超50万人，而鹤壁、焦作、漯河、三门峡、驻马店、南阳人口负增长，特别是南阳减少55万人。在县域发展上，根据2021年赛迪发布的百强县名单，河南有7个，与湖北并列第4位，但缺乏GDP超千亿的头部县域，而江苏、浙江分别有16个、9个，湖南、江西也各有3个、1个。2019年，一般公共预算收入超过20亿元的县（市）只有22个，其中超过50亿元的只有3个，而10亿元以下的多达33个。

四　实现“两个确保”的对策建议

（一）聚焦高质量发展，把准“两个确保”的发展方向

推动高质量发展契合经济发展客观规律，是中国特色社会主义进入新时代的客观必然，做好高质量发展的时代答卷是河南实现“两个确保”的应有之义。站在新起点，应进一步聚焦高质量发展，把握“两个确保”的发展方向。一是加快建设现代产业体系，夯实“两个确保”的产业基础。坚持优化存量和扩大增量并重、发展先进制造业和壮大现代服务业并举，以产业集聚区和服务业“两区”为依托，以“百千万亿”级优势产业集群培育工程等为抓手，着力发展壮大高成长性制造业，积极改造提升传统支柱产业，重点培育战略性新兴产业，挺起产业高质量发展的“脊梁”，推动战略性新兴产业和数字经济发展，瞄准未来产业发展趋势，超前谋划未来产业，为实现“两个确保”提供产业保障。二是加快构建动能转换体系，集聚“两个确保”的发展动能。聚焦平台支撑、龙头带动、要素链接，凝练一流选题、搭建一流平台、引进一流团队、培育一流人才、出好一流成果，形成多层次网络化创新体系，依托优势领域，主动争取承担国家“卡脖子”核心技术攻关，促进产业链创新链有机融合和全面贯通，提升创新体系整体效

能，形成全国重要的科技创新策源地和产业创新应用场，打造全国创新高地，助力新旧动能顺利转换。三是加快构建基础设施体系，为实现“两个确保”提供强力支撑。围绕大通道、大枢纽、大生态和新基建“三大一新”，坚持适度超前、整体优化、协同融合，打造系统完备、高效实用、智能绿色、安全可靠的现代化基础设施体系，推进基础设施资源共享、空间共用、互联互通、协同高效，为河南实现“两个确保”提供有力支撑。

（二）主动服务发展大局，提升“两个确保”的发展势能

顾大局者成大事。主动服务发展大局，推动区域优势与国家战略同频共振是河南实现“两个确保”的核心要义。实现“两个确保”，需将发展方向放在“两个大局”中去考量，把发展重点放在国家重大战略中去谋划，找准结合点、锚定突破点、抓牢关键点，在乘势借势、谋势蓄势、展现河南担当、服务全国大局中，实现全局与一域的双赢。一是在乡村振兴上走在前列，在扛稳粮食安全重任中展现河南担当。把实施乡村振兴战略作为巩固河南基础能力、基础地位的重头戏，把产业振兴作为解决农村一切问题的根本前提，以工业化理念、产业化思路和全产业链模式谋划农业发展，重点打好“特色”牌、念好“高效”经，坚持“粮头食尾”“农头工尾”“三链同构”，促进农业质量效益迈上新台阶，推动形成新型工农城乡关系，成为新发展阶段乡村振兴大舞台上的标杆，在扛稳国家粮食安全重任中展现河南担当。二是在黄河流域生态保护和高质量发展中勇担当，扛起“让黄河成为造福人民的幸福河”的政治责任。把积极融入黄河流域生态保护和高质量发展战略作为河南实现“两个确保”的大机遇，高起点谋划实施黄河流域生态保护、防洪减灾、水资源高效利用等重大工程，统筹推进山水林田湖草沙系统治理，打造黄河流域乃至全国重要的生态屏障，扛稳扛牢保护黄河的重大政治责任。三是在落实促进中部地区崛起战略中勇作为，在融入双循环新发展格局中发挥更大作用。将实施开放带动战略作为河南促进中部崛起、融入双循环新发展格局的突破口，提升“四路协同”“五区联动”水平，做强做优国内大循环战略枢纽，做大做实国内国际双循环战略链接，在服务构建新发展格局中提升河南“两个确保”发展势能。

（三）始终坚持人民至上，擦亮“两个确保”的民生底色

始终坚持人民至上，使依靠人民与造福人民有机统一是河南实现“两个确保”的根本目的。要坚持尽力而为、量力而行，更加注重普惠性、基础性、兜底性民生建设，扎实推动共同富裕，让人民群众的获得感成色更足、幸福感更可持续、安全感更有保障，加快建设幸福美好家园，擦亮“两个确保”的民生底色。一是强化就业优先政策。坚持稳存量、扩容量、提质量，健全就业促进机制，千方百计稳定和增加就业岗位，加大重点群体就业扶持力度，健全就业公共服务体系，更大力度缓解结构性就业矛盾，实现更加充分更高质量的就业，不断提升实现“两个确保”进程中群众的获得感。二是全面提升人力资本素质。大力发展更为优质均衡的基础教育，缩小城乡、区域、校际差距，促进教育公平，提升高等教育质量，完善职业教育体系，加快推进教育现代化，为实现“两个确保”提供高质量人才支撑。三是健全多层次社会保障体系。坚持守住底线、突出重点、完善制度、引导预期，完善社会保险制度，健全社会救助和社会福利制度，健全覆盖全民、统筹城乡、公平统一、可持续的多层次社会保障体系。四是提速提质建设健康中原。树立大卫生、大健康理念，深入实施健康中原行动，完善健康促进政策，构建强大公共卫生体系，全面提升医疗服务能力，深化医药卫生体制改革，在实现“两个确保”过程中，全方位全周期保障人民健康。五是促进人口均衡发展。增强生育政策包容性，提高优生优育服务水平，发展普惠托育服务体系，完善养老服务体系，促进人口长期均衡发展，在实现“两个确保”过程中进一步释放人口红利。

（四）改革开放创新联动，激发“两个确保”的活力动力

站在新起点，坚持改革开放创新“三力联动”，以体制机制创新激发市场和社会活力，以科技创新引领产业结构优化升级，以扩大开放为契机蓄积发展势能，充分激发河南“两个确保”的活力动力。一是坚持改革是推动河南实现“两个确保”的关键一招。扛牢地方抓改革的政治责任，聚焦已

定改革事项落实、聚焦问题导向定题、聚焦配套机制完善、聚焦改革红利释放，着力推动供给侧结构性改革、国企改革、“放管服效”等关键领域改革不断取得新突破，持续优化营商环境，加快社会信用体系建设，推动科技、金融、医药卫生、生态文明、税收征管、价格、公共资源交易等领域改革取得新进展。二是坚持创新是推动河南实现“两个确保”的第一动力。以建设郑洛新国家自创区为引领，以培育创新主体为关键，以集聚创新要素为支撑，以优化创新生态为根本，突出一流选题、一流平台、一流团队、一流人才、一流成果“五个一流”，推动产业链、创新链、要素链、制度链、供应链等“五链融合”，贯通政、产、学、研、金、服等“六大节点”，整合人才、平台、资金、土地、数据各要素，推动产学研用深度融合，推动科技成果快速转化，不断激发创新作为推动河南实现“两个确保”的第一动力。三是坚持开放是河南实现“两个确保”的必由之路。坚持内外联动、量质并重、全域统筹，提高河南在高质量推动“一带一路”建设的参与度、链接度和影响力，发展壮大开放型经济，加快推动现代开放体系建设，打造高水平开放平台，在不断推动更高水平对外开放过程中，进一步盘活资源、补齐短板、激发潜力，带动创新、推动改革、促进发展，以开放带动战略助力河南实现“两个确保”。

参考文献

河南省人民政府：《河南省国民经济和社会发展第十四个五年规划和二〇三五年远景目标纲要》，https：//www. henan. gov. cn/2021/04 – 13/2124914. html。

尹弘：《政府工作报告——二〇二一年一月十八日在河南省第十三届人民代表大会第四次会议上》，https：//www. henan. gov. cn/2021/01 – 25/2084704. html。

河南省发展改革委：《牢记嘱托　担当使命　向着“两个确保”奋进》，《河南日报》（理论版）2021 年 9 月 8 日。

河南日报评论员：《锚定“两个确保”实施“十大战略”——省委工作会议精神提要》，《河南日报》2021 年 9 月 8 日。

B.14

以“十大战略”推动河南在新时代中部地区高质量发展中奋勇争先

李晓沛　张 中*

摘　要： 中部地区在全国区域发展格局中具有举足轻重的战略地位，河南省在中部地区崛起中具有龙头带动作用。为加快推动河南在中部地区高质量发展中奋勇争先更加出彩，河南省委工作会明确提出“确保高质量建设现代化河南、确保高水平实现现代化河南”的奋斗目标，并围绕破解高质量高水平建设现代化河南存在的短板和瓶颈，提出全面实施创新驱动、科教兴省、人才强省战略，优势再造战略，数字化转型战略，换道领跑战略，文旅文创融合战略，以人为核心的新型城镇化战略，乡村振兴战略，绿色低碳转型战略，制度型开放战略，全面深化改革战略等“十大战略”。本文提出实施“十大战略”是河南省顺应经济发展阶段性规律、在高质量发展中促进共同富裕的战略路径；同时围绕“十大战略”在新发展格局构建中的战略导向和发展方向，探索性提出推动“十大战略”更高质量、更可持续发展的新举措、新路径和新机制。

关键词： 十大战略　高质量发展　现代化建设

---

* 李晓沛，河南省项目推进中心高级经济师，主要研究方向为产业经济；张中，河南省项目推进中心经济师，主要研究方向为区域经济。

2021年7月22日，中共中央国务院发布《关于新时代推动中部地区高质量发展的意见》，指出推动中部地区加快崛起，使中部地区在全面建设社会主义现代化国家新征程中做出更大贡献。河南省经济总量、制造业规模、人口总量长期稳居中部省份首位，具备推动中部地区崛起的示范引领作用。为实现在中部地区高质量发展中“奋勇争先、更加出彩”，2021年9月7日召开的河南省委工作会议提出，河南要充分发挥特色优势，全力实施创新驱动、科教兴省、人才强省战略，优势再造战略，数字化转型战略，换道领跑战略，文旅文创融合战略，以人为核心的新型城镇化战略，乡村振兴战略，绿色低碳转型战略，制度型开放战略，全面深化改革战略等“十大战略”，持续探索更高质量更可持续发展的新举措、新路径和新机制，更好地适应新发展格局构建趋势，提升在全国经济发展大局中的位势，形成在中部地区崛起中的发展胜势。

一　实施“十大战略”是河南省顺应经济发展阶段性规律，在高质量发展中促进共同富裕的战略路径

“十大战略”顺应河南经济发展阶段性规律，围绕解决制约现代化河南建设的短板问题，提出河南省在“十四五”时期乃至更长时期的总体思路、战略重点和工作着力点，是事关全省长远发展的重大战略决策。

（一）实施“十大战略”符合建设社会主义现代化河南的核心要义

河南省委工作会议针对新形势新任务及新的历史背景下河南省的基本省情，做出了全面推进社会主义现代化河南建设的重要部署。社会主义现代化可以归纳为物质、政治、精神、社会、生态“五大文明”的全面提升，综合实力和影响力领先，治理体系和治理能力现代化，碳中和取得实质性进展，全体人民共同富裕基本实现。围绕现代化发展要求，《河南省国民经济和社会发展第十四个五年规划和二〇三五年远景目标纲要》提出，到2035

年把河南基本建成“四个强省、一个高地、一个家园”的社会主义现代化河南。“十大战略”，是河南立足社会主义现代化河南建设新发展阶段的特征，在创新、数字、产业、城市、乡村、改革、开放、民生等各个领域做出的新的战略决策，将为河南“十四五”时期乃至更长时期的发展提供指引，推动河南加速经济强省建设、实现全体人民共同富裕。

（二）实施“十大战略”是对河南省经济社会发展实践经验的提炼和系统集成

“十大战略”是河南根据发展面临的新形势新环境要求，对“十三五”时期发展战略的丰富完善和深化拓展。“十三五”时期发展战略的显著成效已经在全省经济社会发展中得到充分证明。“十三五”时期，河南省经济发展实现历史性飞跃，2020 年经济总量、居民人均可支配收入取得显著提高，提前一年实现比 2010 年翻一番目标，制造业规模居全国第 4 位，比 2015 年提高 1 个位次；数字经济发展迅速，数字中国总指数居省级排名第 6 位，中部地区第 1 位；科技创新支撑能力快速提升，综合科技创新水平指数省级排名比 2015 年提高 3 个位次；城乡区域发展更趋协调，新型城镇化率比 2015 年提高 7.35 个百分点；乡村振兴全面推进，实现现行标准下农村贫困人口全部脱贫，贫困县全部摘帽；生态环境质量明显改善，单位生产总值能耗累计下降 25% 左右；改革开放全面发力，社会信用体系建设走在全国前列；区位交通优势持续提升，郑州机场客货运吞吐量跃居中部地区“双第一”，中欧班列（郑州）综合运营指标水平居全国前列。

（三）实施“十大战略”是在新发展阶段对中央指示精神的具体落实

“十四五”时期，河南进入高质量发展阶段，到了由大到强、实现更大发展的重要关口，到了可以大有作为、为全国大局做出更大贡献的重要时期。习近平总书记对河南工作寄予厚望，明确要求河南“加快转变经济发展方式和提高经济整体素质及竞争力”“抓住促进中部地区崛起战略机遇，把制造业高质量发展作为主攻方向”“保证粮食安全必须把种子牢牢攥在自己手中”。实施“十大战略”能够把多重叠加的国家重大战略转化为发展势能，以挺起制造业“脊梁”加快现代产业体系建设，以扬起中心城市“龙头”带动城乡区域协调发展，以实施乡村振兴战略夯实“三农”根基，以黄河流域生态保护推动全省生态文明建设，以改革开放创新联动蓄积发展势能，与习近平总书记重要指示精神高度契合，是对党中央各项决策部署的具体落实。

（四）实施“十大战略”是推动高质量跨越发展、实现共同富裕的关键举措

实施“十大战略”，将围绕更好地满足人民日益增长的美好生活需要，把谋势和蓄势、抓当下和抓未来统一起来，把新发展理念贯穿到经济社会发展的全过程各领域，在引聚科教资源、高质量发展制造业、提升中心城市能级、建设新时期粮食生产核心区和乡村、促进高能级开放平台提质、优化营商环境、促进生态治理和生态廊道建设提质、推动综合交通枢纽和现代流通体系建设、保护传承弘扬黄河文化、补齐基础能力和民生短板等领域谋划实施一批具有变革性、引领性和标志性的重大举措，前瞻性谋划布局一批涉及长远、面向未来的重大项目，有效解决地区差距、城乡差距和收入差距问题，加速推动河南向“大而优、大而新、大而强”和“高又快、上台阶”迈进，推动全体人民朝着共同富裕方向稳步前进。

二　锚定“两个确保”，全面科学推进实施“十大战略”

河南省委、省政府立足河南发展新的历史起点，以前瞻 30 年的眼光，明确提出“确保高质量建设现代化河南，确保高水平实现现代化河南”。“十大战略”是实现河南“两个确保”的十个关键支撑点，既各有侧重，又相辅相成，勾画出河南未来发展的基本路线图。

（一）创新驱动、科教兴省、人才强省战略是实现“两个确保”的第一动力

实现“两个确保”，河南必须在“十四五”时期更加厚植优势、激发动力、挖掘潜能，围绕前瞻性领域开展创新，勇闯科技创新“无人区”，力争实现直道冲刺、弯道超车、换道领跑。创新驱动、科教兴省、人才强省战略就是围绕抢占未来发展制高点，积极对标对表先进，强化开放、前沿和抢滩意识，瞄准“六新”发展领域，建设一流创新载体、搭建一流创新平台、培育一流创新主体、引育一流人才，打造国家创新高地。

做好一流创新载体建设。加快郑洛新国家自主创新示范区、郑开科创走廊等创新载体建设，推动郑州大都市圈、洛阳都市圈城市开展协同创新，集聚人才、技术和资金等高端要素，争创国家区域科技创新中心。积极开展创新街区、“双创”综合体等建设，建立科技成果“沿途下蛋”高效转化机制，着力构建一流的创新生态小气候。

做好一流创新平台搭建。支持嵩山实验室、种业实验室、黄河实验室等对接国家战略进行前瞻布局，力争建成一批“国家实验室预备队”。依托高校、科研院所和创新企业建设重大创新平台和科技基础设施，力争在黄河流域生态保护、种质、农业基因组学、网络空间安全、农业供给安全等领域，在国家实验室和大科学装置方面取得突破。加快组建河南省产业技术研究院，积极争取“双一流”、新型研究型大学建设，力争引进或培育一批高水平的新型研发机构。

做好一流创新主体培育。以科技研发为核心，以头部企业为牵引，以配套企业为集群，形成一批具有较强市场竞争力的高精特新企业。支持龙头企业牵头组建创新联合体，推进规上企业创新活动和创新平台全覆盖。加快培育瞪羚、独角兽、单项冠军等高新技术企业及科技小巨人企业，实现“微成长、小升高、高变强”。

做好一流创新人才引育。持续优化创新生态，完善“全职+柔性”引才引智机制、“全生命周期”人才服务体系，加强院士工作站、博士后工作

站和海外人才工作站“三站”建设，千方百计培养和引进领军人才和领军团队。推动一流大学和一流学科建设，不断优化教育结构、学科专业结构和人才培养结构，培育一批科技前沿和关键领域的紧缺人才、跨学科拔尖人才和创新型、应用型、技能型人才。

（二）优势再造、数字化转型、换道领跑、文旅文创融合、以人为核心的新型城镇化、乡村振兴六大战略是实现“两个确保”的重要支撑

优势再造、数字化转型、换道领跑、文旅文创融合、以人为本的新型城镇化、乡村振兴六大战略抓住了河南高质量发展的关键环节、关键领域、核心事项，突出了河南优势特色，是河南积极探索高质量发展的新路径新模式新抓手，能够通过战略引领和务实推动相结合，实现河南发展速度、质量“双提升”，为“两个确保”提供强有力的支撑。

以优势再造加速集聚先进生产要素。河南省是全国重要的工业大省、农业大省和有影响力的文化大省，区位交通优越、产业基础雄厚、市场空间广阔、枢纽支撑有力、开放优势突出，拥有新发展格局构建、新时代促进中部地区高质量发展、黄河流域生态保护和高质量发展等多重战略红利。实施优势再造战略有利于河南始终保持居安思危的危机感紧迫感，推动传统优势再造提升、融合聚合，采取超常规的措施和对策，持续提升河南大市场大枢纽大通道优势，推动区位交通优势向枢纽优势转变，推动物流体系优势向供应链优势转变，推动市场规模优势向内需优势转变，推动传统基础设施优势向要素保障优势转变，推动人力资源优势向人才优势转变，促进产业、供应、创新、要素和制度“五链”耦合，形成在中部地区崛起发展中的综合新优势。

以数字化转型构建融合发展新生态。数字经济能通过数字技术与实体经济、政府治理等深度融合，不断提高传统产业和社会治理的数字化智能化水平。实施数字化转型战略有利于全面大力发展数字经济、提升数字化治理能力、构建高水平新型基础设施体系，全方位打造“数字强省”。深入推进国家大数据综合试验区建设，争创郑洛数字经济创新发展试验区，高质量推动

“两化”融合，推动产业智能化、个性化、定制化转型升级。加快推进数字政府建设，迭代升级智慧政务平台，推广数字化服务普惠应用。按照“适度超前”原则，率先谋划建设天地一体化、第六代移动通信（6G）等新型数字基础设施，推动交通、电力、能源、水利等智慧化发展。

以换道领跑抢占未来发展先机。“换道领跑”意味着洞察先进生产力变革趋势，紧跟科技发展前沿，以敢为人先的勇气胆识，发展更具潜力和前景的新经济新产业新业态。实施“换道领跑”要强化“项目为王”鲜明导向，加快推进“三个一批”发展，支撑起河南经济发展的“四梁八柱”。要全面推进“万人助万企”，构建亲清新型政商关系，把企业服务好发展好，推动市场主体和创新主体发展壮大、能级提升，汇聚起全省上下推动高质量发展的强大动力。要针对产业链断点堵点延链补链，“有中生新”加快推进传统产业高端化、智能化、绿色化、服务化转型升级，“优中做强”着力构建智能装备、生物医药、新能源等十大战略性新兴产业链，“无中生有”开展空白领域的应用基础研究和未来技术应用场景建设，推动开发区高质量发展。

以文旅文创融合打造国家文化创新中心。从深度和广度上促进文化与旅游、创意融合，有利于凸显河南文化旅游资源优势，增强文化自信、繁荣文化产业、升级旅游产业、发展文化事业，全面打造中华文化传承创新中心和世界文化旅游胜地。要深入开展习近平新时代中国特色社会主义思想和党史、新中国史、改革开放史、社会主义发展史等学习教育，推动社会文明达到新高度。打造国际级黄河文化旅游带和郑汴洛国际文化旅游目的地，构建全域旅游交通网，塑造老家河南、天下黄河等全域旅游主题形象，构筑文化旅游发展新空间。推动文化与休闲、康养、演艺等紧密融合，积极探索文化文物资源与新技术应用跨界融合，发展文旅融合新业态。积极宣传推介文旅品牌，提升文旅市场化运作水平和文化服务供给能力。

以新型城镇化战略推动区域协调发展。实施以人为核心的新型城镇化战略有利于河南坚持以人民为中心，优化以城市群和中心城市为引领的多中心多层次的城镇化格局，提升城市综合承载和治理能力，实现更高质量的新型城镇化。要做强做优郑州国家中心城市和洛阳副中心城市，全面提升城市生活品质和经济、人口的承载能力。加强中原城市群城市间合作，加快推动双圈联动，打造引领全省发展的“双引擎”；高水平建设三大城镇协同区，发展壮大重要节点城市，增强区域中心城市辐射带动力和重要节点城市支撑力。深入推进城乡融合发展，推动县城建设提质增效，支持革命老区跨越式发展。

以乡村振兴发展推动农业农村现代化。河南省作为人口大省、农业大省，实施乡村振兴战略有利于把乡村产业振兴、人才振兴、文化振兴、生态振兴、组织振兴“五大振兴”有机结合起来，缩小城乡发展差距，加快改变河南省农村落后面貌，实现农业全面升级、农村全面进步、农民全面发展。要把产业振兴作为重中之重，扛稳粮食安全重任，提高农业创新力、竞争力和全要素生产率，加快构建现代农业产业体系、生产体系、经营体系，建设现代农业强省。始终抓紧抓牢乡村建设，分类实施美丽乡村建设行动，加强生态修复和保护，补齐农村基础设施短板，推动生产生活生态深度融合。坚持乡村物质文明和精神文明一起抓，培育文明乡风、良好家风、淳朴民风，激发乡村文化创新创造活力。全面推进实现巩固拓展脱贫攻坚成果同乡村振兴有效衔接，真正把乡村振兴做在里子上、抓在根本上、立在长远上。

（三）绿色低碳转型战略是实现高质量发展的重要标志

实施绿色低碳转型战略能够从根本上促进河南经济社会发展全面绿色转型，提升可持续发展能力。要坚持把绿色低碳转型作为主题和基调，以先进理念引领绿色低碳发展，狠抓节能减排、造林绿化、生态环境保护和治理修复工程，加快构建“一带三屏三廊多点”生态安全屏障，建设绿色发展的美丽河南。推进黄河流域生态保护，按照中游“治山”、下游“治滩”、受水区“织网”的思路，分区分段、因地制宜推进流域生态建设，打造黄河流域生态保护示范区。加强南水北调中线工程水源保护，加强环境污染系统治理，加快形成绿色生产生活方式，全面建设资源节约型和环境友好型社会，顺利推进碳达峰碳中和，形成人与自然和谐发展现代化建设新格局。

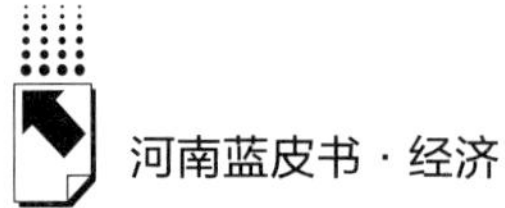

（四）制度型开放和全面深化改革战略是融入新发展格局的关键一招

新发展格局是更加开放的国内国际双循环格局要求发展更高层次的开放型经济，持续全面深化改革，推动要素高效配置和自由流通。河南实施制度型开放和全面深化改革战略符合新发展格局构建的内涵，能够有效应对百年未有之大变局，营造良好的营商环境，更深层次地“引进来”和更高水平地“走出去”，为经济高质量发展提供新动能、塑造国际合作和竞争新优势。

以制度型开放构建高水平开放型经济新体制。根据河南自身发展禀赋，对标高水平开放的新要求，加强开放规则机制创新，依托河南自由贸易试验区持续开展首创性、集成性、差异化改革探索，实行外商投资准入前国民待遇加负面清单制度，建设更高水平国际贸易“单一窗口”。优化全方位开放布局，深化郑州航空港经济综合实验区改革创新，开展航空电子货运和“空空中转”试点，新建一批跨境电子商务综合试验区。深化与共建“一带一路”重点国家和地区的合作。按照“东引、西进、北通、南联”的原则，主动与长三角、黄河流域、粤港澳大湾区、成渝双城经济圈等区域合作，稳妥开展境外经贸合作区建设。深化“放管服效”“证照分离”“照后减证”等改革，持续打造市场化、法治化、国际化营商环境。

全面深化改革战略。围绕“全面改、深入改、改什么、怎么改”，盯住制掣改革深入的堵点痛点发力，构筑体制机制新优势。要深化国资国企改革，优化国有经济布局和调整结构，积极开展国有资本授权经营体制、混合所有制、国企现代企业制度等方面的改革，实现“根上改、制上破、治上立”。以更好地发挥职能为导向，做好行政和事业机构改革“后半篇文章”，积极稳妥推进县域综合改革，全面实行省财政直管县体制，积极推进“三块地”改革，稳步推进撤县设市和撤县（市）设区，逐步扩大县（市）经济社会发展自主权。

参考文献

《在新时代中部地区高质量发展中奋勇争先更加出彩——访河南省委书记楼阳生》，《人民日报》2021 年 9 月 21 日。

王立胜：《论新时代中国特色社会主义政治经济学的实践价值》，《中国浦东干部学院学报》2018 年第 12 期。

李晓沛：《全面科学实施“十大战略”》，《河南日报》2021 年 9 月 8 日。

李晓沛、张中：《国内外创新生态系统构建经验及启示》，《河南日报》2021 年 7 月 19 日。

朱孔军：《以新发展格局引领高等教育高质量发展》，《红旗文稿》2021 年 3 月。

祝传鹏：《河南自贸试验区 2.0 版重磅“加推”专家：有利于打造内陆开放型自贸区发展新高地》，《潇湘晨报》2021 年 4 月 13 日。

B.15
河南打造一流的产业生态的思路与对策

李丽菲*

摘　要： 打造一流的产业生态为河南未来经济长期平稳健康发展指明了努力方向和战略重点。河南要以一流的营商环境作为依托，以一流的创新生态作为载体，以一流的产业政策作为保障，突出目标导向、问题导向、效果导向，突出人才支撑，突出“项目为王”，在打造产业布局合理、市场主体活跃、要素自由流动、创新活力迸发的一流的产业生态上持续发力，推动河南向“两个确保”奋进。

关键词： 产业生态　现代化建设　河南省

河南省委十届十三次全会指出要稳住传统产业基本盘，聚焦战略重点壮大新兴产业，跨周期谋划未来产业，加快新型基础设施建设，打造一流的产业生态。产业是经济发展的物质基础和动力源泉，在河南锚定“两个确保”、全面实施“十大战略”的关键时期，打造一流的产业生态是河南正式“重启”入局、实施换道领跑战略的必然要求，为河南发展布局“新赛道”、全面建设社会主义现代化河南提供了重要的抓手。

* 李丽菲，河南省社会科学院经济研究所助理研究员，主要研究方向为产业经济。

一 河南打造一流的产业生态的意义

（一）一流的产业生态的界定

产业生态是在遵循经济发展规律的前提下，由产业资源要素构成并相互作用的动态产业空间。一流的产业生态是一定区域通过合理的产业分工与协作，高效整合利用政府、技术、市场等资源要素，形成的创新引领、要素协同、链条完整、竞争力强的现代产业体系。它至少应该包含以下几个维度。

要素资源的自由流动。市场资源要素的有序自由流动是经济高速发展的关键，是统一开放、竞争有序现代市场体系的重要组成部分。一流的产业生态要求拥有数量庞大、结构优良、配置有效的资本、科技、金融、人才等生产要素资源，这就需要更好发挥市场无形之手的作用，加快形成市场决定要素配置的机制，促进高端资源要素加快集聚、高效配置。

市场主体活跃。市场主体是产业生态的微观基础，一流的产业生态一般具有公平性、透明性、法治性等特征，以公正平等的原则对待市场竞争主体，最大限度地给企业松绑减负、提供服务，持续激发市场主体活力和社会创造力，这是保产业链供应链稳定的客观要求，也是构建高水平社会主义市场经济体制的重要任务。

产业链上下游协同创新。一流的产业生态要求，上下游企业实行全产业链抱团取暖，所有企业进行一致性的创新，坚持建链、强链、补链、延链，打造一批“头雁企业”“链主企业”，大企业以资源共享、合作运营等方式扶持带动中小微企业发展，形成产业链上下游、大中小微企业专业化分工协作、共同发展的产业生态，优化产业链条整合力，推动产业链向高端环节跃升。

产业体系富有竞争力。提升产业竞争力是一流的产业生态的内在要求。在双循环新发展格局下，要坚持创新链与产业链融合，打好产业基础高级化和产业链现代化攻坚战，增强产业链供应链自主可控能力，建设链条完整、竞争力强的现代产业体系，推动产业从“做大”向“做强”跨越。

（二）打造一流的产业生态的意义

打造一流的产业生态是河南“重启”入局的重要举措。2021 年上半年河南的经济增速呈现“前高后低、逐季走低”的特征，全省产业发展中长期存在的深层次矛盾进一步凸显。随着疫情防控和灾后重建取得阶段性成效，河南逐步回到高质量发展正轨，要确保“十四五”开好局、起好步，做好“六保”“六稳”，就需要以一流的产业生态激发活力。一流的产业生态是吸引力、创造力，更是生产力、竞争力。一方面，一流的产业生态意味着公开透明，企业能够轻装上阵，更好参与市场竞争，更大程度地激发市场活力和社会创造力，实现各类经济主体的“百花齐放”。另一方面，一流的产业生态是发展新动能，是决定区域竞争力的重要因素，有利于深化供给侧结构性改革、加快培育经济发展新动能、激发各类市场主体活力，实现市场活跃、发展强劲、经济发达、社会清朗、人民富裕，是河南“重启”入局的重要举措。

打造一流的产业生态是河南实施换道领跑战略的关键一环。近年来，河南产业生态逐步完善，重大项目频频落地，具有区域竞争力的现代产业体系正在形成，但我们仍需看到，河南很多环节处于产业链的前端、价值链的低端，可替代性比较强，既有转型的压力，也有升级的潜力。河南省委工作会议提出河南要拿出敢为人先的气魄和胆略，实施换道领跑战略，突破自身发展瓶颈，抢占发展制高点。让换道领跑战略落地生效，需要一流的产业生态作为支撑。未来产业的发展需要一流的产业生态提供“土壤”。河南应以政府为主导，加强顶层设计，加大政策引导与支持力度，对基础研究、技术创新和产业化发展进行一体化部署，组织实施技术攻关、重点项目，开展培育示范，为未来产业发展创造良好环境。新兴产业的发展需要一流的产业生态提供创新环境。河南应以市场需求为导向，以应用场景为牵引，强化核心技术攻关，加快创新成果产业化。传统产业转型需要一流的产业生态提供动力。河南应打造工业互联网平台，拓展“智能+”，摆脱传统发展路径依赖，为传统产业转型升级赋能。

打造一流的产业生态是河南融入新发展格局的重要支撑。当前，产业链不全、不优、不强，产业链时空错配、供需错配、信息错配已经成为制约河南发展的难点、堵点。河南要融入新发展格局，当务之急是加快产业链补链、强链、延链，这需要一流的产业生态提供高质量的供给。补链，即补齐短板和补强弱项，加大对河南特色产业集群产业链缺失环节的招商力度，不仅要招得来，还要留得住，这就需要一流的产业生态持续发力，营造良好的发展环境，实现从无到有的转变。强链，即进一步锻造长板，充分发挥河南产业链供应链优势，围绕现代装备、电子信息、绿色食品、节能环保、汽车及零部件等优势产业，探索突破关键技术和核心环节“卡脖子”问题，有效提升发展质量，这需要一流的产业生态，切实保障土地、载体、人才、资本等产业要素供给，培育技术、信息、管理等效率型要素，增强河南产业核心竞争力。延链，即延长产业链条，积极推动产业链向上下游延伸，实现全产业链发展，提高产品附加值，推进特色产业集群“强筋壮骨”，这需要政府创新环境，打造适宜产业迅速集聚和成长的经济环境和社会机制。

二　河南打造一流的产业生态的思路

河南要以一流的营商环境作为依托，以一流的创新生态作为载体，以一流的产业政策作为保障，全力汇聚产业生态核心要素，激发市场活力，在打造产业布局合理、市场主体活跃、要素自由流动、创新活力迸发、核心竞争力强的一流产业生态上持续发力。

（一）以一流的营商环境作为依托

营商环境是产业生态的培育之土，直接影响着市场主体的兴衰、生产要素的聚散、发展动力的强弱。河南要将优化营商环境贯穿到全面建设社会主义现代化河南的全过程，不断增强河南的吸引力和凝聚力。加快构建有利于市场主体健康发展的制度环境，推动《河南省优化营商环境条例》有效实施，全力营造宽松便捷的准入环境、公平竞争的市场环境、高效优质的政务环境、规范透明的监管环境，形成开放、公平、有序的投资市场环境。持续深化“放管服”改革，加大“放”的力度，简化办事流程，提高审批效率，推动政务服务从传统审批向智能服务转变，着力解决“玻璃门”问题；健全“管”的机制，建立以综合监管为基础、专业监管为支撑的监管体系，增强监管的有效性和针对性；提高“服”的质量，打造便捷高效的政务环境，为企业和项目提供“专班式”“管家式”“保姆式”服务，不断提高办事效率和行政效能。降低实体经济企业生产要素成本，瞄准用电、用气、用地，用足用好减税降费各项措施；减轻企业税费负担，实施好降低增值税税率、扩大享受税收优惠的小微企业范围等政策，让企业真正享受到政策红利；强化金融支持，降低企业融资成本，加强银政企融资对接，鼓励银行合理让利，有效解决中小企业“融资难、融资贵”问题。

（二）以一流的创新生态作为载体

一流的产业生态必然伴随着科技创新成果的不断涌现，创新主体的不断发展，科研体系的不断完善，产业创新能力的不断提升。要加快构建一流的创新生态，构建创新平台、要素、资源与产业发展关键技术节点交互映射的发展环境，以协同共生的区域创新体系为一流的产业生态做支撑，为河南产业发展提供丰沛的创新资源和坚实的科技力量。加快郑洛新国家自主创新示范区和中原科技城建设，聚焦高层级创新平台的引进和培育，积极争取国家级实验室、大科学装置等在郑州落地布局，吸引更多有高科技含量的企业入驻，将更多创新资源、人才智力汇聚河南。推进科创中心建设，培育以产业技术研究院为龙头、服务全省产业发展的产业技术研发中心、技术转移转化中心、创新创业基地等综合性平台，从全省高度出发明确产业发展方向，着力解决河南产业发展的共性技术问题，帮助企业与科研机构建立紧密的合作关系。引进和培育专业性高水平科技创新平台，针对不同产业的需求展开“一对一”对接，提供专业的服务。例如，针对未来产业，创新平台要加大对未来产业发展环境的宣传推广力度，促进项目、资金、人才聚集河南，助力河南现有产业未来化和未来技术产业化；针对传统产业，围绕高端化、智能化、绿色化、服务化改造，为传统产业提供与前沿技术、跨界创新、颠覆模式对接链接的专业化服务。

（三）以一流的产业政策作为保障

无论是对未来产业的前瞻布局、新兴产业的抢滩占先，还是对传统产业的高位嫁接，都需要发挥政府“有形的手”的作用。河南要立足全球竞争发展格局，及时制定符合自身实际情况且具有可操作性的产业发展规划，构建完善的产业发展配套政策体系，为打造一流的产业生态提供政策支撑。针对未来产业，要瞄准全省有条件、有基础、能突破的领域，从战略引导、发展重点、行业培育、支持基础研究、创造早期市场等多方面着手，有重点、有针对性地分类、分步制定并出台产业发展规划、政策，着力解决“如何推动发展”的问题。针对新兴产业，要围绕构建具有战略性、全局性和河南特色的新兴产业生态体系目标，从产业链条完善、重大关键技术突破、创新能力提升、关键要素供给保障等方面进行部署，着力解决“如何推动促进”的问题。针对传统产业，要围绕人才、土地、资金、技术、知识产权等产业发展关键要素给予专项支持，促进河南传统产业开拓市场、完善体系、振兴发展，实现高端化、智能化、绿色化改造，着力解决“如何推动转型”的问题。

三　河南打造一流的产业生态的对策

打造一流的产业生态是一项艰巨复杂的系统工程，河南要针对产业生态建设存在的短板和不足，坚持目标导向、问题导向、效果导向，树牢“项目为王”理念，加大人才支撑力度，为河南实现“两个确保”提供坚实保证。

（一）突出目标导向、问题导向、效果导向

打造一流的产业生态的目标在于构建产业布局合理、市场主体活跃、要素自由流动、创新活力迸发、核心竞争力强的现代产业体系，要树立以“结果论英雄”的鲜明导向，全力化解产业生态建设中的突出矛盾和问题。坚持目标导向，从顶层设计和战略布局上优化传统产业、新兴产业、未来产业的布局和结构，在关键技术、重点领域、要素保证等方面统筹谋划，提升产业规划引领水平；深入贯彻落实省委省政府决策部署，量化、细化问题清单，将任务分解到位，责任落实到位，按照既定的任务书、路线图、时间表持续发力。坚持问题导向，深入推进“万人助万企”活动，主动迎接难题、破解难题，开展集中服务专项行动、纾困企业专项行动、亲商助企专项服务行动等，切实解决好企业面临的突出问题和瓶颈，推动企业做大做优做强；落实好“链长制”，按照高质量发展的要求，坚持龙头企业带动，推进产业成链成块、抱团式发展，实现高效率“补链”、高水平“延链”、高标准“强链”，做强河南高质量发展新引擎。坚持效果导向，培育发展市场主体，从加大财政资金支持力度、产业链关键环节培育和引进、鼓励技术创新和模式创新、规划重大项目建设、民生保障等多方面入手，激发市场主体在相关领域的创新创业热情，确保一流的产业生态从“规划图”向“实景图”转变。

（二）突出“项目为王”

项目是载体和抓手，打造一流的产业生态，就要把项目谋划建设作为着力点，坚持“项目为王”，突出真抓实干，以高质量项目建设激发河南产业生态的活力。把“项目为王”落实到工作部署上，将项目建设放在更加突出的位置，以顶层设计搭平台、引项目、拓人脉、优环境，在全省上下形成大抓项目、抓大项目、抓好项目的浓厚氛围，一个项目一个专班，以超前眼光和战略眼光来谋划项目建设，推动一大批大项目好项目签约落地，把“项目为王”的理念不折不扣地落到实处。要把“项目为王”落实到招商引

资上，坚持培育与引进两手抓两手硬，构建市场化、一体化招商机制，围绕产业优势，通过以商招商、产业链招商、“云”招商等一系列硬招实招，引进建设一批投入产出大、市场前景好、辐射带动强的龙头项目及关键配套项目，带动更多的上下游企业形成聚集倍增效应。把“项目为王”落实到统筹协调上，成立专业的工作机构，围绕引进、落地、促进等环节，协调配置资源，专班跟踪对接项目推进，提供优质的配套服务，推动项目加快签约、落地、建设、投产，创造更快更优的“河南速度”。

（三）突出人才支撑

一流的产业生态需要营造好人才成长环境，把人才作为实现社会主义现代化河南的第一要素，为现代化河南建设提供人才支撑。要营造敬才爱才的社会环境，广开进贤之路，在全社会大力倡导见贤思齐、求贤若渴的良好风尚，将人才优先发展放在更重要的位置来抓，把各方面优秀人才吸引过来，集聚起来；营造有利于人才发展的政策环境，贯彻实施人才强省战略，加大高层次专业技术人才支持培养力度，创新柔性引才方式，鼓励高校、科研院所建立“人才驿站”，建立未来产业、战略性新兴产业等发展所需要的专业人才库和专家库；营造鼓励创新的环境，倡导体现鼓励创新、宽容失败的科研精神，引导社会舆论，培育积极、宽容的民众心态和社会氛围，充分信任、大胆使用人才，加强对创新创业成果的保护；营造人才集聚的工作环境，积极建造干事创业人才需要的科研实验平台、技术攻关平台、成果转化平台等载体，加快郑洛新国家自主创新示范区、中国（河南）自由贸易试验区、中国（郑州）跨境电子商务综合试验区等园区的建设，为人才干事创业提供舞台；营造良好服务环境，建立健全人才创新创业综合配套服务体系，及时有效地提供投融资服务等，为高层次人才提供创业扶持、社保医疗、配偶就业、子女入学等配套服务。

参考文献

李剑力：《打造一流产业生态　推动经济高质量发展》，《河南日报》2021 年 8 月20 日。

郝鹏：《激发各类市场主体活力》，《理论导报》2020 年第 12 期。

崔俊辉、赵红芳、徐全洪、田凤雅、王瑞君：《京津冀产业链协同创新发展研究》，《科技智囊》2021 年第 6 期。

盛朝迅：《构建现代产业体系的重要路径》，《经济日报》2019 年 3 月 20 日。

陈辉：《构建现代产业体系如何发力》，《河南日报》2021 年 9 月 5 日。

金碚：《发展现代产业体系》，《日照日报》2011 年 1 月 6 日。

《奋力构建富有竞争力的现代产业体系》，《烟台日报》2020 年 12 月 8 日。

陈俊岐：《延安：加快构建多点支撑的现代产业体系》，《中国工业报》2021 年 7 月 21 日。

B.16
河南打造一流创新生态的思考及建议

赵 然*

摘 要： 一流创新生态是拥有一定数量的创新平台，能产生丰富的原创性成果，有坚实的基础技术和基础工艺能力支撑的生态体系。一流创新生态拥有具备研发、落地、生产能力的科技人才团队，能够向社会提供一流成果转化服务的现代化产业体系。作为农业大省的河南科技创新能力不足，要实现创新驱动转型发展，必须在战略谋划中凸显科技创新地位，全面实施科技体制机制改革，打造产业集聚创新高地，推动建设国家级创新资源储备基地，加大政府扶持，使科技创新生态成为自身的关键竞争力，抢占创新资源枢纽地位，打造科技创新孵化综合平台。

关键词： 创新生态 创新驱动 河南

2021 年 9 月，河南省人民政府宣布成立河南省科技创新委员会，并由河南省委书记和省长双挂帅。由此，河南省明确了打造一流创新生态的发展方向。一个地区的发展取决于其创新能力，而创新能力不仅取决于创新活动和创新体系本身，更取决于创新生态，良好的创新生态是现代化创新治理体系的重要支撑。从经济发展的历史看，新一轮科技革命和产业变革方兴未艾，全球产业链正加速调整，创新生态体系逐渐成为最为重要的发展动力，直接影响一个地区的核心竞争力。

---

* 赵然，博士，河南省社会科学院经济研究所副研究员，主要研究方向为科技金融。

一　对一流创新生态的阐释

科技创新是经济社会发展的内生动力，创新生态是科技创新的源泉。经济社会发展到今天，生产力的变革和进步主要依靠科技的发展，科技成为农业、工业和服务业发展的基础。从国际来看，科技创新愈发成为重塑全球经济乃至政治格局的决定性力量。2008 年国际金融危机后，新一轮科技和产业变革深入推进，以智能、绿色低碳为主要特征的新兴科技领域的创新不断深化，通信技术、人工智能、物联网、新能源等快速发展，对未来全球竞争力不断产生巨大的重塑效应。同时，逆全球化趋势明显，中美关系开始从“合作为主、竞争为辅”转变为“竞争为主、合作为辅”，中美竞争正从贸易领域向科技、人才等领域蔓延。从国内来看，我国正面临跨越中等收入陷阱的现实需求，这使得科技创新引领的重要性进一步凸显。数据显示，2020 年中国人均 GDP 约为 10504 美元，处在中等偏上的水平上。但由于传统竞争优势正在消失，创新驱动发展的重要性日益凸显。劳动力价格上涨、环境成本不断接近居民承受极限、自然资源消耗过度，使得我国的低成本优势逐渐丧失。转变发展方式，提高科技创新能力成为我国保持经济活力的必然选择。

一流创新生态的形成需要一定数量的创新平台，丰富的原创性成果，坚实的基础技术和基础工艺能力支撑。一流创新生态需要具备科技成果转化孵化能力、高质量科技领军人才和有创新能力的团队。打造一流创新生态是河南打造创新生态高地的具体体现。打造一流创新生态的目标就是在一定的区域内通过整合市场要素资源，协同相关产业，形成能够有效地向社会提供一流的成果转化服务的现代化产业体系，高标准打造创新生态氛围，扶持一流产业，打造专精特新企业。

二　河南打造一流创新生态的基础和不足

建设创新生态是河南发展的必要条件之一，而要打造一流创新生态需要先厘清创新生态在河南的发展现状，从中找差距、找问题、找不足，只有这样才能更好地建设一流创新生态。

（一）河南创新生态的发展现状

河南省科技创新工作持续发展。近年来河南省对创新能力提升和产业升级越来越重视，大力支持引进相关企业和人才，加强科技创新体系（平台）建设，推动科技金融、院所产业、国家地方的融合协同创新，实施创新驱动提速增效工程等。《中国区域创新能力评价报告》主要从知识创造、知识获取、企业创新、创新环境、创新绩效等方面，对各省创新能力进行综合评价。最新一年的评价报告是《中国区域创新能力评价报告 2020》，根据该报告，河南的区域创新能力排名比上年提高 2 个位次，2020 年河南区域创新能力指数是 27.48%。从近几年的评价结果看，河南省的多项指标排名是有所提升的。其中有关企业创新的指标，从 2019 年的第 19 位上升至 2020 年的第 14 位。同时，河南创新绩效和创新环境在全国分别排名第 6 位和第 11 位。其中，河南高新技术产品销售收入约占主营业务收入的 60%，在全国排名第 2 位；金融机构支持规模以上工业企业贷款 8.8 亿元，在全国排名第 3 位。同时，河南省研究试验发展经费占比持续增加，每亿元研发经费的发明专利授权数、企业的技术交易额相关指标均实现翻番增长，企业发明专利申请、孵化器创业导师数也增长明显。

河南省具有一定的科研资源。从双一流高校分布来看，郑州大学、河南大学等国家重点高校坐落于河南。从高新技术企业数量来看，截至 2018 年底，河南省高新技术企业数量已达 3322 家，当年增长 46.3%；从技术领域看，产业结构性优化升级成效比较显著。其中，三个突出领域包括先进制造、新材料和电子信息企业数量约占全省的2/3；从企业规模看，营业收入在亿元以上的高新技术企业共有 943 家，占全部高新技术企业的 28.4%，其中营业收入在 10 亿元以上的企业 151 家，50 亿元以上的企业 31 家，100 亿元以上的企业 12 家。“十三五”期间，科技部在河南省共批准设立了 6 家专业化众创空间，数量居全国第三位。

科技型引领企业作用凸显。以郑州宇通集团有限公司为例，该公司为新能源汽车搭建了专业化的众创空间，并拥有“国家认定企业技术中心”“国家电动客车电控与安全工程技术研究中心”“客车安全控制技术国家地方联合工程实验室”等国家级科研平台；不断提升公司整体技术能力，拥有专项核心技术 10 项，其中有 3 项符合国际水平，其余各项达到国内领先水平；带动成功孵化企业 14 家，2019 年完成营业额 21 亿元。

（二）科技创新存在的问题与不足

河南省在科技创新等方面取得了一定的成效，但是问题与不足也非常明显，主要包括创新生态氛围不足、创新发展不平衡、高端研发资源不足和金融支持没有实现协同发展等。

一是创新生态氛围不足。创新氛围相对薄弱，科技项目、经费管理、科技评价和奖励导向不够合理，科技人员的积极性、创造性没有得到充分发挥。地方政府对科技发展的重视程度不足。研发投资欠缺，区域重点项目难以得到地方的配套支持，科技孵化落后，在一定程度上抑制了科技合作的开展。国家和省级层面激励科技人才的政策有落实不到位的现象，需要营造有利于培养、吸引、留住人才，支持创新人才脱颖而出的社会氛围。

二是创新发展不平衡。河南区域创新能力居全国中等水平，但各市科技创新发展不平衡的现象较突出。郑、洛、新三市主要创新指标水平较高，其他市创新能力比较弱，这在造成区域发展不平衡的同时，也给创新生态的整体营造带来一定的障碍。

三是高端研发资源不足。重大科创平台严重短缺，全国有 21 个国家自主创新示范区，河南省仅仅拥有 1 个。同时，河南也没有国家科创中心、综合性国家科学中心、全面创新改革试验区。更令人惋惜的是，作为人口大省和高考大省的河南省优质教育资源也不足。

四是金融支持没有实现协同发展。“十三五”期末，科研投入年均强度为 1.46%，与全国平均水平 2.23% 仍有差距。2019 年河南省经济规模排名全国第5，创新能力排名全国第15，创新能力与经济实力不相符。同时作为引导资金的专项资金较少，金融支持单一。

三　河南打造一流创新生态的战略部署

在清晰认识到河南创新生态的发展现状和创新生态对河南发展的重要性之后，河南省科技创新委员会提出，河南打造一流创新生态要在发展思路上坚持一头承上，即对接国家战略科技力量的部署，努力成为国家战略科技力量的一部分；一头启下，即落地产业的技术创新，用好科技支撑，激发企业活力，齐头并进构建一流创新生态。在战略目标上实现“五个突破”，即突破国家级重大创新平台、突破国家大科学装置、突破世界一流学科、突破重大前沿课题研究、突破重大原创性成果。同时实现创新主体高效联动和创新资源高效配置“两个高效”。具体落实在七个抓手上，抓创新平台，着力凸显战略性引领性；抓创新主体，着力扩总量强覆盖；抓创新项目，彰显“项目为王”理念；抓创新载体，突出功能性服务性；抓创新人才，突出高校、企业和平台需求；抓体制机制，突出系统性和协同性；抓创新布局，着力提升集中度显示度。

针对应高端研发资源不足的问题，河南省倾力培育重要科技力量，完善实验室体系，振兴河南省科学院、河南省农业科学院。为解决高等教育资源不足的问题，河南省政府强力支持争创和建设“双一流”高校，并选取河南理工大学等7所高校的11个学科争创国家一流学科。河南省政府集中颁布一系列针对人才、创新的政策措施，为支持打造河南创新生态提供良好的政治氛围。

在组织保障上，省政府成立由省委书记和省长共同担任主任的河南省科技创新委员会，同时河南省科技厅负责落实科技成果转化方面的具体工作。加大人才改革力度，提高服务水平，将另设聘任制的公务员，引入科技或项目专员，为科技创新主体提供更好服务。河南省将对创新生态实行考核制，设置创新生态建设综合评价体系，构建河南省创新生态体系；提升科技创新指标在评价体系中的比重，并将考核结果当作干部选拔的重要参考。

四 推动河南打造一流创新生态的对策建议

毋庸置疑，打造一流创新生态是河南省整个经济社会腾飞的基石，针对打造一流创新生态尚存的问题，基于河南省委省政府做出的一系列打基础、管长远的决策部署，本文提出以下建议。

一是以区域创新集群建设为抓手，推动科技体制机制改革。紧紧围绕河南特长，依靠国家战略，积极对接“十四五”国家科技创新布局，发挥创新驱动生态发展的动力作用，瞄准工业制造业高质量发展的目标，大力发展科技创新和推动产业结构优化升级，在推动高新技术和产业发展、原创性主体培育、人才团队建设和机制体制改革等方面奋力直追。以更加开放的态度促进郑洛新自创区高质量发展，并确保相关政策措施实行，使政策实实在在地落地。对待高新技术的发展链条，要构建“放权、松绑、容错”的相关机制，充分释放政策红利，放大体制和机制的改革步伐。还有，持续跟踪自创区产业集群好的项目，加快支持培育具有一定核心竞争力的技术领先型产业集群，围绕河南省具有优势的三大产业，即智能传感器、智能装备和生物医药，建设工程中心和对应的转化平台。

二是聚焦以科技促进发展，打造“产业聚集创新高地”。聚焦技术攻关，打造重点创新区域，实施“十百千”转型升级创新专项，在产业链的基础上对创新链条进行合理规划，对应创新链的规划提前布局产业链。对标“十四五”期间河南省规划的产业技术创新的方向，聚焦主导产业，重点在生物育种、生物医药、高端装备、智能传感、特殊新材料、新型电池以及5G产业等相关方面，前瞻性地规划和占领发展的制高点，促使具有一定优势和特色的产业做得更强更优，培育发展战略性新兴产业，推动河南省整体产业效率提高，高质量发展。

三是聚焦重大突破性技术创新，推动国家级创新资源储备基地建设。

为打造高能级创新平台，参考科技创新先进省份的经验，河南省可以考虑推动省属实验室、省属技术创新中心建设。在国家战略总体布局之下，河南省应结合本省的创新发展实际，瞄准国家级的高新技术集聚地、国家实验室和国家工程中心，打造黄河实验室等省级实验室，并使其成为国家实验室的“预备队”，在盾构等具有优势的领域建设国家技术工程中心。在布局新型研发机构的同时，把已经引入郑州的国家超级计算郑州中心和国家农机装备创新中心加快建设起来。

四是深化“放管服”改革，构建区域新生态环境。河南要进一步深化“放管服”改革，优化营商环境，用一流的营商环境匹配一流的创新生态。在河南省各级政府的努力下，河南省的整体营商环境持续改善，但总体水平尚有提高空间。良好的营商环境不仅可增强区域的竞争力，还能为科技落地产业化提供支持。河南应有效提升政务服务效率，借鉴浙江省、江苏省、北京市等地的成功经验，将繁杂的办理程序缩减为“一次办好”，或采取“网上提交”等方式，优化审批程序，在提升工作效率的同时为企业开办、发展、壮大保驾护航。落实国家的各项优惠政策，降低企业经营的费用，为稀缺的产业提供一揽子金融和财政服务，帮助企业成长。

五是增强创新驱动引领，提升产业竞争力。河南省是传统的农业大省，虽然地区生产总值在国内位居前列，但这与河南人口基数大具有密不可分的关系。河南省是经济大省而不是经济强省，关键是因为河南省产业竞争力弱、新产业占比不够、产业链的位置不高等，归根结底是因为河南省现代化水平较低，没有完成一流创新生态的构建。适宜的创新生态可以产生创新资源、促进科研成果落地。创新是工业革命之后促进生产力发展的最佳捷径。创新能力直接决定产业竞争力，只有打造创新的良好生态，才能产生强大的竞争力。河南省应该谋划建设以国家工程中心、省级工程中心为引领的一流创新平台，发挥市场的力量，构建创新的多维支撑体系。

参考文献

郭勇：《实现“六新”突破关键在于打造一流创新生态》，《前进》2020 年第 1 期。

任志宽：《重视基础、区域协同　打造一流创新生态体系》，《科技日报》2020 年 6 月 23 日。

贺志强：《建设全球领先的科技创新高地》，《北京观察》2018 年第 7 期。

李鹏飞：《打造一流创新生态》，《山西日报》2020 年 12 月 22 日。

赵丽彬：《积极投身打造一流创新生态》，《山西日报》2020 年 4 月 16 日。

B.17

河南以“项目为王”促投资稳增长的思考及建议

胡美林*

摘　要： 项目是经济工作的重要抓手和关键支撑。本报告在阐述以项目建设促进投资稳定经济增长的理论基础上，梳理分析了河南项目建设的现状特点，针对性地研究了项目建设过程中面临的一些突出困难和问题，最后从强化创新驱动发展、强化产业链群思维、强化城乡统筹发展、强化载体功能提升、强化要素精准调度等方面提出了推进项目建设的思路和对策。

关键词： 项目建设　固定资产投资　河南省

发展是第一要务，项目是第一支撑。河南省委省政府对项目建设工作高度重视，提出了“项目为王”的鲜明工作导向，明确提出要把项目工作作为经济工作的主抓手，把项目作为检验工作能力的重要指标。经过多年的发展，河南省已经站上新的历史起点、到了可以大有作为的关键阶段，要锚定“两个确保”奋斗目标，围绕“十大战略”实施，加强前瞻性思考、全局性谋划、战略性布局，牵住项目这个“牛鼻子”，从项目切入、以项目带动、用项目支撑，不断催生调结构突破点、新动能生长点、稳增长关键点，以重点突破带动全局整体跃升。

* 胡美林，河南省项目推进中心高级经济师，主要研究方向为产业经济和区域经济。

一 "项目为王"的机理诠释与现实意义

项目是经济工作的重要抓手和关键支撑。"项目"之所以"为王"，就是因为它是生产要素的集成载体、是各类市场主体真金白银投资的具体落点，代表着未来经济转型的方向、决定着未来经济发展水平，是打基础、促投资、稳增长、增后劲的重要抓手，对经济发展的支撑带动作用显著。

（一）项目是生产要素的集成载体

从经济学理论来看，柯布-道格拉斯生产函数（Cobb-Douglas Production Function）、索罗增长模型（Solow Growth Model）等经典理论重点探讨研究了劳动力数量、资本积累、土地使用、技术进步等生产要素对经济增长的影响。随着数字经济时代的到来，数据作为新的生产要素在经济增长中的作用日益凸显，并逐步推动形成新的生产要素组合。从经济发展实践来看，劳动力、资本、土地、技术、数据等生产要素，只有与项目紧密结合起来，才能有效转化为真正的生产力。项目作为各类生产要素的集成载体，在优化要素资源组合、激发要素生产效能、增强区域生产效率等方面发挥着重要作用。在一定程度上讲，抓住了好的项目就是抓住了先进技术，就能集聚更多人力资本和实物资本，进而将其有效转化为先进生产力，推动经济实现持续增长。树立"项目为王"发展理念，有利于在经济工作中更加聚焦重点项目建设，推动资源要素集聚和优化配置，提升区域生产效率。

（二）项目是区域经济发展的关键因子

项目的投产达效及持续运营，对促进一个区域完善基础设施和公共服务体系以及沉淀产业工人、形成创新文化、打造产业生态等具有重要的作用。项目在一个区域落地生长，不仅将带来区域经济增长，而且将引致相关生产生活设施配套建设，创造新供给、激发新需求，催生和形成持续的经济增长效应。我国"一五"时期布局发展的156个重点建设项目，在优化生产力布局、培育新兴工业城市、促进区域技术创新等方面发挥了重要的作用。当前，全球产业链、供应链正在进行深刻地重构，行业龙头企业在全球以及国内各区域的项目布局，将影响和改变区域竞争格局。在实际工作中，今天的投资结构就是未来的产业结构，今天的项目质量决定着未来的产业水平，其学理依据就在于项目是区域经济发展的关键因子，是培育形成区域经济新的增长点、优化改善区域经济结构的重要支撑。树立“项目为王”发展理念，有利于以项目为基点串联带动产业链延伸拉长，推动城乡承载能力和服务功能不断增强，进而实现区域经济能级跃升。

（三）项目建设具有显著的投资乘数效应

项目对经济增长的拉动作用，不仅体现在项目建设对能源、原材料、机械设备、仓储物流等相关产业的投资拉动上，而且体现在项目建成后其所催生的新消费需求、形成的新税源和增加的就业岗位上，可以说，项目建设可以成倍地放大项目投资效能，具有显著的乘数效应。项目建设的投资乘数效应在城镇化、工业化加速发展阶段更为显著，项目往往是拉动区域经济增长的重要动力，同时也经常被作为宏观调控的重要政策工具。特别是在逆周期宏观调控中，重大项目建设在抑制经济增速快速下滑、熨平经济周期波动等方面发挥着重要的调节作用，对促投资稳增长具有重要的意义。近年来，在历次大的经济周期波动过程中，我们之所以能够平稳过渡、化险为夷、危中寻机，其中一个重要的原因就在于我们能够以重大项目建设为主要抓手促投资稳增长，进而实现经济平稳健康发展。

（四）项目服务能力在政府激励机制中的作用突出

长期以来，推进重点项目建设一直是地方基层干部的重要工作，从项目招商到落地开工建设，直至投产达效，许多政府部门及人员都直接或间接地参与其中，在此过程中，项目建设工作成为政府部门工作人员考核的重要内容之一。基于经济增长绩效的晋升锦标赛理论（周黎安，2007；杨华，2019）指出，“追赶超越”“比学赶超”发展战略和激励机制，对于督促地方干部创造性开展工作、推动县域经济社会发展具有重要作用，而优秀干部也能够在此过程中脱颖而出。当前，许多地方政府都将项目作为检验党政干部工作能力的重要指标。每一个项目从谋划到投产，都是一个系统复杂的过程，既能检验干部的市场意识、法治思维、改革精神、担当勇气，也能检验干部掌握国家重大政策的能力、把握产业演化趋势的能力、统筹各类要素系统解决问题的能力。对于经济赶超型的区域而言，项目在地方政府部门及干部考核中的分量呈现不断提高的态势。

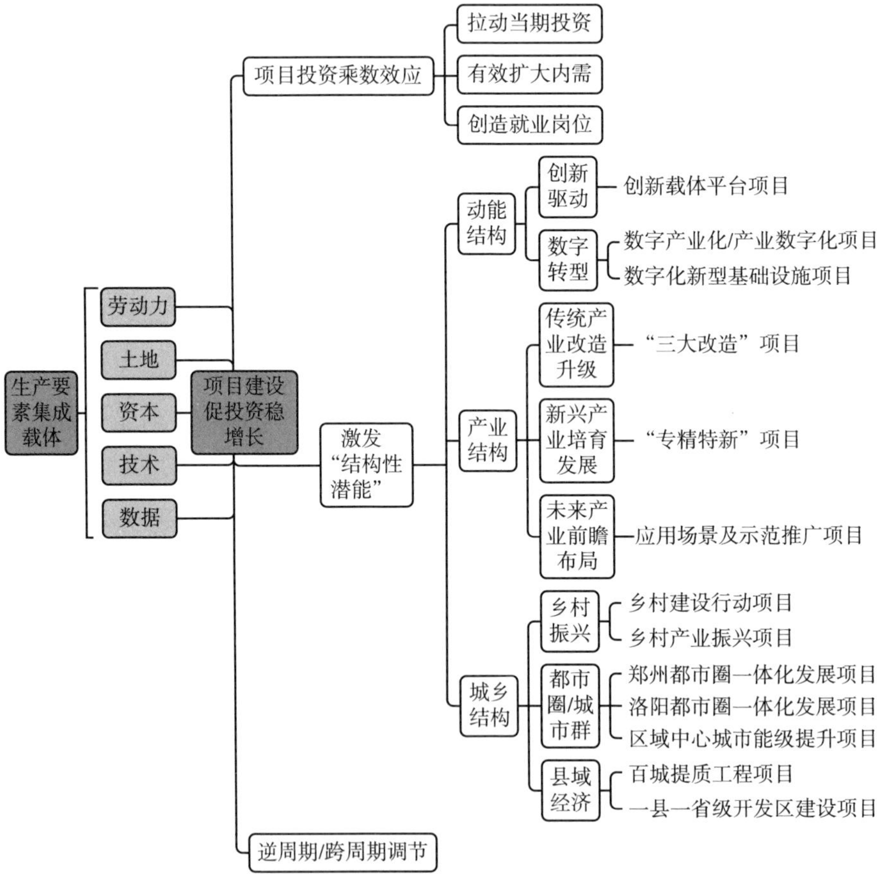

- 生产要素集成载体
  - 劳动力
  - 土地
  - 资本
  - 技术
  - 数据
- 项目建设促投资稳增长
  - 项目投资乘数效应
    - 拉动当期投资
    - 有效扩大内需
    - 创造就业岗位
  - 激发“结构性潜能”
    - 动能结构
      - 创新驱动：创新载体平台项目
      - 数字转型：数字产业化/产业数字化项目；数字化新型基础设施项目
    - 产业结构
      - 传统产业改造升级：“三大改造”项目
      - 新兴产业培育发展：“专精特新”项目
      - 未来产业前瞻布局：应用场景及示范推广项目
    - 城乡结构
      - 乡村振兴：乡村建设行动项目；乡村产业振兴项目
      - 都市圈/城市群：郑州都市圈一体化发展项目；洛阳都市圈一体化发展项目；区域中心城市能级提升项目
      - 县域经济：百城提质工程项目；一县一省级开发区建设项目
  - 逆周期/跨周期调节

图1　项目建设促投资稳增长的逻辑

二　河南省项目建设的现状特点

近年来，河南省持续加大项目建设推进力度，重大项目建设取得了显著成效，一批重点项目开工建设并建成投产，稳定了固定资产投资，促进了经济稳步增长。总体上看，全省项目建设主要呈现以下几个特点。

（一）项目体量持续扩大，重点项目投资拉动作用显著

近年来，河南省亿元及以上固定资产投资在建项目数量逐步扩大，年度投资额持续提升。2020 年，全省亿元及以上固定资产投资在建项目超过 9000 个，年度完成投资同比增长 6.8%，带动全省固定资产投资同比增长 4.3%，高于全国平均水平 1.4 个百分点；纳入省重点建设管理的项目共 1182 个，年度完成投资额首次突破万亿元，达到 1.054 万亿元，占年度目标的 113.8%，成为拉动全省固定资产投资增长的中坚力量。根据河南省人民政府重点项目建设办公室发布的 2021 年度重点项目名单，全省共遴选实施 1371 个省重点建设项目，总投资 4.4 万亿元，年度计划完成投资 1.1 万亿元，比 2020 分别提高 22%、33%；单个项目平均总投资达到 32 亿元、平均年度投资达到 8 亿元，比 2020 年分别提高 4%、2%，项目体量和质量进一步提升。

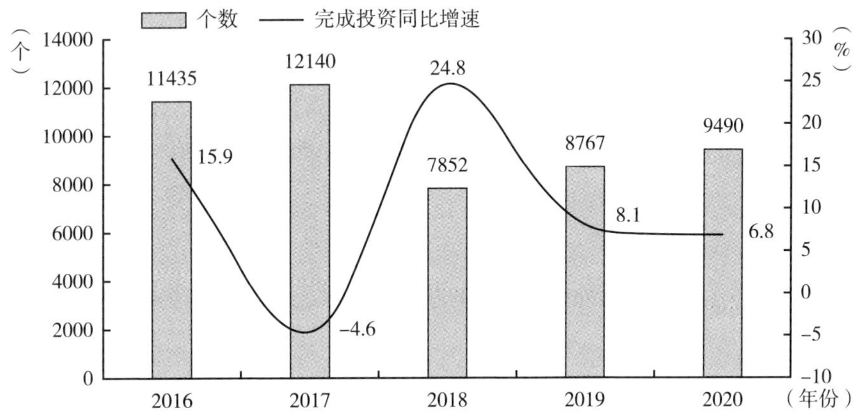

图 2　2016～2020 年全省亿元及以上固定资产投资在建项目个数及完成投资情况

资料来源：2016～2020 年《河南省国民经济和社会发展统计公报》。

（二）项目结构不断优化，产业项目呈现较快增长势头

河南省委省政府坚持把产业项目特别是制造业项目作为固定资产投资的主攻方向，推动项目投资实现较快增长。2021 年 1 ~8 月，全省工业项目投资同比增长 10.8%，其中制造业项目投资同比增长 11.5%，分别比全省固定资产投资增速高 5.4 个、6.1 个百分点。从 2021 年全省重点建设项目行业分布结构来看，产业项目数量超过 900 个，占全省重点建设项目总数量的 65.6%左右，其中先进制造业项目 491 个，占全省重点建设项目总数量的 35.8%；现代服务业项目 375 个，占全省重点建设项目总数量的 27.4%，先进制造业和现代服务业项目数量占比较 2020 年均有所提高。2021 年 7 月，河南省人民政府重点项目建设办公室对省重点建设项目进行了动态调整，调出 35 个难以如期实施的项目，并新调入 210 个重点建设项目，在新调入的重点建设项目中，产业类项目共 167 个，约占新调入项目总数量的 80%。

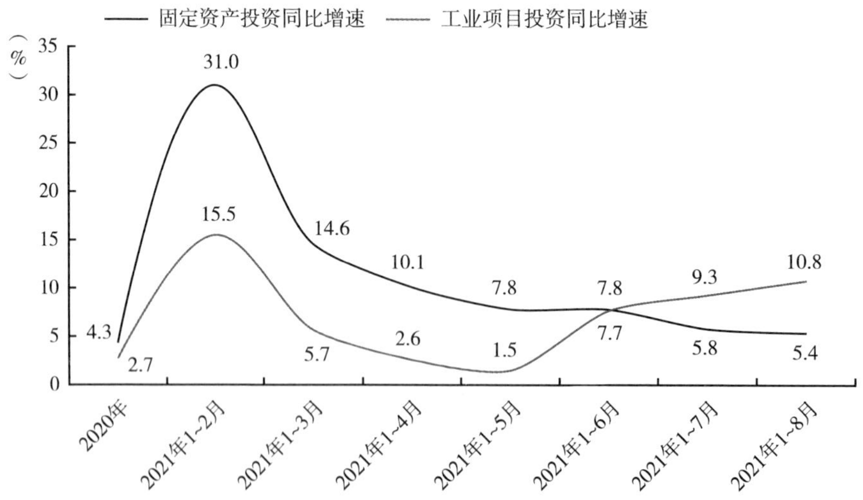

图 3　2020 年以来全省固定资产投资与工业项目投资增速变化情况

（三）项目空间布局趋向集聚化，开发区主平台功能突出

当前，城市群、都市圈已成为承载经济社会发展要素的主要空间形式。

从全省重点建设项目空间分布来看，随着新型城镇化、工业化的深入推进，都市圈和中心城市集聚重大项目的能力持续提升，“两新一重”、产业转型升级、创新能力提升、生态环保治理、医疗卫生等领域的项目加快向郑州都市圈、洛阳都市圈等区域集聚，2021 年郑州、洛阳两市的省重点建设项目数量分别为 266 个、112 个，合计占全省重点建设项目总量的比重超过 1/4。从产业项目来看，先进制造业和现代服务业项目加快向产业集聚区、服务业园区等各类开发区集聚，相关配套基础设施和公共服务设施体系不断完善，产城融合发展持续深化，开发区产业载体功能和城市服务功能持续增强。据统计，近十年来，全省开发区累计完成固定资产投资超过 12 万亿元，年均增长超过 30%，开发区已经成为各县市集聚产业项目、推动产城融合、拉动城市经济增长的主要载体平台。

（四）项目服务机制不断健全，形成一套行之有效的管理经验

项目建设工作是一项系统工程，牵动性大、涉及面广、任务繁重，河南必须着眼全局、通盘考虑、协同各方、互促联动，推动形成项目建设的强大合力。近年来，河南省在重点项目工作方面已经形成一套相对成熟的推进机制和管理模式，积累了许多行之有效的好经验、好做法。比如从 2009 年起持续开展的项目观摩点评活动，到 2019 年全面推行的“四比四看”，再到当前全省深入推进的“三个一批”活动；从实行市县目标责任管理制度，到实行省政府领导牵头推进项目制度等，都是在不断加强项目建设管理服务，完善项目推进工作机制。2021 年 9 月，河南省项目推进中心正式成立，由此河南将进一步聚焦项目服务工作，在省级层面健全完善项目推进机制，为全省重点项目建设提供更加有力的服务保障。

三　河南省项目建设面临的困难与问题

最近十年来，河南经济总量稳居全国第五，但与质量效益相对发达地区相比还有不小的差距，总体上“大而不强、大而不优”。特别是最近一两

年，河南经济增速开始出现明显放缓的态势，2020 年和 2021 年上半年经济增速都滑落到全国下游水平，而经济总量排在河南前面的浙江和紧追河南的四川最近几年都通过布局新兴产业项目，实现了经济持续快速发展，可以说河南所面临的“标兵渐远、追兵渐近”的竞争压力越来越大。2021 年下半年以来，受特大洪涝灾害和新冠肺炎疫情反弹叠加影响，一些长期存在的深层次结构性矛盾在河南经济恢复过程中进一步凸显，主要指标恢复进度显著慢于预期，河南省在重大项目建设过程中还面临一些突出困难和问题，主要表现在以下几个方面。

（一）灾情疫情叠加，灾后重建任务艰巨

2021 年 7～8 月，河南接连遭受特大暴雨灾害和新冠肺炎疫情的冲击。2021 年 7 月中旬以来，河南持续遭遇极端强降雨，郑州、鹤壁、新乡等地发生特大暴雨洪涝灾害，造成重大人员伤亡和经济损失。此次受灾区域经济人口密集，经济总量占全省的 1/3，人口规模占全省的 1/4，多个城区出现大面积淹水，城乡基础设施和公共服务设施受到不同程度的损毁，灾区农业生产受损严重。洪涝灾害对全省经济社会发展造成重大影响，灾后恢复重建任务艰巨。同时，新冠肺炎疫情的严峻性、复杂性、不确定性依然存在，因此统筹推进常态化疫情防控和灾后恢复重建仍面临诸多挑战，项目建设和经济发展任务更加艰巨。

（二）科教设施建设滞后，技术创新短板突出

河南在创新特别是自主创新、源头创新方面还比较落后，这已经成为制约河南实现高质量跨越发展的最大短板。长期以来，河南省内高等学校、科研机构和企业的基础研究经费投入较低，重大科技创新载体平台建设滞后，创新驱动项目数量和质量都与发达地区存在不小的差距，这在很大程度上影响了河南科技进步发展。与全国其他省市相比，河南省研发投入强度总体处于全国中游水平，与其经济总量稳居全国第五的地位不相匹配。2019 年，河南省 R&D 经费投入强度仅为 1.46%，不仅低于全国平均水平（2.23%）

0.77个百分点，也低于湖北（2.09%）0.63个百分点、安徽（2.03%）0.57个百分点、湖南（1.98%）0.52个百分点、江西（1.55%）0.09个百分点，位居中部六省第5位、全国第18位。

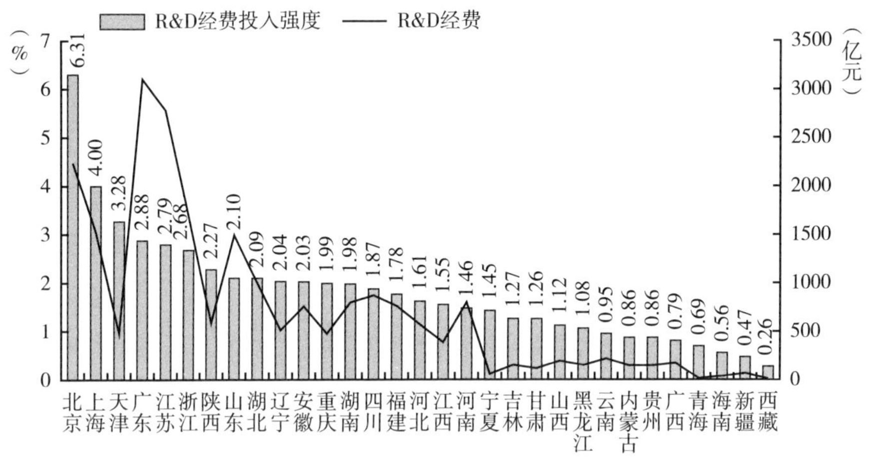

图4　2019年全国各省（区、市）R&D经费情况

资料来源：《2019年全国科技经费投入统计公报》。

（三）重大产业项目不足，基础设施投资增长乏力

2021年下半年以来，全省工业项目投资虽然实现了较快的恢复性增长，但项目体量和项目质量还有待进一步提升。当前，全省正在实施和谋划储备的项目中，战略性新兴产业和高新技术产业项目占比仍然较低。同时，无论是在单体项目的规模、引领性方面，还是在产业的集中度、先进性方面，河南与安徽、湖南等资源禀赋相当的省份相比都还有一定差距。在2021年全省1371个重点建设项目中，100亿元以上产业项目占总量的比例不到1%，50亿元以上产业项目的占比仅有2%，具有标志性、引领性的战略性新兴产业项目的占比更低。此外，过去作为固定资产投资增长重要支撑的基础设施项目投资增速显著放缓，而作为固定资产投资新增长点的新型基础设施建设投资规模仍然偏小，支撑带动能力

不足。2020 年全省基础设施投资增长 2.2%，低于全省固定资产投资增速 2.1 个百分点；2021 年 1～8 月，全省基础设施投资增长 1.7%，低于全省固定资产投资增速 3.7 个百分点。

（四）民间投资增速缓慢，资源要素供给整体趋紧

近年来，河南省民间投资占全省固定资产投资总额的比重一直处于下降的态势，由 2016 年的 79.0% 下降到 2019 年 70.3%。从增速来看，2016 年以来，全省民间投资增速一直低于固定资产投资增速平均水平，2020 年全省民间投资增速仅有 2.5%，低于全省固定资产投资增速 1.8 个百分点；2021 年 1～8 月，全省民间投资增速 4.7%，低于全省固定资产投资增速 0.7 个百分点。从资源要素保障来看，能耗、煤炭、环境容量、建设用地指标日益趋紧，统筹调度、集约节约利用要素资源推进项目建设的工作还有待进一步加强。

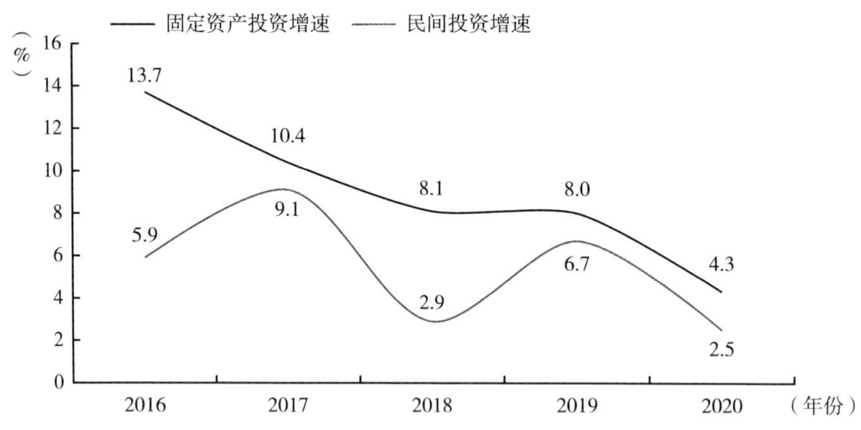

图 5　2016～2020 年全省固定资产投资及民间投资增速

资料来源：2016～2020 年《河南省国民经济和社会发展统计公报》。

四　河南省推进项目建设的政策建议

坚持以“项目为王”促投资稳增长，要立足河南经济发展阶段性特征，

遵循经济发展客观规律，精准把握国家政策大势、产业演化趋势、技术变革态势，着力处理好政府与市场的关系、宏观经济发展与微观项目建设的关系，更加注重项目投资的有效性、项目建成后的效益性，紧紧围绕重大战略落地抓项目，靶向聚焦短板问题抓项目，高水平谋划实施一批含金量高、含新量高、含绿量高、含碳量低的“三高一低”项目，着力激发“结构性潜能”，以实实在在落地的项目支撑“十大战略”的实施，以一个个高质量的项目推动“两个确保”宏伟蓝图的实现。

（一）强化创新驱动发展，围绕转换经济发展动能抓项目

进入新时代，创新是引领高质量发展的第一动力。展望2035年，河南省委省政府提出要着力打造“国家创新高地”的远景目标。河南要实现“奋勇争先、更加出彩”，必须坚定不移加大创新投入力度，加快扭转创新基础薄弱落后的局面，从根本上转变依赖资源要素驱动的传统发展模式，推动经济发展动能接续转换。围绕增强自主创新能力，着力在高能级创新载体平台领域谋划实施一批重大项目，推动河南创新平台重塑重构，打造引领河南经济高质量发展的核心引擎。“十四五”期间，要抓住用好国家重大创新平台和科技基础设施布局的重大战略机遇，积极争取国家重大科技基础设施项目在河南布局，加快组建以超算中心、生物育种中心、网络信息安全中心等为基础和代表的大科学中心，尽快创建一批国家产业创新中心、制造业创新中心和技术创新中心，深度嵌入国家战略科技力量体系；高水平建设嵩山实验室、神农实验室等省级及以上重点实验室，加快布局建设一批前沿学科交叉研究平台和产业技术公共服务平台；围绕产业转型升级，高水平组织实施重大科研项目，集中突破一批具有自主知识产权、安全可控的“卡脖子”技术，促进重大科技创新成果在中原大地落地转化。

（二）强化产业链群思维，围绕畅通产业链供应链抓项目

坚持“项目为王”，要聚焦项目，但不能孤立地看项目，特别是产业

类项目，不能就项目抓项目，更不能“捡到篮子里都是菜”，要强化“链”的思维、“群”的意识，紧盯产业链供应链断点、弱点、堵点谋划发展项目，聚合关联项目打造产业生态。所谓“举一纲而万目张”，在产业发展语境下，就是要以产业链为“纲”，以“纲”统领串联项目，通过纲举目张构建紧密联系的产业网络，推动河南产业基础优势向产业链供应链优势转变。对能源原材料、食品、纺织、铝加工等传统优势产业，要着眼优势再造，着力谋划实施一批延链补链和“三大改造”项目，推动产业产品向高端化、终端化、服务化方向转型升级；对高端装备、生物医药、集成电路、新能源及智能网联汽车、新一代信息技术等战略性新兴产业，要着眼重点环节，着力谋划实施一批“链主”企业带动型、“专精特新”中小企业配套类项目，以局部优势、关键环节突破促进新兴产业链整体跃升；对量子信息、未来网络、类脑智能、生命健康、氢能及储能等未来产业，要着眼路径创造、换道领跑，着力谋划实施一批应用场景营造、产品示范推广等方面的项目，努力在新一轮竞争中占得先机、掌握主动、形成优势。

（三）强化城乡统筹发展，围绕增强城乡承载功能抓项目

顺应新型城镇化演化趋势规律，围绕增强郑州都市圈、洛阳都市圈承载功能，谋划实施一批市政设施、城市更新以及轨道交通一体化、信息互联互通等领域的重点项目，不断提高郑州国家中心城市吸引力和竞争力，促进洛阳副中心城市能级提升。加强南阳、安阳、商丘等区域中心城市重点项目建设，不断增强人口和产业集聚能力，避免掉入城市人口收缩和经济收缩陷阱。围绕县域经济高质量发展，着力谋划实施一批百城建设提质工程项目，推动县域经济“成高原”。结合乡村振兴战略实施，着力加强农村生活垃圾、污水处理、厕所革命、村容村貌等人居环境整治项目建设，打造美丽宜居乡村。围绕建设智慧城市和数字乡村，着力加强新型基础设施项目建设，谋划实施一批5G、物联网、数据中心等领域的重大项目，为现代化河南建设不断夯实基础。针对在应对洪涝灾害和新冠肺炎疫情中暴露出来的问题，

着力加强农田、水利、城市排水防涝、医疗卫生设施、应急救援等领域的项目建设，打造韧性城市、安全城市。

（四）强化载体功能提升，围绕开发区高质量发展抓项目

开发区作为重要的产业载体平台，已经成为市县经济特别是县域经济发展的主阵地、主战场、主引擎。项目和开发区是经济工作的两个主要抓手，要坚持把项目建设与开发区高质量发展统一起来。要按照“一县一省级开发区”的要求，把项目建设作为推动开发区高质量发展的主要抓手和关键任务，引导产业项目、优质企业和高端要素向开发区集中，提升产业集聚强度、投资强度和亩均效益。要紧紧围绕开发区主导产业定位，按照“横向成群、纵向成链”的发展思路，聚力招引主导产业链上下游关联项目，以关联配套项目建设推动主导产业延链、补链、强链。要坚持“亩均论英雄”“生态论英雄”发展理念，严格项目准入门槛，突出“亩均投资强度”“亩均税收”“亩均产出”指标导向，遏制低水平重复建设，不断提高开发区土地利用效率和项目产出效益。要着力加强开发区基础设施建设，提升研发设计、检验检测、技能培训、现代物流等公共服务平台建设水平，深化产城融合发展，不断增强开发区综合承载功能。

（五）强化要素精准调度，围绕提升资源配置效率抓项目

要处理好政府与市场的关系，推动资源要素高效配置，推动资源要素向优质项目倾斜，避免资源要素错配。要充分激发民间投资活力，制定实施支持民间投资的一系列政策措施，降低民营企业投资经营成本，不断增强全省固定资产投资动能。对政府而言，重点是要着力优化营商环境，把打造一流营商环境作为战略性基础工程，深化“放管服效”改革，持续开展“万人助万企”活动，为企业发展和项目建设提供有力保障；深化企业投资项目承诺制改革，变“先批后建”为“先建后验”，变“前置审批”为“后置审批”，提升审批效率；加快推动政府部门职能由项目管理向项目服务转变，为项目提供全流程、全方位、全生命周期的精准化服务，实现全口径调

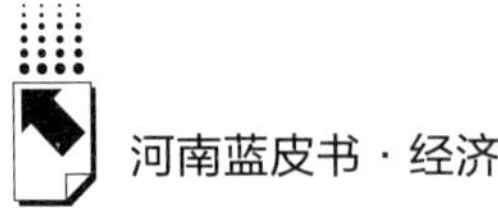

度、全要素保障；坚持“硬考核”导向，落实“硬考核”举措，充分发挥考核“指挥棒”的作用，推动形成更多实物工作量。

参考文献

N. 格里高利 · 曼昆：《宏观经济学》，中国人民大学出版社，2005。

张五常：《中国的经济制度》，中信出版社，2012。

刘世锦：《发掘结构性潜能 提升增长质量》，《中国经济评论》2021 年第 1 期。

黄群慧：《新发展格局的理论逻辑、战略内涵与政策体系——基于经济现代化的视角》，《经济研究》2021 年第 4 期。

周黎安：《中国地方官员的晋升锦标赛模式研究》，《经济研究》2007 年第 7 期。

杨华：《县域晋升锦标赛模式有效性分析》，《长白学刊》2019 年第 5 期。

肖金成：《关于新发展阶段都市圈理论与规划的思考》，《人民论坛 · 学术前沿》2021 年第 4 期。

胡美林：《新常态下河南省产业集聚区的创新驱动发展》，《开发研究》2016 年第6 期。

胡美林：《新常态下产业集聚区中小企业融资创新研究》，《上海经济研究》2016 年第 5 期。

胡本田、王一杰：《地方政府行为与经济波动——基于资源错配的中介效应》，《软科学》2020 年第 5 期。

B.18

河南全面激活消费潜力的思路与对策

林园春*

摘　要： 国家“十四五”规划纲要明确提出“全面促进消费，稳步提高居民消费水平”。在当前世界经济总体下行、疫情仍未得到完全控制的严峻形势下，继续扩大内需、促进消费提质扩容是活跃国内市场、促进经济发展的重要着力点。新形势下，河南省全面激活消费潜力是筑牢新发展格局下战略基点的应有之举，是在高质量发展中促进实现共同富裕的现实举措，是河南经济平稳转型升级的最优选择。然而，当前河南省全面激活消费潜力面临经济下行压力增大、消费有效需求不足、供给结构不够优化等问题和挑战，需要通过提升消费能力、扩大需求，促进消费升级、优化供给以及满足人民需求，因地制宜全面激活消费潜力。

关键词： 消费潜力　扩大内需　消费升级

党中央、国务院长期以来高度重视消费对经济增长的基础性作用，习近平总书记多次强调消费的重要性。国家“十四五”规划纲要明确提出“全面促进消费，顺应居民消费升级趋势，把扩大消费同改善人民生活品质结合起来，促进消费向绿色、健康、安全发展，稳步提高居民消费水平”。在当前国际疫情与世界经济形势严峻复杂的大背景下，河南省全面激活消费

---

* 林园春，河南省社会科学院经济研究所副研究员，主要研究方向为消费经济。

潜力，目的是筑牢新发展格局的战略基点，出台一系列促进消费升级的指导意见和落实相关工作，目的是更好满足人民日益增长的美好生活需要。

一　河南省全面激活消费潜力的重要意义

（一）筑牢新发展格局的战略基点

2020 年全国两会以来，习近平总书记多次在讲话中提到要“逐步形成以国内大循环为主体、国内国际双循环相互促进的新发展格局”。构建新发展格局既是我国贯彻新发展理念、推动高质量发展做出的重大战略抉择，也是未来一段时间我国经济社会发展的行动指南。扩大内需、促进消费是我国经济社会发展的长期关键词，可以说从构建发展新体制到构建新发展格局，十多年来国内消费成为经济增长的重要驱动力，成为保持经济平稳运行的“稳定器”和“压舱石”。因此，筑牢新发展格局战略基点在于全面激活消费潜力、扩大内需。河南省在新发展格局下全面激活消费潜力，不仅是促进全省经济增长的重要手段，还是实现高质量发展、改善人民生活品质、增进民生福祉的重要方式，有利于满足人民对高品质消费所代表美好生活的向往，有利于人民群众在不断提升层级的消费中获得幸福感、满足感以及改革获得感。

（二）高质量发展的必然选择

2021 年 7 月以来，由于特大暴雨灾害叠加新冠肺炎疫情局部发生，河南省经济运行受到严重影响。这种形势下，全面激活消费潜力是加快激发全省市场活力、促进全省经济平稳运行的最好选择，也是河南省高质量发展的必然选择。一方面，全面激活消费潜力有利于促进河南省居民消费扩大和升级，进而带动产业结构调整升级，加快培育经济发展新动力；另一方面，河南省有一亿人口的市场规模，蕴藏着巨大的市场消费潜力。将扩大消费同改善人民生活品质结合起来，顺应消费升级的趋势，在今后一段时间提高教育、医疗、养老、育幼等公共服务支出效率，充分深入挖掘河南省消费市场潜力，可以进一步巩固经济发展成果，实现经济社会高质量发展。

（三）实现共同富裕的内在要求

2021 年 8 月 17 日，中央财经委员会召开第十次会议，研究促进共同富裕的问题。会议强调，坚持以人民为中心的发展思想，在高质量发展中促进共同富裕，正确处理效率和公平的关系，增加低收入群体收入，形成橄榄形分配结构。全面激活消费潜力与实现共同富裕目标是相辅相成的，不断缩小贫富差距有利于提升消费潜力，同时消费潜力的全面激活也能够促进内需、带动生产与消费的转型升级，为具有创新和科技属性的消费行业带来增长契机。河南省全面激活消费潜力恰恰响应了国家在高质量发展中促进共同富裕的号召，把握了生产与消费的辩证关系，努力将“蛋糕做大做强”。为实现共同富裕，河南省有责任有义务将稳就业、促内需提升至首要位置，全面激活消费潜力。

二　河南省全面激活消费潜力面临的问题

（一）经济下行压力增大

2020 年以来，受到国际疫情持续蔓延的影响，全球经济下行压力持续增大。我国经济当前存在结构性分化问题，生产端好于需求端，投资好于消费，经济增长动能不足和有所弱化。2021 年 7 月以来，特大暴雨灾害和新冠肺炎疫情局部发生，严重影响了河南省经济的正常运行。据统计，本次洪涝灾害共造成河南全省 150 个县（市、区）1664 个乡镇 1481.4 万人受灾，直接经济损失高达 1337.15 亿元。全省农业生产遭受一定冲击、工业生产有所下滑、服务业分化趋势更加明显、社会消费品零售总额增速回落、外贸增速有所放缓。另外，洪涝灾害造成部分企业、项目停产停工，“涝”“疫”

相接使得企业复工复产面临较大困难。

河南省经济发展遇到了前所未有的挑战与考验，面对不断下行的经济压力、持续蔓延的国际疫情、历史罕见的极端强降雨，河南省经济运行呈现较大的不确定性、不稳定性和风险性。“涝”“疫”灾害叠加，直接影响河南当前经济增长、居民消费能力和心理预期。在这种情况下，河南省要做好长时间应对外部环境变化的思想准备和工作准备，不断扩大居民消费需求，全面激活消费潜力，明确思路、做好应对风险和挑战的工作部署和统筹规划。

（二）消费有效需求不足

受宏观经济环境下行压力和新冠肺炎疫情不确定性风险影响，河南省自身内部有效消费需求不足。河南作为人口大省，虽然拥有较大的消费潜力，但水灾和疫情的发生，使得劳动密集型产业如传统服务业、制造业、农业均受到较大程度的影响，大批中小微企业经营困难，进而影响就业形势。生产决定消费，生产决定消费的对象、方式、质量和水平以及为消费创造动力。当前河南省居民对未来收入预期不足，对负债支出相对谨慎，消费需求增长乏力和缓慢。数据显示，2021 年上半年，全省社会消费品零售总额同比增长 17.1%，较 1～5 月回落 2.2 个百分点，与全国平均水平的差距达到 5.9 个百分点。这些因素都对河南全面激活消费潜力带来困难和挑战。

（三）供给结构不够优化

随着大数据、AI、5G 等新技术的广泛应用，新产品和新的服务模式正在颠覆传统消费模式，但河南省供给结构、供给质量目前难以满足居民日益升级的消费需求，严重制约了消费对经济增长基础作用的发挥。

一是新消费需求创造及保障不足。新技术产生一系列新的消费热点，新的消费热点的出现会带动一个产业的出现和成长。当前以“互联网+生活服务”为代表的新模式与传统消费领域加速融合推进，网购、快递、移动支付等线上消费领域业务快速增长，网络约车、在线医疗等个性化服务业发展迅速。河南省对这些新业态、新的商业模式挖掘不够，对保障新的消费热点成长的力度不够，特别是在5G技术领域还没有充足的基础设施，对无人驾驶技术的研究和应用不够，自动化物流等新一代信息技术有待在省内集成、汇聚和发展。

二是产品和服务品质提升不够。河南省目前消费结构处在由中低端向中高端迈进的过程中，只有更高质量的供给才能满足居民在文化、娱乐、健康等领域不断增长的需求。河南省在供给端促进消费增长还有许多不足之处，具体表现为对商贸消费中心的培育建设不够完善、高品质消费政策支持力度不够、消费信贷和保险产品供给不足、电商消费和金融消费等领域的维权工作不到位等，在营造良好的消费市场环境上还有许多工作亟待完成。

（四）政府保障水平有待提升

受经济下行、减税降费政策以及突如其来的新冠肺炎疫情影响，河南财政收支缺口不断扩大，财政收支矛盾凸显。从财政收入来看，新冠肺炎疫情发生后，政府大力实施减税降费政策，导致河南财政收入来源日益缩小，收入处于低位。从财政支出来看，河南省为保持经济稳定增长，为确保“六稳”“六保”任务顺利完成，推出一系列重大项目以财政投资保持经济稳定增长，造成财政支出规模不断扩大。另外，政府债务风险压力增大。河南省财政收支缺口增大，使得举债成为政府增加收入的首选，由此使得政府还本付息的压力不断累积增大。2021年1~5月，河南财政赤字高达2489.28亿元，是一般公共预算收入的1.33倍。金融风险压力加大。河南省目前在经济发展、项目建设和金融领域都有不确定性，上市公司受到当下金融环境的影响，接连退市，银行信贷风险增加，金融信用受到挑战，信用贷款、应收账款抵押贷款等审核周期长、放款速度慢、授信额度小。此外企业贷款使用不充分，截至2021年5月底，河南省各项贷款余额创近十年来新低。

三 河南省全面激活消费潜力的对策建议

（一）着力提升消费能力

扩大消费最根本的就是促进就业，完善社保，优化收入分配结构，扩大中等收入群体，并以此扎实推进与实现共同富裕。提升消费能力是全面激活消费潜力的基本抓手。

第一，稳就业。就业对于拥有一亿多人口的河南来说是最大的民生，稳定的工作带来稳定的收入，是全面激活消费潜力的前提。在当前经济下行、疫情仍有反弹风险的环境下，河南省要千方百计促进就业大局稳定，具体可从稳存量、扩增量、保重点、强服务、防风险五个方面来制定举措。要通过为企业创造更好的市场发展环境，来保住更多的就业岗位，在稳存量的基础上扩增量，实施更加积极的就业优先政策，拉动就业能力强的投资项目在河南落地，充分释放创业创新潜力。应把应届大学生、农民工、就业困难人员当作重点对象并给予其一系列就业帮助。应通过大力推动税收减免、金融扶持、要素保障等一系列政策落地来强化就业服务、防范风险。同时要继续落实河南省人力资源和社会保障厅推出的一大批稳岗扩就业政策措施：继续实施阶段性降低失业保险工伤保险费率政策、继续实施以工代训扩围政策、继续实施困难人员培训生活费补贴政策、继续放宽技能提升补贴申领条件、继续实施就业见习补贴提前发放政策、支持毕业生基层就业和升学入伍、支持自主创业和多渠道灵活就业、实行就业服务信息采集补助、支持开展就业创业专项服务活动。

第二，促增收。居民的收入水平决定居民的消费能力，进而影响消费预期和消费信心，因此，河南省全面激活消费潜力必须把增加居民收入作为民生发展的重要目标。一是做大增量。河南省要努力保持居民收入与经济增长同步，劳动报酬与劳动生产率提高同步。“两个同步”一方面要求继续将“蛋糕”做大，将经济发展作为提升居民收入水平的基础和前提；另一方面要求转变经济发展方式，实现经济结构转型升级和动能转换，促进经济高质量发展。二是优化存量。不断改革收入分配制度，规范收入分配秩序，合理调整政府财政收入、企业利润与劳动者工资收入的分配关系，形成合理有序的收入分配格局。在收入结构方面，要努力增加居民的财产性收入，丰富和规范居民投资理财产品的渠道，稳定资本市场财产性收入预期，深化农村土地和集体产权制度改革。要响应国家共同富裕的号召，构建初次分配、再分配、三次分配协调配套的基础性制度安排，加大税收、社保、转移支付等手段的调节力度并提高精准性，扩大中等收入群体比重，增加低收入群体收入，形成中间大、两头小的橄榄形分配结构。要加强对高收入的规范和调节，依法保护合法收入，合理调节过高收入，鼓励高收入人群和企业更多地回报社会。

第三，强保障。居民未来收入预期也会影响消费，完善的社会保障体系有助于稳定消费预期，增强消费者的安全感与消费体验，全面激活与释放消费潜力。加强社会保障要求强化再分配的调节功能，利用税收政策、减税降费、转移支付、实物货币补贴、政府购买公共服务等方法来改善不同消费主体之间消费能力不均衡的状况。应实施区域发展战略，提升城镇化水平，缩小城乡之间、区域之间的收入差距和消费差距。另外，要不断提升公共服务水平，令不同的消费主体能够在教育、公共卫生、公共文化、社会福利、社会救济等方面享受到均等化的公共服务，降低民众教育、医疗、住房等大额支出，消除居民不敢花钱、不能花钱的顾虑，进一步释放消费潜力。

（二）着力促进消费升级

《中华人民共和国国民经济和社会发展第十四个五年规划和二〇三五年远景目标纲要》鼓励培育新型消费，发展信息消费、绿色消费、数字消费，鼓励定制、体验、智能、时尚消费等新模式新业态的发展。为深入贯彻党中央、国务院的决策部署，河南省不仅要注重需求侧的管理，更应该紧抓供给侧结构性改革的主线，促进消费升级、大力优化市场供给，通过多措并举鼓励新消费模式、新消费热点发展，同时提升消费的品质和服务保障能力，推进消费提质扩容，服务于构建双循环新发展格局。

一是完善商贸流通基础设施建设，提升基层消费水平。一方面，要深入挖掘农村消费潜力，引导大型商贸流通企业下沉农村建设，建设特色农产品优势区和绿色食品生产加工集聚区，打造地方知名特色农产品品牌，丰富农产品的供给；升级改造一批农产品批发市场、贸易市场和菜市场，开展助农直播展销活动，扩大农产品的销售渠道；健全农产品的流通网络，完善农产品“出村进城”工程的物流配送体系，扩大农村电商的覆盖面，建立健全县、乡、村三级物流配送体系，促进商品流通。另一方面，构建城乡融合消费网络，要改造一批乡镇商贸中心，加强基层消费基础设施建设，建造若干区域消费中心，优化城乡商业网点布局。

二是加快国际消费中心城市培育建设，打造省内特色消费中心，满足中高端消费的需求。要大力支持郑州、洛阳进行国际消费中心城市建设，鼓励开封、安阳、南阳、商丘等城市建设区域性消费中心城市，在河南培育一批有代表性的新型消费示范城市，到 2022 年力争建设 20 个省内消费特色中心，打造消费区域增长极。另外，针对城市各街区和居民生活区，要加快对步行街进行高质量改造提升，培育标志性商圈；围绕居民日常生活需求，打造一刻钟便民服务生活圈；推动便民服务基础设施建设，对于便民商业设施如便利店、菜市场、早餐店、维修点等进行新建改造或升级。

三是鼓励消费新模式、新热点、新业态的发展，满足人民群众日益增长的美好生活需求。首先，把握互联网技术带来的消费发展机遇，对实体商业企业进行数字化、智能化改造和升级，如构建智慧餐厅、智慧商店，鼓励传统商贸企业开展直播营销、内容营销、社群营销，发展“线上引流＋实体消费”的融合发展销售模式，加快构建“智能＋”消费生态体系，大力发展“互联网＋社会服务”消费模式，鼓励线上线下新消费模式融合发展。其次，抓住文旅融合、加快发展的机遇，培育多主体、多方位、多元化的消费场景，因地制宜打造夜间消费集聚区，打造“郑州夜商都、洛阳古都夜8点、开封大宋皇城美食之都”等夜消费品牌，发展夜经济，扩展消费空间。通过鼓励旅游景区和运动休闲场所对14岁以下儿童和60岁以上老年人免费开放，扩大门票价格优惠范围来增加景区人流量，也可以通过落实带薪休假制度，促进灵活休假，鼓励河南省文化旅游的发展，进而增加消费机会。

（三）着力坚持人民导向

河南省全面激活消费潜力，一方面要抓住扩大内需的战略基点，深入挖掘消费潜力；另一方面要提高供给质量，推动传统消费升级，其中最重要的是要坚持人民导向，以满足人民需求为中心和落脚点。

在遭受特大暴雨灾害和新冠肺炎疫情局部发生的叠加冲击后，河南省积极保障居民日常生活需要、推动省内消费恢复、促进经济平稳回升，重点聚焦销售占比大、群众关注度高、带动作用强的领域，如汽车、成品油、家电家居、餐饮、文旅等，要求各地区根据当地实际情况执行上级指导意见。河南省重点加大对受灾地区和群众的支持力度，推出了支持汽车报废更新、鼓励汽车消费、扩大成品油消费、推动家电家居消费升级、释放文旅消费潜力、支持文旅企业复工复产、提振零售餐饮消费等政策措施。另外，河南省还谋划了164场促消费活动，河南省财政厅安排了67.71亿元资金保障防汛救灾和灾后恢复重建，大力满足当下人民所需，打通消费堵点，贯通消费环节，解决现阶段消费者的后顾之忧。下一步，必须在全面激活消费潜力的过程中坚持人民导向，紧扣人民群众需求，打造高质量消费供给体系，着力提升民生服务水平、改善人民生活品质，为更好满足人民日益增长的美好生活需要、为实现全体人民共同富裕提供大力支持。

（四）着力优化消费环境

一是培育合理消费观念，营造积极消费氛围。科学理性的消费观念能够有效规范消费行为，提升消费品质。要培育适度、绿色、文明的消费观念。必须落实习近平总书记所倡导的“节约适度、绿色低碳、文明健康”的生活方式和消费模式。首先，适度消费要求以自身消费支付能力为依据，反对消费不足，也要反对过度消费。其次，绿色消费要求消费者将自身消费行为限制在环境承载范围之内，树立环保节约的意识，同时还要求消费者和生产企业注重生态责任和生态伦理。最后，文明消费倡导精神消费与物质消费并重，倡导在消费支出中满足精神需求，提升精神境界、优化自我品格、做到自我实现。全面激活消费潜力要求加强对消费的教育和引导工作，使广大人民群众的消费心理更加成熟，消费行为更加理性与务实，做到“能消费、敢消费、善消费”。河南省要引导消费者树立正确的消费观念，可以通过发起消费教育主题活动、举办消费知识讲座，利用新媒体等宣传方式进行消费引导和知识普及，从消费市场、消费环境、消费伦理、消费风俗、企业诚信经营等方面全方位营造积极的消费文化氛围。

二是完善消费体制，规范消费行为。完善的消费体制能够有效规范消费行为，维护消费者正当消费诉求，消除消费顾虑，增强消费信心，进而满足消费者的需求。要形成政府监管、行业自律、社会监督的多元共治共建共享消费生态体系，合理有序发展消费新业态、新模式。当前河南居民消费领域存在着服务行业标准体系滞后、消费后评价制度不健全、诚信维权体系建设滞后等一系列问题，对一些侵害消费者权益的行为没能进行处置或处置不力，居民消费缺乏良好的环境保障。因此，要全面营造良好放心的消费环境，可针对消费环境中存在的问题加强市场秩序监管、推进消费领域信用体系建设、畅通消费者维权渠道。具体措施包括严厉打击侵权行为和制售伪劣商品等违法犯罪活动，加强对企业和相关人员的信用体系建设，完善个人信息保护制度和消费后评价制度等。

参考文献

张振、陈思锦：《适应消费结构升级趋势 创新消费业态和模式——国家发展改革委等部门有关负责同志就〈加快培育新型消费实施方案〉答记者问》，《中国经贸导刊》

2021 年第 8 期。

张安忠：《内循环战略背景下扩大河南消费需求的制约因素分析——基于收入分配结构的视角》，《统计理论与实践》2020 年第 5 期。

蒋玲：《消费引领美好生活建构》，《天津大学学报》（社会科学版）2021 年第 5 期。

B.19
河南前瞻布局未来产业的分析与思考

崔理想*

摘　要： 未来产业是指有效满足未来人类和社会发展新需求、未来可以通过科技创新实现引领力转变、有力支撑带动未来经济社会发展的产业。前瞻布局未来产业、抢占未来产业发展新赛道，是新时代河南奋勇争先、赢得未来、更加出彩的必由之路。河南须立足省情实际，敢为人先，主动有为，善于优中培新、有中育新、“无中生有”，推动未来产业高质量发展，树立未来产业河南品牌。

关键词： 未来产业　产业布局　河南省

未来产业是一个国家或地区支撑未来经济增长、赢得未来竞争优势的关键所在。当前，越来越多的国家和地区开始谋划布局未来产业，并把未来产业作为其未来抢占先机的关键抓手。2021 年 9 月 7 日，河南省委工作会议提出实施换道领跑战略，在未来产业上进行前瞻布局。研究分析未来产业的科学内涵与基本特征，充分认识前瞻布局未来产业的必要性、必然性和紧迫性，厘清发展基础、思路及举措，成为河南抢占未来产业发展新赛道、赢得未来、更加出彩的必由之路。

一　未来产业的科学内涵与基本特征

什么是未来产业？目前国内外学术界对未来产业概念、内涵及特征的探

* 崔理想，河南省社会科学院经济研究所助理研究员，主要研究方向为产业经济。

讨尚处于起步期，对未来产业的界定标准，尚未达成共识。但很多较具代表性的研究成果，对河南前瞻布局未来产业仍具有重要参考价值。

（一）科学内涵

余东华（2020）认为，未来产业是重大科技创新产业化后形成的、代表未来科技和产业发展新方向、对经济社会具有支撑带动和引领作用的前瞻性新兴产业。李晓华等（2021）认为，未来产业是指由处于探索期的前沿技术所推动、以满足经济社会不断升级的需求为目标、代表科技和产业长期发展方向，会在未来发展成熟和实现产业转化并对国民经济具有重要支撑和巨大带动作用，但当前尚处于孕育孵化阶段的新兴产业。沈华等（2021）认为，未来产业是以满足未来人类和社会发展新需求为目标，以新兴技术创新为驱动力，旨在扩展人类认识空间、提升人类自身能力、推动社会可持续发展的产业。周波等（2021）认为，未来产业是面向未来社会需求的、由当下尚未成熟的技术突破驱动的、将会发展成战略性新兴产业的产业。满足未来需求、科技（技术）创新、支撑带动等核心关键词，是上述有关未来产业内涵的共性所在。同时，上述观点也表明未来产业并非广义上的未来全部产业，而是狭义上的未来主导型或支柱型产业。因此，未来产业是指有效满足未来人类和社会发展新需求、未来可以通过科技创新实现引领力转变、有力支撑带动未来经济社会发展的产业。其中，有效满足未来人类和社会发展新需求是未来产业的根本目标，未来可以通过科技创新实现引领力转变是动力所在，有力支撑带动未来经济社会发展是核心要求。三个条件，缺一不可。

（二）基本特征

余东华（2020）认为，未来产业一般具有 6 个基本特征：①从产业属性维度看，未来产业体现产业发展的智能化、数字化、绿色化趋势，代表了先进产业的发展方向；②从科技属性维度看，未来产业是科技迅速发展和群涌式创新所带来的新型产业形态；③从需求属性维度看，未来产业对市场需求具有高度敏感性，能够感知消费者期望变化和消费者偏好，能够通过提供新产品或新服务引导潜在需求转化为现实需求；④从市场属性维度看，未来产业具有市场潮流引领性和市场结构寡占性；⑤从政策属性维度看，未来产业需要产业政策的引导和支持；⑥从要素属性维度看，未来产业是以新型要素为主要投入品的先导产业。赵剑波（2021）从历史的角度，认为未来产业一般具有前瞻性、幼稚性、跳跃性 3 个主要特征。沈华等（2021）认为未来产业发展呈现“四新”的特征，即依托新科技、满足新需求、发展新业态、孕育新组织。周波等（2021）认为未来产业具有 3 个特征：①具备科技和产业的双重属性，未来产业既由科技突破衍生而来，也是未来的支柱产业；②处于技术和产业发展的早期，处于技术和市场都不成熟的阶段；③将在未来社会中使产业、经济、科技和生活等方面产生重大变革。总体来看，无论是有 3 个特征、4 个特征，还是 6 个特征，未来产业本质上都是产业，产业属性都是其第一特征。未来产业是面向未来的产业，因此必然具有未来属性或者说时空特征。另外，未来产业是由科技创新或技术突破衍生出来的新业态，那么其也必然具有显著的科技属性。同时，未来产业不是面向未来的一般产业，而是能够支撑未来、引领未来的主导型或者支柱型产业，因此未来产业必然具有主导属性或者支柱属性。再者，未来发展充满不确定性，尤其当前我们正经历世界“百年未有之大变局”，因此未来产业的不确定性属性特征也比较鲜明。综上，未来产业是具有产业、时空、科技、主导（或支柱）、不确定性等鲜明属性特征的产业。

二　河南前瞻布局未来产业的现实意义

当前河南发展站在了新的历史起点，处于可以大有作为的关键阶段。前瞻布局未来产业，将对河南抢抓战略机遇、在奋勇争先中更加出彩、高质量建设社会主义现代化河南等具有重要现实意义。

（一）抢抓战略机遇、实现换道领跑的重要举措

近年来，美国、日本、英国、法国、德国、韩国、俄罗斯等世界主要经

济体相继发布了主导未来产业行动计划，这些国家的未来产业主要集中在人工智能、量子技术、人机交互、低碳工业、绿色交通、生物能源、未来医学、未来医院、精准医疗等智能、低碳、健康领域。习近平总书记多次强调要抓紧布局未来产业，《中华人民共和国国民经济和社会发展第十四个五年规划和二〇三五年远景目标纲要》明确提出，着眼于抢占未来产业发展先机，前瞻谋划未来产业，要在类脑智能、量子信息、基因技术、未来网络、深海空天开发、氢能与储能等前沿和产业变革领域，组织实施未来产业孵化和加速计划。河南作为内陆欠发达大省，很多未来产业仍处于空白或者初创阶段，面对未来产业发展大趋势和大机遇，河南必须勇于尝试、敢于角力，在紧抓机遇中，借力未来产业“风口”实现换道领跑。

（二）顺应竞合态势、重塑竞争优势的必然选择

着眼于国内，包括河南在内的 20 多个省（市）将“布局未来产业”写进了其“十四五”规划纲要或政府工作报告。广东、浙江、江苏、山西、安徽、湖北、陕西等地已有较明确的未来产业布局方向。其中，山西省出台的《山西省“十四五”未来产业发展规划》，更是成为国内首个省级层面的未来产业发展五年规划。市级层面，深圳、沈阳等城市也相继出台了未来产业行动计划。同时，未来产业培育与布局，还呈现显著的区域联动或区域抱团式发展特征，如长三角地区、粤港澳大湾区、京津冀地区、川渝地区等都在推动协同创新、共建未来产业群。由此可见，未来产业已成为区域竞争与合作的主战场。面对日益激烈的竞合态势，河南绝对不能反应迟缓，必须积极主动投入未来产业竞合主战场，加快谋篇布局未来产业，以在全国区域竞争格局的不断“洗牌”中重塑和保持竞争优势、站稳脚跟。

（三）产业夯基垒台、引领未来发展的必由之路

未来产业是满足未来人类和社会发展需求、引领未来经济社会发展的产业，也是地方培育产业新动能、形成新增长点、重塑竞争新优势的关键。作

为人口大省、经济大省，河南一亿人口大市场蕴含着巨大的内需拉动力，前瞻布局未来产业，合乎国家需要、合乎时代召唤、合乎人民期盼、合乎河南实际。“奋勇争先、更加出彩”是习近平总书记寄予河南的殷殷嘱托。前瞻布局未来产业，是河南贯彻落实国家未来产业战略布局、构建新发展格局的重要抓手，也是河南在奋勇争先中实现中原更加出彩目标的具体行动。“两个确保”（确保高质量建设现代化河南，确保高水平实现现代化河南）是贯彻党的十九大关于第二个百年奋斗目标两个阶段战略安排的河南实践。前瞻布局未来产业，是河南预期内构建现代产业体系、强化产业支撑能力、更好满足人民美好生活需要的关键所在。

三　河南前瞻布局未来产业的基础条件

立足河南省情实际，明晰前瞻布局未来产业的有利条件和不利因素，是河南高质量推进未来产业谋划和布局的前提基础。

（一）有利条件

有一定的发展条件。党的十八大以来，河南大力实施创新驱动战略，孕育形成了一批高新技术企业、创新龙头企业。郑洛新国家自主创新示范区试验田效应日益凸显，示范引领作用得到更充分发挥。高质量推进中原科技城建设，加快打造中部地区科创高地。以嵩山实验室、黄河实验室、神农种业实验室为代表的旨在支撑未来产业孵化和加速产出的省实验室体系加快构建。“万人助万企”活动的常态化开展，有助于有效破解企业难题与发展瓶颈，为现有产业未来化创造了良好条件。

有一定的发展基础。首先是较好的产业基础，河南是新兴工业大省，工业门类齐全、体系完备，具有良好的工业综合协调能力，装备制造、食品制造、电子制造、新型材料制造和汽车制造等五大主导产业已经形成，中铁装备、郑煤机、双汇、三全食品、宇通客车、仕佳光子等大批龙头企业带动效应更加凸显。其次是巨大的市场基础，河南拥有一亿人口大市场，蕴含着巨大的内需拉动力、产业向心力。同时随着河南省委工作会议的召开，未来产业发展共识将加快凝聚，发展合力将加快形成。

有一定的突破能力。当前，河南已涌现出一批科研力量足、技术水平高、攻关能力强的尖兵企业，如宇通集团，其5G自动驾驶技术处于行业领先地位，建立了全国首个客车行业的燃料电池与氢能专业研发平台，将促使智慧出行、绿色交通、氢能与储能等加快发展。同时，龙头企业更好地发挥了带动效应，包括推动产业上下游、大中小企业联动，共建产业研究院、创新联盟、创新联合体等，助力降低突破成本及难度，抱团打造多赢的未来产业群等。

（二）不利因素

未来产业所需创新驱动力不足。河南虽涌现出一批创新龙头企业、高新技术企业，但这些企业的发展情况与其经济大省的地位还不相称。与发达地区相比，河南的龙头企业、高技术企业数量、规模、带动效应等都较为落后。“双一流”高校少，学科专业结构不够优化，与未来产业结合不紧密。河南国家重点实验室数量占全国总数的比重不足3%，嵩山实验室、神农种业实验室等省级创新平台揭牌成立不久，研发体系、转化体系和服务体系还处于建设期，助力未来产业孵化和加速转化的作用还未有效发挥。

未来产业所需人才支撑力不足。河南是人口大省，具有显著的劳动力供给优势，但高技能人才只占从业人员数的4.6%，每万名就业人员中研发人员29.2人年，仅相当于全国平均水平的47%。所需人才培育能力不足，2020年河南高等教育毛入学率51.86%，低于全国平均水平2.54个百分点；本科高校占全省高校总数的37.75%，低于全国平均水平8.63个百分点；有5个设区市没有布局本科高校；博士学位授权高校仅有9所，博士研究生招生数仅占全国的0.93%。同时人才环境不优，引才成效也不尽如人意。

对未来产业发展趋势反应力不足。无论是世界主要经济体相继发布主导未来产业行动计划，还是国内各地纷纷提前落子、抢占未来产业发展新赛道，都无疑会对后入者产生一定的挤出效应，增加抢占难度和竞争激烈程度。近几年河南虽已明确提出布局未来产业，但至今还未形成明确的未来产业布局方向和思路，这无疑增加了河南通过前瞻布局未来产业实现重塑优势、换道领跑的难度和压力。

四　河南前瞻布局未来产业的基本思路

顺应未来产业竞合大势，坚持升级存量和优化增量相结合，善于优中培新、有中育新、“无中生有”，高质高效推动现有产业未来化和未来技术产业化。

（一）优中培新

全面梳理河南最具比较优势的产业、技术，尤其是装备制造、食品制造、电子制造、新型材料制造和汽车制造等现有主导产业，瞄准智能、低碳、健康等方向，推动“优势产业→未来产业”“优势技术→转化孵化→未来产业”的高质高效转变，实现转型发展直道冲刺。依托具有比较优势的孵化条件和环境，吸引未来产业相关要素高质高效集聚河南，为河南未来产业“培土奠基、施肥助长、授粉成果”。

（二）有中育新

全面梳理和深度挖掘河南具有潜力的产业、技术，推动“潜力产业→优势产业→未来产业”“潜力技术→优势技术→转化孵化→未来产业”的高质高效转变，为转型发展直道冲刺增添可持续助力。推进产学研深度联动，促使现有传统产业甄选出与自身相匹配的转型技术路线，自发向未来产业转变。推动现有传统产业主动与前沿技术、跨界创新、颠覆模式对接链接，实现借力向未来产业转变。

（三）无中生有

紧密跟踪世界科技前沿，把握未来产业变革趋势，统筹用好“筑巢引凤”和“借鸡下蛋”策略，助力未来产业入豫、在豫高质量发展。“筑巢引凤”，就是通过优化营商环境，持续打造一流的创新生态、应用场景，吸引省外的未来产业及相关要素入豫布局发展，助力河南打造未来产业群。“借鸡下蛋”，就是通过设立“科创飞地”，利用省外的未来产业创新平台、孵化平台等，助力河南培育自己的未来产业，形成“省外研发孵化–省内产业化”发展格局。

五　河南前瞻布局未来产业的关键举措

河南要紧扣前瞻布局未来产业的目标与方向，聚焦发展第一要务、创新第一动力、人才第一资源，把握关键，开放协作，统筹实施重点专项行动，持续打造一流的未来产业创新发展生态，不断强化未来产业发展的支撑体系。

（一）创新能力提升专项行动

围绕河南遴选出的未来产业重点领域的关键重大创新需求，整合和集中优势资源，统筹提升创新供给力、服务力和驱动力。一是着力提升实验室体系服务能力。主动对接、深度嵌入国家战略科技力量体系，加快构建以嵩山实验室、黄河实验室、神农种业实验室等为代表的省级实验室体系。充分用好在豫国家重点实验室的服务能力，在优势领域新创建一批国家重点实验室。二是着力提升高等院校和科研院所创新源头供给能力。依托郑州大学、河南大学、河南省科学院、河南省农业科学院等高校和科研院所深化未来产业前沿基础理论研究，重塑研发体系、转化体系和服务体系，助力突破未来产业“卡脖子”关键技术。三是着力提升规模以上企业创新能力。鼓励和支持规模以上企业特别是龙头企业以产业未来化为主题开展研发活动，示范带动产业链上下游、大中小企业协同创新，共建未来产业研究院、创新联盟、创新联合体等，合力打造未来产业群。

（二）人才队伍建设专项行动

围绕未来产业重点领域发展需求，坚持引育结合、以用为本，持续强化未来产业发展的人才队伍支撑体系。一是高质量引进人才。实施未来产业人才入豫行动，践行聚天下英才而用之思想，建立未来产业全球引才体系，开展靶向引才、精准引才。创设好和落实好更具吸引力、竞争力的人才政策，促使未来产业所需人才近悦远来。二是高质量培育人才。实施未来产业专业技术人才培育计划，依托高校和科研院所，设立面向未来产业重点行业领域的学科、专业和课程，培养满足未来产业不同层次发展需求的专业技术人才，实现人才订单式培养与输送。三是高质量使用人才。尊重人才成长规律，宽容“失败”，使人才厚积薄发、人尽其才，最大限度地发挥人才在未来产业发展中的支撑作用。

（三）金融资本扶持专项行动

围绕未来产业重点领域发展需求，坚持政府、市场、金融机构三方联动，持续强化未来产业发展的金融资本支撑体系。一是强化产业基金支持。坚持盘活存量和优化增量相结合，既要盘活和充分利用河南现有各类产业发展基金，也要探索建立未来产业投资专项基金，合力支持未来产业发展。二是推动企业上市融资。实施未来产业企业上市融资帮扶行动，对符合遴选条件的未来产业类企业开展常态化上市培训与服务，持续推动其在主板、创业板、新三板、科创板上市融资。三是引导金企深度合作。鼓励银行、保险、基金等金融机构，发起或参与设立未来产业投资基金，创新发展科技保险、专利保险等金融产品和服务，为未来产业类企业提供股权、债权等多种融资方式，持续支持未来产业发展。

（四）未来产业孵化专项行动

组织实施未来产业孵化与加速计划，坚持当地孵化与异地孵化相结合，塑造“未来产业孵化”河南样板、河南模式。一是重塑重构河南未来产业孵化平台。围绕未来产业发展需要，升级或新建一批以未来产业为特色的创业苗圃、孵化器、加速器等，形成“创业苗圃 + 孵化器 + 加速器”的未来产业全产业链培育模式。二是完善未来产业孵化服务体系。扬长补短，搭建一批未来产业综合服务载体平台，高质量提供技术研发、检验检测、技术评价、技术交易、质量认证、人才培训等专业化服务，加快推动未来产业创新成果产业化。三是建设好和运用好未来产业展演展示平台。依托未来产业集聚区，搭建一批未来产业展演展示平台，及时宣传未来产业孵化成果，提升未来产业影响力、带动力。

（五）龙头企业引育专项行动

围绕未来产业重点领域发展需求，科学制定龙头企业引育标准、工作方案及政策举措，真正培育形成一批具有竞争力、影响力、带动力的未来产业龙头企业，树立未来产业河南品牌。一是努力引进一批龙头企业。立足河南未来产业发展的基础及需求，科学制定未来产业重点引进企业目录，大力度、高质量推进未来产业“筑巢引凤”工作。二是着力培育一批龙头企业。高质量推进龙头企业规模提升、创新发展、转型升级、跨界融合、链式发展等重点工作。同时，完善“微成长、小升高、高变强”梯次培育机制，形成更多“专精特新”、小巨人、单项冠军企业，为培育形成更多龙头企业“培土奠基”。三是更好地发挥龙头企业的示范带动效应。带动产业链上下游、大中小企业联动发展，共建未来产业链、产业群。

（六）区域深度协作专项行动

围绕未来产业重点领域发展需求，坚持国际、国内和省内三个层面同时推进，努力在“走出去”和“引进来”双轮驱动中实现河南未来产业高质量发展。一是实施高水平国际合作工程。河南应充分发挥“四条丝路”的功能，加强与共建“一带一路”国家的合作，加强与未来产业发展先行国家及地区的合作，为河南未来产业壮大发展助力。二是实施高水平省际合作工程。加强与长三角地区、粤港澳大湾区、京津冀地区、川渝地区等创新协同区的合作，加强与广东、浙江、上海等国内未来产业先行省（市）的合作，加强与深圳、沈阳等未来产业先行城市的合作，借鉴其经验与模式，探索出河南未来产业发展之路。三是实施高水平省内合作工程。依托中原城市群建设，推动河南各省辖市联动抱团发展，塑造出彩的河南未来产业群形象。

参考文献

余东华：《“十四五”时期我国未来产业的培育与发展研究》，《天津社会科学》2020 年第 3 期。

李晓华、王怡帆：《未来产业的演化机制与产业政策选择》，《改革》2021 年第 2 期。

沈华、王晓明、潘教峰：《我国发展未来产业的机遇、挑战与对策建议》，《中国科学院院刊》2021 年第 5 期。

周波、冷伏海、李宏、陈晓怡、贾晓琪、葛春雷、惠仲阳、叶京：《世界主要国家未来产业发展部署与启示》，https://doi.org/10.16418/j.issn.1000-3045.20210507001，2021 年 9 月 13 日。

赵剑波：《“三大效应”加速未来产业涌现》，《清华管理评论》2021 年第 Z1 期。

沈华、王晓明：《构建“四位一体”格局 促进未来产业大步向前》，《科技日报》2021 年 3 月 25 日。

李铮、冯芸、马涛：《省委工作会议在郑州召开 确保高质量建设现代化河南 确保高水平实现现代化河南 全面实施“十大战略” 在新征程上奋勇争先更加出彩》，《河南日报》2021 年 9 月 8 日。

赵祯煜：《前瞻布局未来产业 引领换道领跑战略》，《河南日报》2021 年 9 月 22 日。

宋高峰：《加快布局未来产业新赛道》，《河南日报》2021 年 9 月 22 日。

B.20 河南实施优势再造战略的思考及建议

王摇橹*

摘　要： 近来年，河南在交通区位、产业基础、内需规模等方面形成了比较优势，但在构建新发展格局的过程中，这些传统优势可能将弱化甚至消失。这就要求河南通过实施“优势再造”战略，进一步提升交通枢纽能级、发展现代枢纽产业、构建现代产业体系、推动“五链”深度耦合、培育壮大龙头企业等，推动交通区位优势、产业基础优势和内需规模优势向枢纽经济优势、产业链供应链优势和供需协同优势转变，加速形成新的综合竞争优势，打造河南发展胜势。

关键词： 优势再造战略　竞争优势　河南省

河南作为全国经济大省、人口大省，凭借着独特的枢纽优势、巨大的消费需求和市场空间、丰厚的要素资源、完备的产业体系，在交通区位、产业基础、内需规模等方面形成了比较优势。但在新发展阶段，河南赖以立身的这些传统优势可能将弱化甚至消失，而巩固提升已有优势面临着交通枢纽“流量”大于“留量”、制造业高端供给不足、内需潜力尚未充分释放等挑战。对河南而言，“优势再造”战略的提出正当其时。当前，河南应立足省情实际、扬长避短，锚定这一战略定位，紧抓构建新发展格局和中部地区崛

* 王摇橹，河南省社会科学院经济研究所研究实习员，主要研究方向为区域经济。

起战略机遇，充分发挥资源禀赋和比较优势，推动优势再造提升、融合聚合，重塑竞争新优势。

一　充分认识河南实施优势再造战略的重大意义

实施“优势再造”战略，是河南服务构建双循环新发展格局的内在要求，不仅能为河南在中部地区高质量发展格局中脱颖而出提供坚实保障，也是确保高质量建设现代化河南、确保高水平实现现代化河南的“关键一招”。

（一）服务构建双循环新发展格局的内在要求

加快构建双循环新发展格局，是应对世界百年未有之大变局的战略举措，既要求发挥我国超大规模市场优势，畅通国内大循环，又要充分利用两个市场、两种资源，参与国际循环。实践表明，只有主动服务和融入国家大战略，才能实现经济社会发展的大跃升。河南由于处在国内国际双循环的交汇点，具有长期发展积累的优势，有条件有能力在加快构建新发展格局、服务全国大局中展现更大作为。河南只有抓住新发展格局这一重大机遇，找准自身定位、发挥比较优势，才能实现全局与一域的双赢。随着新发展格局的加快构建，供需将跃向更高水平动态平衡，产业链供应链将实现大规模深层次重构，先进生产要素将加速流动高效集聚，而一些传统优势可能将弱化甚至消失。实施优势再造，能够将区位交通、产业基础和市场空间优势加速转化为创新能力、人才集聚、产业发展优势，为河南全面融入双循环新发展格局提供重要支撑。

（二）在中部地区崛起中奋勇争先的关键举措

党的十八大以来，习近平总书记先后 4 次到河南视察，对河南工作多次做出重要指示和批示，并对河南在中部地区崛起中奋勇争先寄予了殷切期望。新时代推动中部地区高质量发展为河南争先崛起提供了重大发展机遇。

立足优势、放大优势是中部地区各省推动高质量发展的共同举措，例如安徽提出充分发挥科技创新优势，湖北提出发挥科教资源、产业基础优势等。在中部地区高质量发展格局下，面对区域竞相发展的新形势，对标对表习近平总书记重要指示，对照推动中部地区崛起的新标准，把握机遇、发挥优势是河南乘势而上、争先崛起的必然要求。河南应围绕高质量发展这一主题，进一步找准定位，发挥好自身在区位交通、产业基础、市场规模、文化底蕴和内陆开放等领域已形成的“比较优势”，在巩固既有优势基础上塑造新优势，只有这样才能在服务中部地区高质量发展中培育新优势、增添新动能、展现更大作为。

（三）河南省实现“两个确保”的重要抓手

2021 年的河南省委工作会议提出了“两个确保”的奋斗目标，即确保高质量建设现代化河南，确保高水平实现现代化河南。“十三五”时期，河南省的综合实力实现了跨越提升，脱贫攻坚战取得全面胜利。目前，河南仍处于工业化城镇化快速推进阶段，多重国家战略叠加，一亿人口大市场蕴含着巨大内需拉动力，这些都为实现“两个确保”提供了最坚实的发展支撑。虽然河南已经积累了一定的基础优势，但整体水平不高，“优势再造”战略的适时提出，恰恰迎合了建设现代化河南的需要。站在新的历史起点，要想在现代化建设新征程中开新局、育先机，就必须把握好优势再造这一重要抓手，充分发挥和重塑区位优势、产业基础优势和内需规模优势，把人才、技术、资金和实体产业留在河南，实现“流量”变“留量”，推动产业向高端、高附加值方向发展，在枢纽经济、高端制造业等方面形成新的比较优势，为河南扎实推动现代化建设开好局起好步。

二　深刻理解河南实施优势再造战略的核心要义

“再造”，不是在既有基础上简单地添砖加瓦，而是要放下传统的路径依赖和思维定式，在原有基础上实现新的突破。实施优势再造战略就是找到交通区位优势、产业基础优势和内需规模优势的突破口、发力点，认真研判、坚定出击，并将其转化为枢纽经济优势、产业链供应链优势和供需协同优势。

（一）推动交通区位优势向枢纽经济优势转变

河南处于“中国之中”，承东启西、连南贯北，全国“十纵十横”综合运输大通道中有五条经过河南。目前，河南省现代立体综合交通枢纽体系已经比较完善，形成了“四路”协同并进的独特格局，枢纽经济能级和开放通道优势持续提升，在激活国内大循环、畅通国内流通体系和链接国际经济循环中发挥了重要的作用。枢纽经济是利用交通枢纽的集聚扩散功能，变“交通走廊”为“要素走廊”，吸引资金、人才、技术和信息，促进本地区产业发展，并在此基础上形成能够产生多种经济辐射效应的经济模式。要以国际格局、世界眼光审视、定位河南，牢牢抓住重大交通枢纽这个“牛鼻子”，不断提升“通”“融”“聚”功能，即以交通枢纽建设为切入点，加速集聚枢纽偏好型产业，最大限度地释放交通枢纽的聚集、组合和辐射功能，把人才、技术、资金和实体产业留在河南，推动枢纽优势向物流优势、贸易优势、产业优势转化，加快交通体系、物流枢纽与区域、城市、产业的互动融合，将交通区位优势转化为经济发展优势、区域竞争优势。

（二）推动产业基础优势向产业链供应链优势转变

作为全国经济大省和新兴工业大省，河南省的产业基础优势主要体现在总量大、门类全上。河南产业是我国很多产业循环的发起点和联结点。随着全球科技创新进入高度密集活跃期，双循环新发展格局构建加快，产业链供应链可能出现剧烈重构，因此，能否持续提升产业链供应链现代化水平，向全球价值链中高端攀升，是河南能否入局的关键。制造优势是河南的传统优势，对于河南来说，制造业是根基也是未来，但河南传统产业占比大，多数处于产业链前端、价值链低端，与发达省份相比，龙头企业数量偏少，在企业规模、创新能力、品牌影响力等方面也存在一定差距。推动产业基础优势向产业链供应链优势转变，河南不仅要对传统产业进行改造升级，使传统产业逐步向产业链的中高端和关键环节迈进，通过延链补链强链，加快推进产业链现代化，推动“五链”深度耦合；同时还要提升大型企业、龙头企业的整体创新力和核心竞争力，使河南制造业不断做大做强，在新一轮产业变革中走在前列。

（三）推动内需规模优势向供需协同优势转变

国家“十四五”规划提出要深入实施扩大内需战略，河南是典型的内需主导型经济省份，消费市场空间大、有效投资需求大、新型城镇化潜力大，这为其吸引高端要素集聚和推动产业发展提供了重要依托。随着居民消费需求向个性化、智能化和高端化方向转变，河南逐步进入消费升级重要阶段。但受供给产品创新不足、科技含量不高、质量欠佳等因素影响，河南仍存在着供应链不完备、产业结构失衡、有效供给能力不足的问题，无法满足消费结构升级和消费模式转变的需要，导致投资和消费中省外购进占很大比例，即使不少重点零部件生产已经实现省内替代，但仍没有实现上下游配套，也就是说，河南当前的供给能力尚不能更好地满足人民日益增长的美好生活需要。进一步释放内需潜力、发挥内需规模优势，需要供需两端协同发力。推动内需规模优势向供需协同优势转变，就是依托河南的内需规模优势，扭住供给侧结构性改革这条主线，打通产业链和供应链堵点，补齐短板，减少无效供给、扩大有效供给和中高端供给，提高供给质量，提高供给对需求结构的适应性，形成需求牵引供给、供给创造需求的更高水平动态平衡，进而实现供需协同。

三　河南省加快实施优势再造战略的对策建议

河南省加快实施优势再造战略，应依托区位交通、制造、内需规模等领域已形成的比较优势，进一步夯实基础支撑，提升交通枢纽能级；强化集聚带动，发展现代枢纽产业；加快转型升级，构建现代产业体系；延链补链强链，推动“五链”深度耦合；做强项目支撑，培育壮大龙头企业，推动“优势再造”。

（一）夯实基础支撑，提升交通枢纽能级

发展枢纽经济，建设枢纽是基础，提升功能是关键。一是守牢基本盘，持续完善立体综合交通枢纽体系。把交通重大项目建设作为巩固交通区位优势的重中之重，重点建设航空枢纽、铁路枢纽和公路枢纽基础设施和网络，推进国家和区域物流枢纽、高铁高端商务区等项目建设，搭建便捷的互联互通平台，完善节点性运输、物流设施，打造陆海空对接、多式联运、内捷外畅的现代综合交通运输体系，不断提升对外通达能力。二是巩固好“四条丝路”既有优势，加快推进“四路协同”，以高水平“互联互通”和高质量多式联运发展为核心，全面提升河南枢纽经济能级和开放通道优势。三是加快“交通枢纽＋信息平台”建设，通过先进信息技术深度赋能交通基础设施，推动交通基础设施数字转型、智能升级，打造智慧公路、智能铁路等高效的智慧交通基础设施。四是加强枢纽经济服务平台建设。强化“枢纽＋平台”，依托重要交通枢纽，培育构建物流、商贸、信息、结算等要素聚集平台，优化提升平台影响力，以平台经济来推进枢纽经济。

（二）强化集聚带动，发展现代枢纽产业

发展枢纽经济，要素集聚是核心，辐射带动是根本。推动交通区位优势向枢纽经济优势转变，要围绕大交通构建大枢纽，围绕大枢纽布局大物流，围绕大物流发展大产业。一是强化“物流＋制造”。把现代物流业作为发展枢纽经济的重点，提升物流企业专业化服务能力和水平，立足河南制造业的发展需求，统筹布局物流枢纽、物流园区与产业园区，推动物流与制造业的深度融合。通过试点示范的方式，鼓励龙头、骨干企业先行先试，以物流业的高质量发展来提升制造业产业链的现代化水平。二是培育枢纽偏好产业。围绕“枢纽＋产业”的发展思路，吸引国际物流、电子信息、生物医药等

领域龙头企业入驻河南，加快产业链条化和集聚化发展，打造具有强大辐射带动能力的产业集群，构建枢纽偏好型产业体系，吸引人流、物流、资金流、信息流向河南汇聚，变“交通枢纽”为“经济枢纽”。三是制定差异化产业发展政策，推动城市错位发展。各城市资源禀赋、主导交通方式不同，应结合自身发展实际和发展目标导向，因城施策，加强与毗邻城市的联动互补，实现错位发展。四是促进“产城交”跨界融合。以交通支撑产业发展，以产业推进城市建设，以城市建设促进产业发展，实现枢纽产业与枢纽城市的融合共生、持续发展。

（三）加快转型升级，构建现代产业体系

河南拥有一批优势产业链和产业集群，要把制造业高质量发展作为主攻方向，实施产业基础再造工程，巩固传统产业优势，摆脱路径依赖，抓紧布局战略性新兴产业、未来产业，构建以先进制造业为支撑的现代产业体系。一是改造升级传统产业。在提升技术水准、产业链水平上再造传统产业优势，强化以智能制造、工业互联网等新技术赋能传统制造业，促使传统产业脱胎换骨、迭代升级，推动产业向价值链中高端攀升。二是重点培育新兴产业。新兴产业是形成未来竞争新优势的关键领域，当前河南新兴产业仍有较大的提升空间。河南应聚焦特色细分领域，整合创新资源，引进培育具有较强影响力的“专精特新”和单项冠军企业，以新兴产业培育强化制造业发展新动能。三是前瞻布局未来产业。在全球竞争格局加速洗牌和区域优势重塑的大背景下，发展未来产业是一个地区提升产业竞争力的重要手段，也是地区实现弯道超车的必然选择。河南应聚焦氢能储能、量子通信等若干前沿领域，精细研究、长远布局，加快推进现有产业未来化和未来技术产业化。

（四）延链补链强链，推动“五链”深度耦合

河南应围绕关键产业链，充分发挥要素禀赋和产业体系优势，实施产业链提升工程，提升产业链供应链现代化水平，全面推进产业链、供应链、创新链、要素链、制度链“五链”耦合。一是推进产业链现代化。以实施产

业链链长和产业联盟会长“双长制”为抓手，“一链一策”，找到强链延链补链着力点，打通产业链中的关键断点和堵点，实现流程再造、优势再造，有效提升河南产业基础高级化水平、产业链现代化水平。二是完善供应链、补齐产业链。系统梳理省内产业链“链主”企业产品、原材料、零部件等供需情况，重点解决制约企业发展的瓶颈问题，通过帮扶纾困，全力引导领军企业和“链主”企业就近配套，促进产业链供应链上下游、大中小企业协同发展，推动全产业链配套集聚发展，提高省内配套水平。三是高度重视创新、着力推进创新。激活创新发展动力源，主动对接国家战略科技力量体系，建设一流创新平台，打造一流创新生态，形成产业创新系统和合力，有力支撑创新链、产业链，以创新链打通堵点、连接断点，促进产业迈向全球价值链中高端。

（五）做强项目支撑，培育壮大龙头企业

抓项目就是抓发展，河南要以重点优势项目为支撑，充分发挥优势龙头企业带动作用，推进产业基础高级化、产业链现代化。一是坚持项目为王，充分发挥河南市场规模优势，以市场换产业、换投资、换技术，吸引更多好项目、大项目，从项目切入、以项目推动、用项目支撑，滚动推进“三个一批”，不断催生调结构突破点、新动能生长点和稳增长关键点，以重点突破带动全局整体跃升，推动制造业迈向产业链、价值链的更高环节。二是创新招商方式，突出“借脑连智”，深化与长三角、粤港澳等发达地区的合作，努力形成“沿海研发－河南产业化”发展格局，大力引进一批体量大、牵引力强的高质量项目，带动河南产业优化升级，厚植发展优势。三是培育一批“专精特新”、小巨人、单项冠军企业，并使其成长为细分市场的龙头企业。在制造业细分领域补短板、填空白、锻长板，强化科技创新和产业链供应链韧性，不断优化产业结构，提升产业层次。四是扎实开展“万人助万企”活动，把工作聚焦到产业、企业、企业家上，推动政策落地，解决发展难题，增强企业家信心，着力提升大型企业、龙头企业的整体创新力和核心竞争力。同时，聚焦市场化、法治化、国际化要求，持续优化营商环

境，不断提升服务能力，支持来河南企业的投资发展，为河南产业发展创造更好的条件。

参考文献

高保中：《全面融入新发展格局 塑造河南发展新优势》，《河南日报》2021 年 2 月 28 日。

完世伟：《迈好融入新发展格局的第一步》，《河南日报》2021 年 3 月 17 日。

仝新顺：《加快发展枢纽经济 促进新旧动能转换》，《河南日报》2019 年 4 月 4 日。

赵建军：《提升交通枢纽功能 促进枢纽经济高质量发展》，《群众》2019 年第 11 期。

丁新科：《读懂重塑优势这一关键词》，《河南日报》2021 年 9 月 15 日。

B.21
河南实施换道领跑战略的对策建议

王　芳*

摘　要： 换道领跑战略是2021年河南省委工作会议立足新形势，为实现“两个确保”奋斗目标提出的，具有重要的现实意义。河南的经济水平、区位交通、劳动力资源等为实施换道领跑战略提供了基础和支撑。下一步，要以在未来产业上前瞻布局、在新兴产业上抢滩占先、在传统产业上高位嫁接、在生态圈层上培土奠基为根本路径，着力在新型基础设施建设、科技创新能力提升、创新人才队伍培育、优良营商环境构建等方面下功夫、求实效，以推动实现换道领跑、跨越发展。

关键词： 换道领跑　高质量发展　河南省

2021年省委工作会议明确了“两个确保”奋斗目标，提出全面实施“十大战略”，换道领跑战略是其中重要一环。面对新形势新任务，河南必须以前瞻30年的眼光想问题、做决策，抢抓机遇、敢为人先，善于优中培新、有中育新、“无中生有”，积极抢占未来发展制高点，以换道领跑赋能发展加速度，奋力实现跨越式高质量发展。

---

* 王芳，河南省社会科学院经济研究所副研究员，主要研究方向为区域经济。

一　河南实施换道领跑战略的重要性

（一）顺应新一轮科技革命和产业变革的必然选择

历史发展经验证明，每一次的科技革命和产业变革都会引发全球创新版图的变化以及各国经济地位和全球主导权的更迭，会为处于后发追赶地位的国家实现换道超车、跨越发展带来重大机遇。一般而言，已经相对成熟的技术和市场由于进入壁垒和成本较高，后来者赶超的机会窗口较小，跨越发展难度较大。而对于新兴技术和新兴产业来说，由于其正处于萌芽期或发展初期，技术壁垒和产业竞争格局尚未形成，需求变化和商业模式存在较大不确定性，能够为所有参与竞争者提供同等的机会，为后来者提供全新的机会窗口。当前，以人工智能、量子信息、物联网、大数据、区块链为代表的新一代信息技术蓬勃发展并与制造业深度融合，正在加速引发系统性、革命性、群体性的技术突破和产业变革，为河南利用新技术“变轨”实现跨越和利用全球价值链“重构”实现跃迁带来重大机遇。

（二）应对国内外发展环境变化的关键举措

当前，河南发展面临的国内外环境复杂多变，不稳定、不确定因素增多，世界处于百年未有之大变局。一方面是经济下行压力不断增大，国际上单边主义、保护主义、民粹主义明显抬头，国际贸易投资持续低迷，世界经济复苏乏力。从国内看，我国经济正由高速增长阶段转向高质量发展阶段，长期积累的矛盾与新问题新挑战交织，使得经济增速明显放缓。外部发展环境趋紧，叠加河南经济转型升级中结构性体制性矛盾日益显现，使得全省经济下行压力加大。另一方面是新冠肺炎疫情影响广泛。目前疫情仍在全球持续蔓延，国内疫情在2021年以来也出现多点局部发生与反弹的情况，不仅给公共健康和生命安全带来危害，也给经济的复苏与平稳发展带来了严重冲击。因此必须实施换道领跑战略，挖掘发展潜力，全面提升发展的质量和效率，以应对发展环境变化，牢牢掌握发展的主动权。

（三）在区域竞争中争先进位的迫切要求

近年来，全国区域竞争日益激烈，竞争格局不断洗牌，而新一轮区域竞争越来越多地体现在高科技产业竞争上。在科技创新及产业落地发展的过程中，各地政府都积极争抢科技资源、创新产业与高素质人口，而有些区域能够重塑优势或是后来居上，主要得益于其科技创新水平的提升和对高科技产业的换道领跑。比如安徽以“芯屏器合”战略性新兴产业为主导推动制造业高质量发展，使得以集成电路、新型显示、人工智能等为代表的“芯屏器合”产业体系成为安徽的新名片；贵州积极发展大数据产业，以大数据赋能传统产业，取得明显成效。因此，河南必须顺应趋势、抢抓发展机遇，敢为人先、超前谋划，奋力抢占未来产业发展制高点。

（四）推动实现高质量发展的必由之路

经过改革开放40多年的发展，河南和全国一样，已由高速增长阶段转向高质量发展阶段。为应对高质量发展阶段的发展环境及发展条件的深刻变化，不断提升经济发展质量，全国各地都在积极探索创新。沿海经济发达省份在发展实践中通过创新发展、结构升级、方式转变，已经逐步走上新的发展道路，并开始呈现在新的赛道上加速的态势，新的发展优势日趋稳定和凸显。当前，河南正处于转变发展方式、优化经济结构、转换增长动力的关键期，如果继续固守老路，单靠传统单一动能不仅不能缩小与先进地区的发展差距，而且也难以真正实现高质量发展目标。因此，必须树立新发展理念，全方位提高创新能力和水平，积极培育经济发展的新动力源，并在新赛道上尽快形成核心竞争力和核心优势，通过换道领跑推动实现高质量发展。

二　河南实施换道领跑战略的可行性

（一）矿产资源丰富，工业体系较为完备

河南自然资源和能源比较丰富，石油、天然气、煤、有色金属的储量丰裕，是全国矿产资源大省之一。依托丰富的矿产资源，经过70多年的发展建设，河南建立起了以装备制造、食品制造、新型材料制造、电子制造、汽车制造等产业为主导，具有一定技术水平和竞争力的工业体系。其中，装备制造产业规模居全国第五位，能源、原材料、装备制造、轻纺等工业产品在全国占据比较重要的地位，手机、盾构机等产品产量也跻身世界前列，培育了中铁装备、中国一拖、中信重工、宇通集团等一批在全球具有较强市场竞争力和较高知名度的企业。2020年河南第二产业产值占全省GDP比重为41.6%，是名副其实的工业大省。目前，河南工业结构门类日趋齐全，工业体系日益完备，拥有41个工业行业大类中的40个、207个中类中的197个，是很多产业循环的发起点、支撑点和结合点。良好的产业基础优势为推动产业基础高级化、提升产业链现代化水平，推动实现换道领跑奠定了扎实基础。

（二）区位优势明显，交通体系便捷高效

河南地处中原腹地，自古就有“九省通衢”之说，区位优势无可比拟。近年来，河南加快建设现代化交通体系，交通区位优势日益强化。2020年，全省高速铁路通车里程达到1980公里，“米”字形高速铁路网经济圈覆盖了近7.9亿人口以及方圆1000公里的城市，还直接贯通华东、长三角至华北、西北以及环渤海、西南地区甚至东南亚、孟加拉湾等地区。中欧班列（郑州）沿途多点集疏格局已经形成，实现了每周“去程16班、回程18班”高频开行，其市场化运营程度、信息化程度和班列开行质量都处于全国中欧班列先进水平。目前，以郑州为中心的4小时高铁圈、1.5小时航空

圈能够覆盖全国主要经济区域，多式联运、高效集疏的现代物流体系加快形成，为河南优化营商环境、增强新兴产业承接能力、推动实现换道领跑提供了有力支撑。

（三）劳动力资源丰富，劳动者素质不断提高

河南是人口大省，据第七次全国人口普查数据，河南常住人口约为9937万人，位居全国第三，占全国人口的比重为7.04%。河南人口一直保持着平稳的增长态势，其中劳动年龄人口6500多万人，可以说河南拥有十分丰富的劳动力资源，仍然处于人口红利期。同时，受经济发展水平的影响，与经济较发达地区相比，河南整体工资水平相对较低，劳动力价格相对较低，这使得河南在参与市场竞争、吸引承接新兴产业转移方面具有比较优势。随着近年来人才培养能力的提升，河南劳动者素质也得到显著提高。第七次全国人口普查数据表明，河南每10万人中拥有大学文化程度（大专及以上学历）的为11744人，比2010年增加了5346人；每年全省有各类职业院校毕业生80多万人，开展技能培训300万人次左右，劳动者职业素养的不断提高为换道领跑战略的实施提供了充分的智力支持。

（四）实体经济基础扎实，市场潜力巨大

河南是经济大省，2020年在新冠肺炎疫情的严重冲击下，实现地区生产总值54997.07亿元，比上年增长1.3%，位居全国第五，稳居中部第一。经过多年的发展，全省市场主体规模不断扩大，抗风险能力及发展韧性也持续增强。截至2020年底，全省市场主体总数为781.2万户，同比增长11.9%，位居全国第五、中部六省第一。市场主体结构也不断优化，市场主体中企业约有212万户，规模以上工业企业约有2万户，数量均居中部首位，具有能够满足不同层次需求的较强的供给能力。同时河南作为人口大省，其中等收入群体规模达到2200多万人，并且还在持续扩大。2021年前8个月全省社会消费品零售总额为15486.72亿元，同比名义增长12.3%，其中乡村消费品零售额增速高于城镇消费品零售额增速12.2个百分点，消

费升级趋势也日益凸显。强大的市场供给能力和庞大的市场需求是吸引高端要素汇聚的关键依托，能够为河南换道领跑战略的顺利推进提供强大支撑。

三 河南实施换道领跑战略的路径选择

（一）着力在未来产业上前瞻布局

所谓未来产业，是指由重大科技创新推动形成的产业，对经济社会具有引领带动作用。2020 年国家“十四五”规划纲要首次提出“未来产业”这一概念，并明确要在类脑智能、量子信息、基因技术、未来网络、深海空天开发、氢能与储能等前沿科技和产业变革领域组织实施未来产业孵化与加速计划。未来产业迎来快速发展的机遇期和窗口期，只有提前落子才能抢占发展先机，事实上北京、深圳、上海、广东、浙江、江苏等多个地区已提前布局展开竞逐。河南推动实施换道领跑战略，必须把前瞻布局未来产业放在突出位置，为参与未来竞争夯实基础。要加强顶层设计谋划，制定未来产业中长期发展规划，开展未来产业全图谱式分析研究，立足河南产业基础和现实条件，科学选取重点突破方向，并在前沿科技成果转化、多元化投入等方面出台配套的产业支持政策体系。要加强对颠覆性新技术的科研攻关，建立变革性和颠覆性技术培育机制，发挥省内高校、科研院所、重点实验室等科研主力军作用，加强前沿技术多路径探索、交叉融合和颠覆性技术供给，加快打造关键核心技术体系。要超前规划、布局一批未来产业重点项目和重大工程，以高水平项目建设引领全省未来产业发展，培育竞争新优势。

（二）着力在新兴产业上抢滩占先

新兴产业，特别是战略性新兴产业是以重大技术突破和发展需求为基础、成长潜力巨大的产业，对于培育发展新动能、增强产业竞争优势、引领高质量发展具有十分重要的作用。推动实施换道领跑战略，必须加速做大做强全省战略性新兴产业，在新兴产业上抢滩占先。要深入研究新兴产业发展的规律，对市场前景和市场定位进行深入研判，围绕行业制高点、市场需求以及国家战略需要谋划新兴产业发展，加强顶层设计和政策引导，为新兴产业发展保驾护航。要研究编制重点新兴产业供应链全景图，深入梳理各产业国内外领军企业、代表产品、核心技术、重点团队等，加大培育引进力度，抢先、抢“新”布局一批战略性、前沿性、引领性的项目。要积极融入国家战略性新兴产业集群发展格局，立足河南产业基础，做大做强下一代信息网络、信息技术服务、新型功能材料、新能源客车、盾构装备等新兴产业集群，发展壮大千亿级新兴产业集群，增强产业链供应链稳定性和竞争力。要打造新兴产业发展合力，形成产业、资金、市场、人才、平台、技术等多要素协同发展模式，加快构建具有战略性、全局性和河南特色的新兴产业生态体系，厚植新兴产业发展的沃土。

（三）着力在传统产业上高位嫁接

传统产业不等同于落后产业和夕阳产业，对传统产业进行转型升级，注入新动能，就能使其重新焕发强大的生机和活力。2020年河南传统产业增加值占规模以上工业增加值的比重为46.2%，传统产业仍然是河南稳定经济增长和吸纳就业的重要力量。为此，推动实施换道领跑战略，必须在传统产业上高位嫁接，推进优化升级，为全省经济跨越式高质量发展提供有力的支撑。要顺应科技革命和产业变革演进趋势，运用新一代信息技术对传统产业进行全要素、全流程、全产业链改造，推进传统产业向高端化、智能化、绿色化、服务化方向转型升级，并加强与前沿技术、跨界创新、颠覆模式的对接链接，持续提升全产业链现代化水平。要增强企业设备更新和技术改造力度，加速新技术、新工艺、新材料、新设备、新业态、新模式与传统产业的融合，不断增强企业的创新能力，支持工业新产品新技术开发，提升产品核心竞争力，以高附加值抢占高端市场。要瞄准高端高新，对标最高最好最优，深入实施“品牌强基”工程，打造一批知名品牌和地理标志产品，使“河南制造”和“河南智造”成为高质量、高品质、高信誉的代名词，持续推进传统产业向产业链、创新链、价值链高端迈进。

（四）着力在生态圈层上培土奠基

水美则鱼肥，土沃则稻香。良好的产业生态圈层是产业发展的“沃土”。当前，河南实施换道领跑战略，必须用系统的思维着力构建独具特色的产业生态圈层，培育和维护好产业“幼苗”、产业“大树”和产业“森林”，进而推动实现全省经济持续健康较快增长。要营造活力迸发的创新生态，加快建设创新平台、优化创新服务、汇聚创新人才，围绕人才服务、知识产权保护、科技成果转化、科技金融对接等方面进行重点突破，尽可能多地孵化企业、培育企业。要营造风清气正的政治生态，不断强化政策支持，进一步降低企业用工、用能、物流、融资等各方面成本，持续推动企业降本减负；持续优化营商环境，主动作为、精准服务，通过“一企一策”为企业纾困解难，努力为市场主体提供最优服务，促进企业做大做强。要营造美丽和谐的自然生态，链接规划、建设、管理三大环节，合理布局生产、生活、生态三大空间，全面提升城镇品质和城镇对产业的吸引力；加大生态系统保护力度，筑牢绿色屏障，持续发力推进污染防治，把自然生态优势转化为发展优势，切实增强产业综合竞争力。

四　河南实施换道领跑战略的对策建议

（一）加大新型基础设施建设力度

加快新型基础设施建设，是面向未来产业布局、夯实未来经济发展基础的重要举措。要坚持超前规划布局，立足河南实际找准突破口，抓紧出台相关标准和实施细则，聚焦新网络、新设施、新平台、新终端谋划一批重大项目。要加大以5G、物联网、工业互联网为代表的通信网络基础设施建设力度，加快传统基础设施与互联网、大数据、人工智能等新一代信息技术的融合，积极构建大数据网络中心和互联网服务平台，为提升产业链供应链现代化水平、实现经济高质量发展提供优越的基础设施条件。要提高新型基础设施建设投资力度，深化投资领域改革，发挥财政资金的引导作用，着力吸引民间资本尤其是民间科技资本参与建设投资，形成多元化投融资体系，为新型基础设施建设提供资金保障。

（二）提升科技创新能力水平

创新是引领发展的第一动力，是提升区域竞争力的必然选择。河南推动实施换道领跑战略，必须突出创新在经济社会发展全局中的核心地位，不断提升科技创新能力水平，加快构建独具特色、竞争力强的区域创新体系。要提升创新平台建设水平，以国家重点实验室重组为契机推动原有实验室整合升级，聚焦国家重大战略，围绕生物育种、信息技术、黄河生态保护等领域积极谋划建设国家级实验室，布局建设各级各类工程研究中心、产业创新中心、技术创新中心，形成一批创新资源集聚高地。要强化科技集中攻关，紧密跟踪科技前沿，瞄准前沿实施重大科技创新攻关，引导各方科研力量在发展新技术上集中发力、持续用力。要持续深化科技体制改革，重点在科技创新治理、科技任务组织实施、知识产权保护和服务等方面深入探索实践，不断激发创新的潜力与活力。

（三）强化创新人才队伍引育

人才是产业发展最重要的生产要素，是创新驱动发展的核心力量。河南推动实施换道领跑战略，必须加强创新人才队伍建设，强化科技人才的支撑作用。要围绕产业发展重点，聚焦前沿尖端领域积极引育高端人才、领军人才、潜力人才、急需紧缺人才和高水平创新团队，突出高端创新人才的引领作用。要调整优化省内高校布局结构、学科学院建设、专业设置，整合职业教育资源，构建高水平职业教育体系，不断提升创新型、应用型、技能型人才自主培养能力，打造适应未来发展需要的高素质人才队伍。要提高人才服务水平，健全完善人才考核评价激励机制，抓好人才创新创业、住房、就医、子女入学、贡献奖励等方面的政策落实工作，做到人才发展与产业发展同向发力、同频共振，为换道领跑战略的顺利推进提供坚实的人才支撑和智力保障。

（四）持续打造优良的营商环境

良好的营商环境就是生产力、竞争力和吸引力。河南实施换道领跑战略，要把打造优良的营商环境作为战略性基础工程紧抓不放。要坚持问题导向，针对发展中面临的痛点、难点、堵点问题，不断优化营商环境，为激发市场活力、增强经济发展动力创造良好条件。要聚焦市场化、法治化、国际化要求，围绕企业全生命周期持续深化“放管服效”改革，努力打造稳定、公平、透明、可预期的营商环境，以“环境好”体现“制度优”、以“硬措施”托底“软实力”。要构建亲清政商关系，把牢交往准则，聚焦合作共赢，优化政务服务，确保政商“亲清”有度、有为、有力。要提升资源要素保障能力，科学配置土地、资金、劳动力、能源等要素资源，把优质要素整合到重点行业、重大项目上，提升资源要素的利用效益。

参考文献

河南省统计局：《2020 年河南省国民经济和社会发展统计公报》，https：//www. henan. gov. cn/2021/03 -08/2104927. html。

河南省统计局：《河南省第七次全国人口普查公报（第一号）》，http：//www. henan. gov. cn/2021/05 -14/2145307. html。

河南省市场监管局：《2020 年河南省市场主体发展总体情况分析报告》，http：//scjg. henan. gov. cn/2021/02 -02/2090191. html。

刘友金、周健：《“换道超车”：新时代经济高质量发展路径创新》，《湖南科技大学学报》（社会科学版）2018 年第 1 期。

吴福象：《论供给侧结构性改革与中国经济转型——基于我国经济发展质量和效益现状与问题的思考》，《人民论坛·学术前沿》2017 年第 1 期。

B.22 河南实施制度型开放战略的分析与思考

汪萌萌*

摘　要： 实施制度型开放战略既是河南加速融入新发展格局的必然要求，也是河南为贯彻落实国家战略、建设开放强省、实现“两个确保”所做出的重大部署。面对新形势、新阶段，河南应理清思路、坚持原则、明确目标，将实施制度型开放战略作为应变局开新局的关键之举，着力在创新开放规则机制、营造一流营商环境、拓展开放合作空间、创新开放招商方式四个方面寻求突破，为河南奋勇争先、更加出彩提供坚实保障。

关键词： 制度型开放　新发展格局　河南省

2021 年 9 月 7 日河南省委工作会议明确提出实施制度型开放战略，这为全省适应新时代开放要求指明了努力方向和路径。河南要坚持开放带动，加快完善促进开放型经济高水平发展的体制机制、政策体系和支撑体系，为推进新一轮高水平开放，建设更具竞争力的开放强省、奋力实现“两个确保”发展目标奠定扎实基础。

* 汪萌萌，河南省社会科学院经济研究所研究实习员，主要研究方向为国际贸易。

一 河南实施制度型开放战略的重大意义

（一）加速融入新发展格局的必然要求

双循环新发展格局，是强国战略，是更高层次开放的必然路径。构建和融入新发展格局，客观上要求河南通过制度型开放积极应对新发展阶段所带来的挑战。一方面，现阶段国外投资者和高端人才更加看重投资地的市场空间、生活保障以及营商环境，河南面临加速融入新发展格局原有的优势和条件逐渐减弱甚至消失的局面，同时市场化程度较低以及企业和个人业务存在诸多隐形壁垒的短板约束越来越明显。面对新变局新机遇，河南迫切需要在营商环境、行政管理、通关检验、金融开放、事中事后监管等重点领域强化制度创新、形成新的竞争优势，在学习国内先进开放经验和对接国际高标准经贸规则的同时，消除阻碍高端要素流动并实现优化配置的体制机制，形成和释放制度开放新红利。另一方面，制度型开放也是河南升级供给结构、提升国内大循环层级的重要抓手。随着河南对外合作的深度和广度不断拓展，河南对外开放要从根本理念上进行转变，打破国内循环体系和国际循环体系之间在行业管理、市场体系、商事制度、金融体系等领域所存在的各种不合理的、人为设置的藩篱和壁垒，促进国际循环中的优质要素以河南为节点顺利进入国内大循环，最终引导国内大循环向更高层次跃升。

（二）贯彻落实国家战略的现实需要

党的十八大以来，推动中部地区崛起、黄河流域生态保护和高质量发展以及推动形成以国内大循环为主体、国内国际双循环相互促进的新发展格局等重大国家战略相继出台，这三大国家战略为河南省经济高质量发展、全面建设社会主义现代化河南提供了强劲动力，提供了根本遵循。再加上近年来河南省获批的国家粮食生产核心区、中原经济区、郑州航空港经济综合实验区以及中国（郑州）跨境电子商务综合试验区、郑洛新国家自主创新示范区、中国（河南）自由贸易试验区，河南开放发展的空间被拓展得越来越广，河南在全国发展大局中扮演的角色也越来越重要。“十三五”时期，河南放大产业基础、区位交通、开放通道平台等优势，着力打造内陆开放高地，以口岸平台联通世界，开放发展空间越来越大。同时也应看到，与服务构建新发展格局、贯彻落实黄河流域生态保护和高质量发展、助力中部地区崛起国家战略的现实要求相比，与持续推进“五区联动”“四路协同”高质量发展的战略需要相比，全省制度型开放步伐相对缓慢。在对外贸易特别是服务贸易、外商直接投资、开放载体平台建设、开放体制机制等重点领域，制约河南发挥国家战略等一系列战略优势的短板比较突出。比如资源约束日趋收紧，产业发展规模和产业链国际化水平不协调，开放载体平台区域辐射带动能力不强，开放体制机制不活、营商环境亟待优化等已成为河南开放发展的重大制约因素。

新时代面临新形势，河南持续推进国家战略规划和战略平台建设，就必须全面实施制度型开放战略，以自贸区建设引领开放体制机制创新、深化“放管服效”改革夯实“硬措施”，提升开放载体平台的质效和能级，创新开放招商方式，推动局部优势向综合优势转变，进而提升对国家战略规划和平台建设的支撑能力。

（三）加快建设开放强省的战略举措

改革开放以来，河南坚持开放带动，实行积极主动的开放政策，在内陆开放高地建设上取得重大的突破。今天的河南，正处在战略叠加、蓄势跃升、调整转型、应对风险挑战的关键时期，到了由大到强、实现更大发展的重要关口，新时代新机遇对全省全面实施制度型开放、建设开放强省提出了新的要求。

从国际视角看，制度型开放是河南参与构建国际高标准经贸规则、适应服务业开放为主的对外开放新特点的战略选择。随着全球贸易和产业分工的不断深化，区域开放体制机制成为影响商品和要素优化配置的重要因素。同时，在以服务业为主战场的开放新阶段，河南迫切需要加快构建系统性、更高水平的开放型经济新体制，推动新一轮高水平开放。因此，通过强化自由贸易试验区等国家平台载体制度型开放体制机制规则创新，构建具体开放政策外溢效应最大化的开放型经济制度体系，是河南积极有效参与国际经贸规则的制定，打造国际一流的规则环境的重要前提。从河南发展现状看，产业、市场、政策、法治环境日趋完善，具备全方位高水平开放的基础，但是国际贸易机制不活、开放载体平台不强、开放范围不广、开放产业支撑薄弱的问题仍然存在。因此，通过全面实施制度型开放战略，加速规则、规制、管理、标准等制度型开放，稳妥推进首创性探索、集成性创新，扩大河南自身区位、资源、政策和产业比较优势，在加速开放载体平台制度创新示范、开放带动、产业升级，形成全省开放型经济增长极的同时，可以有效拓展全省与中部地区以及京沪苏浙、粤港澳等地的战略合作空间，为建设开放强省奠定坚实的基础。

（四）实现“两个确保”的关键一招

建设更高水平的开放型经济新体制是河南实现“两个确保”的重要支撑。改革开放 40 多年来，河南省牢牢扭住引资引技、融入并提升全球产业链价值链等目标，设计并出台了一系列开放领域的基础政策，为经济社会持续健康发展提供了一定的开放制度保障。

今天的河南，站在了全新的历史起点上，确保到 2035 年全省综合实力、创新能力进入全国前列，治理体系和治理能力现代化基本实现等目标，要求河南加快实现更具突破性的开放，提升河南在全国、全球价值链中的地位。服务实现“两个确保”，河南必须持续推进规则等制度型开放，以更高水平、更大范围、更深层次的开放倒逼现行的金融、商事、投资、市场、国有企业管理制度等体制机制深化改革，形成以开放推动改革、改革促进开放的良性互动，加速河南高质量现代化建设的进程。因此，从服务河南“两个确保”的最终目标出发，实现开放制度改革创新与加快建设更具竞争力的开放强省有机统一，是未来河南实现更高水平的对外开放的关键。

二　河南实施制度型开放战略的基本思路

（一）指导思想

以习近平新时代中国特色社会主义思想为指导，全面贯彻落实习近平总书记视察指导河南时的重要讲话精神和指示批示精神，充分发挥“一带一路”建设统领作用，紧扣加快建设更具竞争力的开放强省的目标，发挥好市场在资源配置中的决定性作用，更好发挥政府作用，以对内加快建设更具竞争力的开放强省、推动高质量发展和服务“两个确保”以及对外对接、构建符合经济全球化深入发展方向的国际高标准经贸规则、持续提高在“一带一路”建设中的参与度、链接度和影响力为两大发展目标，在积极对接发达国家合理高标准与国际经贸规则的同时，以开放载体平台引领全省开放规则机制创新、营造一流营商环境、拓展开放合作空间、与时俱进创新开放招商，并逐步形成适应新时代制度型开放要求的安全维护机制，为河南畅通国内国际双循环、加快建设更具竞争力的开放强省、服务“两个确保”提供有力支撑。

（二）基本原则

解放思想和严守底线并重。制度型开放是更加深入、全面、系统和公平的开放，要求河南解放思想、敢于创新，调整多领域的法律、法规乃至行业管理的相关规定，确保以更符合新时期河南发展要求、更有利于河南优化要素资源配置、更符合国际惯例的新的体制机制规则代替旧有体制机制。与此同时河南在设计新规则时必须坚持正确的方向引领、原则要求和底线要求，防止制度创新盲目、跑偏。

借鉴学习和积极创新并重。交流借鉴和自我创新是实施制度型开放的两种途径。在积极学习发达经济体、沿海开放先进省市的开放规则体系构建经验的同时，河南更要在跨境电商、数字贸易等优势领域强化创新，构建出更务实、更科学、更有效、更公平的新型规则体系。

全面推进和重点突破并重。高水平的系统性方案设计是实施制度型开放战略的重要前提。实施制度型开放要求将经济社会的各个重点领域的体制机制创新改革有机结合，统筹协调地向前推进；也要求在重点难点领域、战略性支撑产业以及关键环节针对卡脖子问题进行精准施策，量身定制个性化、差异化的政策制度。

促进发展和维护安全并重。国家安全是经济高质量发展的保障，在推进制度型开放的同时，应在促进各类商品要素自由流动的大前提下，系统把握其对经济社会安全带来的各类风险，构建对商品要素自由流动影响最小的国家安全维护机制。

对外开放和对内改革并重。在借鉴学习国际通行市场经济运行规则的同时，结合河南自身发展实际，在持续推动直接影响商品要素跨境流动的规则体系创新的同时，更要在间接影响商品要素流动的规则方面强化改革，大幅提升河南在国内国际市场优化配置要素资源的能力。

（三）发展目标

开放规则机制创新进一步加强。与高标准国际经贸规则对接成效显著，开放规则与国际通行规则基本一致或相容度大幅提升，部分规则成为全国乃至发达国家的学习“样板”。围绕高水平建设自贸试验区2.0版，显著增强首创性、集成性、差异化改革创新，新技术、新产业、新场景等领域规则制度安排成效显著。

营商环境进一步优化。聚焦市场化、法治化、国际化要求，围绕企业生命周期持续深化“放管服效”改革，使得政府服务效能全面提升，市场便利化水平、宜居创业基础能力和法治服务保障水平明显提高，“硬措施”托底“软实力”能力全面升级。

开放合作空间进一步拓展。“空中丝绸之路”引领深化“四路协同”能力不断提高，全省开放载体平台的质效和能级显著提高，在“一带一路”建设中的参与度、链接度和影响力显著提高，与京沪苏浙、粤港澳等地的战略合作进一步强化，形成与其他主要增长极互动、借势发展的良好局面。

开放招商方式创新进一步强化。通过进一步完善重点产业链图谱和招商路线图，市场化、专业化、精细化招商新模式、新机制大量涌现，招大引强、招新引精成果显著，驻外办事机构招商桥梁作用进一步增强。

三　深入推进制度型开放的政策建议

（一）强化开放体制机制创新

一是在数字贸易、电子商务、产业竞争政策等新规则新议题方面，积极对标国际经贸新规则，积极参与引领全球规则制定和治理体系建设。二是强化自贸试验区制度创新功能，加大信息通信、科研和技术服务、教育、医疗卫生等领域的开放力度，放宽注册资本、投资方式等限制，建立准入后的行业引导、培育和管理制度；创新海关监管制度，简化通关手续，强化进出口商品风险预警，构建快速反应机制。三是推动国际贸易“单一窗口”功能实现全覆盖。在健康医疗、跨境旅游、金融咨询、法律服务、工程设计等领域，逐步取消或放宽相关的限制措施。四是增强开放载体平台效能，加快海关特殊监管区域建设，支持在海关特殊监管区域设立大宗商品期货保税交割仓库。

（二）着力营造一流营商环境

一是全面推进“放管服”改革，促进政务服务便利化。规范部门审批，提高审批效率，加快解决“玻璃门”问题，为企业“松绑”、为群众“解忧”；加快实现监管方式合理化、个性化，对新业态实施包容审慎监管，对环保、医疗、金融、教育以及特殊材料等重点行业加大监管力度。二是以数字技术赋能政务服务，重构整合各部门、各层级、各区域的行政办理流程，使政府部门整体服务效能最大化。三是优化营商环境评价指标体系和评价方式，组织好营商环境评价活动，强化评价结果运用，系统梳理提炼各地先进经验，及时总结固化、复制推广。四是推进商事制度集成化改革，加快从企业注册到注销的全链条、集成化、系统化改革，全面实施准入前国民待遇加负面清单管理制度。

（三）持续拓展开放合作空间

一是强化“空中丝绸之路”对”四路协同”的引领带动作用，坚持货运优先，不断拓展郑州机场大型、特型、特殊商品的国际货运市场空间。加快推进“中欧班列（郑州）+”建设工程，在适当加密往返班次的同时，积极拓展新线路，分步设立一批海外分拨集疏中心和货物物流分拨调度基地。以淮河、沙颍河等内河水网为重要节点，加速实现河南内河网络与沿海港口的无缝衔接，全面对接“海上丝绸之路”。推动跨境电商创新发展，营造绿色宽松的跨境电商发展生态，加快建设 E 贸易核心功能集聚区。二是以智能化思维推进大通关体制改革。协同推进通关与物流仓储的智能化改造，简化河南与共建“一带一路”国家之间的实际通关流程，最大限度地压缩办理时限。三是加快各类开放口岸建设，完善功能性口岸体系，扩大水果、粮食、肉类、药品、汽车进口等口岸业务规模。四是加快推动河南与京沪苏浙、粤港澳等地开展联合招商。以政策为引领推动河南都市圈内新区、园区等各类平台抱团联动发展。支持中原城市群依托京广、陇海兰新、陆海新通道等强化区域间开放联动，加速东部及沿海城市群成熟产业向中原城市群转移，实现区域间产业链供应链与价值链的共建共享。

（四）加快创新开放招商方式

一是灵活运用多种新型的招商方式，引导境外省外资金更多投向高新技术产业，推动在豫投资进一步扩大投资规模和投资领域。二是突出靶向招商，重点针对日、韩、欧等重点国家与地区，我国港澳台、京津冀、长三角、珠三角等省地区，开展登门招商。三是围绕重点产业、重点企业进行产业链细分，坚持“建链”“补链”“强链”，紧盯龙头企业、扩大总部经济、集聚相关配套，形成配套完善、链条健全的产业集群；瞄准“新业态”、着力推进万物互联，在先进装备、高端材料、仓储物流等领域加大招商引资力度，缩短科技成果转化周期，推动新兴产业发展。四是加强招商人才队伍培养，扩大懂经济、会谈判、善攻关的能人规模，不断提高招商人才的整体素质和活力。充分调动政府、企业、社会各个方面的积极性和能动性，推进招商引资网络化，形成全面统筹、分工合作、联动互动的招商格局。五是加快推进驻外办事机构改革，实现其职能由经济联系向综合联系转变，加强其与驻地周边优质企业、科研机构、高等院校等的沟通合作，发挥好其为河南引才招商引智的桥梁作用。

参考文献

王晓红：《以高水平对外开放促进开放型经济高质量发展——“十四五”时期推动高水平对外开放的主要思路》，《全球化》2020 年第 4 期。

叶辅靖等：《推进经济高质量发展的高水平对外开放战略研究》，《开放导报》2019 年第 2 期。

李大伟：《新发展格局下推进制度性开放的策略》，《开放导刊》2020 年第 4 期。

戴翔：《制度型开放——中国新一轮对外开放的理论逻辑和实现路径》，《中国经贸》2019 年第 3 期。

楼阳生：《确保高质量建设现代化河南 确保高水平实现现代化河南 全面实施“十大战略”在新征程上奋勇争先更加出彩》，《河南日报》2021 年 9 月 8 日。

Abstract

2021 is the first year of the 14th five year plan period, and it is also a year of special importance in the process of Henan's modernization. Over the past year, the whole province was guided by Xi Jinping's new socialist ideology with Chinese characteristics and conscientiously implemented the decision making arrangements of the central and provincial governments, resolutely fought the two tough battles of epidemic prevention and control and post disaster reconstruction, and made every effort to do the first priority. We have done well the work of "six stability" and implemented the "six guarantees" task, and the overall economic operation of China has been stable and the overall social situation has remained stable.

This year's "Henan Economic bluebook" is compiled under the auspices of Henan Academy of social sciences. The book systematically and deeply analyzes the main trend of Henan's economic operation in 2021 and the trend of Henan's economic development in 2022, studies and discusses Henan's overall promotion of epidemic prevention and control and economic and social development from all aspects and multiple angles, and firmly pays attention to the "six stability" work and the implementation of "six guarantees" The measures and results of the task, and puts forward countermeasures and suggestions for the anchoring of "two guarantees" and the full implementation of "ten strategies" in Henan in the new stage. The book is deeply integrated into the general secretary Xi Jinping's important speech and instructions and instructions, with a view to providing high quality decision-making reference for the provincial Party committee, the provincial government and the public. The book is divided into four parts: general report, investigation and evaluation, analysis and prediction and special research.

The general report of this book is an annual analysis report on the economic operation of Henan Province, written by the research group of Henan Academy of Social Sciences, which represents the basic view of this book on the analysis and prediction of Henan's economic situation from 2021 to 2022. The report holds that novel coronavirus pneumonia and the overcrowding of the new crown pneumonia in 2021 have brought severe challenges and tests to Henan's economic operation. The main economic indicators have been short term fluctuations, but the economy still shows strong resilience and vitality, mainly as follows: industrial production has declined, but the industrial support is more powerful. Investment growth has slowed down, but the investment structure has been continuously optimized; Market consumption has cooled down, but emerging consumption has accelerated its growth; The growth of foreign trade has declined, but the overall performance is still bright; The contradiction between revenue and expenditure has intensified, but prices and employment are generally stable. In 2022, fiscal and monetary policies were more active in expanding domestic demand, new round of deepening reform and opening up to stimulate new power, "double circulation" to help open development, the Yellow River strategy sustainable empowerment, and new urbanization continued to accelerate, which formed favorable conditions for Henan's economic growth. However, the uncertainty caused by COVID-19 and the risk of "decoupling" between China and the US increased. The increase of economic systemic risk and industrial transformation pressure under the carbon peak goal will have a certain adverse impact. According to comprehensive judgment, the macroeconomic environment is generally favorable, and it is expected that the economy of the whole province will stabilize, recover and generally improve.

The investigation and evaluation part of this book mainly makes a comprehensive evaluation on the comprehensive economic competitiveness of cities under the jurisdiction of Henan Province and the high-quality development of county economy in Henan Province in 2022 by establishing relevant index system and quantitative model and using the research method of combining quantitative analysis and qualitative analysis.

The analysis and prediction part of this book is mainly based on the current situation analysis of the development of different fields, industries and industries in

Henan economy and the prediction and Prospect for 2022, and then puts forward the ideas and corresponding measures to speed up the high-quality economic development of Henan in the new development stage. In the special research section of this book, in view of the different requirements put forward by the modernization of Henan for various departments and industries, well-known experts and scholars from relevant scientific research institutes, universities and government departments are invited to study and analyze the key and difficult problems faced in anchoring the "two guarantees" and fully implementing the "ten strategies", and put forward suggestions to promote the economy of the whole province to be large and excellent from different angles, big and new, big and strong, high and fast, and constantly moving forward on the stage.

Keywords: First Priority; High-quality Development; Henan Province

Contents

I General Report

Abstract: In 2021, faced with floods and COVID-19 outbreak of superposition effect, henan new era in jinping the ideas of socialism with Chinese characteristics as guidance, in-depth implementation of xi general secretary of the important speech spirit, determined to win the epidemic prevention and control two battle, post-disaster reconstruction, to pay special attention to the first priority, the province's overall economic operation smoothly and society overall situation remained stable. In 2022, the environment for Henan's economic growth is still complex and severe, with both positive and negative factors, but the macro environment is generally favorable. It is expected that the economy of the whole province will stabilize, recover and generally improve. At the same time, in the face of the new situation, new tasks and new requirements, Henan should make overall efforts to prevent and control the epidemic situation and economic development, concentrate on "project is king" to recruit large, attract strong and select the best, comprehensively promote the upgrading of consumption quality, deeply promote reform and opening up, continuously improve the level of scientific and technological innovation, and closely organize the people's livelihood security network, so as to promote the province's economy to be large and excellent, large and new, large and strong, high and fast Step up the steps.

Keywords: Henan Province; Economical Operation; COVID-19

Ⅱ Evaluation Reports

Abstract: 2021 is the first year for China to start a new journey of modernization, and the first year of implementing the 14th five-year Plan after building a moderately prosperous society in an all-round way. The comprehensive economic competition of Henan cities has entered a new stage. Implementing the new development philosophy, this paper constructs the evaluation index system of comprehensive economic competitiveness of Henan cities, which is composed of 8 first-level indicators and 27 second-level indicators. Then we use public statistical data into the evaluation calculation. Zhengzhou, Luoyang and Xuchang ranked in the top three of the total evaluation results. Entering the new development stage, the cities of Henan Province should implement the new development philosophy, serve to build a new development pattern, anchor the "two guarantees", implement the "ten strategies", vigorously promote the high-quality development of county economy, and coordinate epidemic prevention and economic development, so as to achieve the continuous improvement of comprehensive economic competitiveness in the new era.

Keywords: Henan Gities; High-quality Development; Competitiveness Index

B.3 Evaluation Report on County Territory Economy Development Quality of Henan Province In 2021

Abstract: Following the new development concept of innovation, coordination, green, openness and sharing, and based on the connotation characteristics and internal objectives of the quality of county economic development, this report constructs the evaluation index system of county economic development quality from the perspectives of the scale level, development structure, people's well-being, development potential vitality and development benefits of county economic development, Based on the available panel data for the last three consecutive years, the entropy score calculation and ranking comparison are carried out by using econometric and empirical means, and then the conclusion reflection is carried out in order to promote the quality of county economic development in Henan Province.

Keywords: County Economy; Quality of Economic Development; Panel Entropy Method

B.4 Development Index 2021 on the Cross-Border E-Commerce of Henan Province

Abstract: In 2020, the value of cross-border E-commerce import and export transactions in Henan Province was 174.5 billion yuan with an increase of 10.4 percent over last year. Cross-border E-commerce has become a new driving force of foreign trade and economic growth in Henan Province. Firstly, the report analyzes the development level of cross-border E-commerce in Henan Province. Then the evaluation index system is constructed from the main body scale, growth speed, environmental support and economic impact. The comprehensive Index and sub-indexes of cross-border E-commerce development in Henan Province are obtained by entropy weight method. Based on the above content, the development level of cross-border E-commerce in Henan Province is divided into three echelons. And find out the problems in the development of cross-border E-commerce industry in Henan Province. Finally, the report puts forward the countermeasures and suggestions for the development of cross-border E-commerce industry in Henan Province.

Keywords: Cross-border E-commerce; Development Index; Henan Province

Ⅲ Analysis and Prospect

Abstract: The key to building a modern Henan lies in promoting industrial transformation and upgrading and continuously improving the quality and energy level of the industry. In 2021, Henan's three industries will continue to rebound, new progress has been made in industrial restructuring, new industries and new formats have continued to develop, the economic efficiency of enterprises has been further improved, and industrial transformation and upgrading have achieved significant results. At the same time, it should also be noted that the industrial structure of Henan is still unreasonable. Whether it is industry, service industry or agriculture, the situation of traditional industries has not fundamentally changed. The industrial level and added value are generally low, innovation capabilities are weak, and enterprises Problems such as weak competitiveness are still prominent. In 2021, Henan's industrial development opportunities and challenges coexist. The province must anchor the "two guarantees", fully implement the "ten strategies", improve the institutional mechanisms for promoting industrial transformation and upgrading, strengthen the policy support system for industrial development, and continue to optimize business The environment has made new progress in promoting industrial transformation and upgrading.

Keywords: Industrial Development; Transformation and Upgrading; Industrial Structure

Abstract: From January to August in 2021, due to the adverse factors such as COVID-19 and floods, Henan's fixed assets investment showed a trend of high and low investment growth. The growth rate of industrial investment showed a "V" growth trend. The growth rate of infrastructure investment showed a "L" growth trend. The growth of fixed asset investment in the whole fourth quarter will increase steadily. However, the growth rate is relatively low. In 2022, Henan should promote investment growth from the following aspects: adhere to the project as the king and release the pulling effect of major projects on investment growth; Strengthen factor guarantee and provide factor support for the landing of various investment projects; Adhere to the result orientation and mobilize the enthusiasm of all departments to promote investment; Optimize the investment environment and continuously reduce the cost of investment activities of market players.

Keywords: Investment in Fixed Assets; Investment Efficiency; Investment Structure

Abstract: 2021, the consumption market developed steadily in Henan province, and the growth rate expanded compared to the last year. Influenced by the uncertainted factors, The cities' consumptions markert like Zhengzhou have an obviously geographically change. The market scale of Henan province is the largest in the central region, and the growth rate move backward compared to last year. And, most goods quota above are growth in this year, expecially the auto industry growth rapidly. Under the background of economic developed uncertainly domestic and aboard in the future, the still have challenge and opportunity for Henan province, and preview that the consumption market will be enlarge and the growth rate will rise to 15.0% in 2022.

Keywords: Consumption; Consumption Structure; Henan Province

Abstract: From January to August 2021, Henan's total import and export value reached a new high value, the growth rate was much higher than the national average, meanwhile the downward trend of total import value continued, the total import and export value of private enterprises surpassed foreign-invested enterprises for the first time, and the main force position became more prominent. The United States was still the largest trading partner, the trade contribution rate of South Korea was significantly improved, and the export commodity structure still needed to be optimized, Imported goods are reflected in the developed intra-industry trade, the import and export proportion of processing trade is too high, the trade mode needs to be further optimized, the pace of innovation and development of foreign trade is accelerated, and the high-level open platform is booming. Looking forward to the year of 2022, although the external economic environment is tightening, under the strategy of implementing the institutional opening strategy and building a new highland of institutional opening in the new era, Henan's foreign trade development will enter a steady channel in 2022. The key to promoting foreign trade to a new level is to lead institutional opening with the construction of pilot Free Trade Zone, continue to build a new platform for high-level opening to the outside world, continue to promote precise investment attraction in the industrial chain, closely follow up service key enterprises and accelerate the development of e-commerce.

Keywords: Henan Province; Foreign Trade; Open Strategy

Abstract: In 2021, Henan's fiscal revenue grew steadily, the guarantee of key expenditure was strong, the issuance of local government bonds was accelerated, and the reform of fiscal and tax system was solidly promoted. The overall fiscal situation was stable and good. However, at the same time, the "tight balance" of financial operation is more prominent due to the impact of disasters and epidemic situations and the weakening of superposition base effect. In 2022, we should firmly establish the concept of integrating government with finance and assisting government with finance, strengthen the construction of financial resources, standardize financial management and promote financial reform, so as to highlight the greater role of Finance in anchoring the "two guarantees" and supporting the implementation of the "ten strategies".

Keywords: Henan Finance; Revenue and Expenditure; Fiscal Policy

Abstract: Since 2021, both ends of the supply and demand of social logistics in Henan Province have worked together, the scale of logistics demand has grown steadily, and the operating efficiency has been continuously improved. The logistics industry in Henan Province has continued to maintain an overall stable, steady and progressive development trend. It is estimated that in 2022, the macroeconomic environment for the logistics industry in Henan Province will generally improve. With the continuous improvement of the modern logistics operation system of "channel + hub + network" and the gradual implementation of the pilot province tasks for reducing costs and increasing efficiency, the high-quality development trend of the logistics industry in Henan Province will continue to strengthen, and the basic, strategic and leading role of logistics industry in promoting high-quality economic and social development will be brought into full play.

Keywords: Logistics; High-quality Development; Henan Province

Abstract: From January to August 2021, the CPI of Henan Province increased by 0.8% year-on-year, 3.0 percentage points lower than that of the same period of the previous year. The sharp decline of CPI in this round has obvious structural characteristics. The sharp decline in the price of food, especially pork, is the main reason. It is preliminarily predicted that Henan CPI will show a moderate upward trend in 2022. Finally, this paper puts forward some suggestions to stabilize pig production, strengthen the supply and price of people's livelihood commodities, continuously optimize the business environment, expand domestic demand and promote consumption, so as to promote the stable operation of consumer prices.

Keywords: CPI; Henan; Guarantee Supply and Stable Price

Ⅳ Special Reports

B.12 The Great Significance and Measures of Henan to Do a Good Job of the First Important Task

Gao Xuan / 166

Abstract: Henan makes every effort to do a good job of the first important task is the inevitable choice of modern Henan construction, is to adapt to the objective needs of regional economic competition, is the inherent requirement to deal with risk challenges. In the face of the new development stage since the 19th CPC National Congress, Henan should firmly grasp the first important task of development and focus on speeding up development, scientific development, innovation and development. The important contents are to do a good job in the strategy of "six stability and six guarantees", to establish "project as the king's direction", to optimize the business environment, to implement the strategy B. 23 Development Index 2021 on the Cross-Border E-Commerce of Henan Province of changing lanes and taking the lead, and to speed up innovation-driven development. Promote Henan to make great strides in the new journey of building a socialist modern Henan in an all-round way.

Keywords: Henan; New Development Stage; First Priority

B.13 Strategic Thinking on Realizing "Two Guarantees" in Henan

Li Bin / 176

Abstract: This paper studies the significance, practical basis and short board of the "two guarantees", and puts forward countermeasures and suggestions on how to implement the "two guarantees" in Henan. The research shows that the "two guarantees" plan the grand blueprint of modern Henan, clarify the goal of modern Henan, and is the general program of building a modern Henan in an all-round way. Henan has prominent strategic superposition effect, prominent comparative advantage, complete industrial system and huge market space. It has a solid foundation for realizing the goal of "two guarantees". At the same time, Henan faces many challenges in realizing the "two guarantees" due to its low per capita development level, heavy task of structural adjustment, weak innovation and development ability and unbalanced regional development. In view of this, Henan should focus on promoting high-quality development, serving the overall situation of the country, improving people's livelihood, stimulating the vitality of opening and innovation, give full play to its advantages, make up for its development weaknesses, promote the full implementation of the strategic deployment of "two guarantees" and promote the smooth realization of the strategic goal of "two guarantees".

Keywords: Two Guarantees; High-quality Development; Strategic Objectives

Abstract: The central region of China has a decisive strategic position in the national regional development, and Henan province has a leading role in the rise of the central region in particular. In order to speed up the promotion of Henan in the central region of high-quality development to take the lead more outstanding, the working conference of Henan Provincial Party Committee has clearly put forward the goal of "ensuring high-quality construction of modern Henan and high-level realization of modern Henan". And focus on solving the shortcomings and bottlenecks in the high-quality and high-level construction of modern Henan, Henen has proposed to fully implement the "ten major strategies" such as innovation driven strategy, revitalizing the province through science and education strategy, strengthening the province through talents strategy, advantage reengineering strategy, digital transformation strategy, lane changing leading strategy, cultural tourism and cultural creative integration strategy, new urbanization strategy with people as the core, rural revitalization strategy, green and low-carbon transformation strategy, institutional opening strategy and comprehensive deepening reform strategy. This paper puts forward that the implementation of "ten major strategies" is the reconstruction and sublimation of the strategic path of promoting common prosperity in high-quality development in Henan Province. At the same time, focusing on the strategic orientation and development direction of the "ten major strategies" in the creating of the New Development Dynamic, this paper tentatively puts forward new measures, new paths and new mechanisms for higher-quality and more sustainable development of the "ten major strategies".

Keywords: Ten Major Strategies; High-quality Development; Modernization Drive

Abstract: Creating a first-class industrial ecology has pointed out the direction and strategic focus for the long-term, stable and healthy development of Henan's economy in the future. Henan should rely on the first-class business environment, the first-class creative ecology as the carrier, the first-class industrial policy as the guarantee, highlight the goal-oriented problem-oriented effect guidance, highlight the talent support, and highlight the "project as the king". We will continue to make efforts in creating a first-class industrial ecology with a reasonable industrial layout, active market subjects, free flow of elements and innovative vitality, and promote Henan to forge ahead towards the "two guarantees".

Keywords: Industrial Ecology; Modernization Drive; Henan Province

Abstract: First-class innovation ecology is an ecological system supported by a certain number of innovation platforms, abundant original achievements, and solid basic technologies and basic technological capabilities. First-class innovation ecology has a team of scientific and technological talents with research and development, landing and production capacity, and can provide a modern industrial system of first-class achievement transformation to the society. As a big agricultural province of Henan science and technology innovation ability is insufficient, in order to realize the innovation drive transition development, must highlight status of science and technology innovation in strategic planning, the full implementation of science and technology system reform, build industry cluster innovation highlands, encourage innovation in the international resource base, intensify the building of government support and so on, make the ecological science and technology innovation become the key competitiveness of Henan province, Seize the hub of innovation resource allocation and comprehensive platform of scientific and technological innovation incubation.

Keywords: Innovation Ecology; Innovation Driven; Henan Province

Abstract: the project is an important grasp and key support for economic work. On the basis of expounding the theory of project construction on promoting investment and stable economic growth, this report combs and analyzes the current characteristics of project construction in Henan, and studies some outstanding difficulties in the process of project construction. Finally, the paper puts forward the ideas and countermeasures of project construction from the aspects of strengthening innovation-driven development, strengthening the thinking of industrial chain group, strengthening the overall development of urban and rural areas, strengthening the promotion of carrier function, strengthening the precise scheduling of elements, and so on.

Keywords: Project Construction; Investment in Fixed Assets; Henan Province

B.18 Thoughts and Countermeasures of Comprehensively Activating Consumption Potential in Henan

Lin Yuanchun / 229

Abstract: the outline of the national 14th five year plan clearly puts forward " comprehensively promote consumption and steadily improve residents ´ consumption level" . In the current severe situation of the world's overall economic downturn and serious epidemic, continuing to expand domestic demand, promote consumption, improve quality and capacity is an important focus to activate the domestic market and support economic development. Under the new situation, the full activation of consumption potential in Henan Province is the due move to build a strategic base point under the new development pattern, a realistic measure to promote common prosperity in high-quality development, and the best choice for Henan's stable economy, transformation and upgrading. However, at present, Henan Province is facing problems and challenges such as increasing economic downward pressure, insufficient effective consumption demand and insufficient optimization of supply structure. It is necessary to comprehensively activate consumption potential according to local conditions by improving consumption capacity, expanding demand, promoting consumption upgrading, optimizing supply and meeting people's demand.

Keywords: Consumption Potential; Expand Domestic Demand; Consumption Upgrading

Abstract: Future industry is an industry that can effectively meet the new needs of human and social development in the future. In the future, it can realize the transformation of leadership through scientific and technological innovation, and strongly support the industry to drive future economic and social development. Forward-looking layout of the future industry and seizing the new track of future industry development is the only way for Henan to strive for the first place, win the future and become more brilliant in the new era. In the process of advancement, we must be based on the actual conditions of Henan Province, dare to be the first, take the initiative, and be good at cultivating new products, cultivating new products, and making things out of nothing, so as to promote the high-quality development of the future industry and establish Henan's brand of the future industry.

Keywords: Future Industry; Industrial Layout; Henan Province

Abstract: In recent years, Henan has formed comparative advantages in terms of transportation location, industrial foundation, and scale of domestic demand. However, in the construction of a new development pattern, these traditional advantages will be reshuffled, may be weakened or even disappear, which requires Henan to implement " advantage reengineering" " Strategy to further enhance the energy level of transportation hubs, develop modern hub industries, build a modern industrial system, promote the deep coupling of the " five chains", cultivate and grow leading enterprises, etc., and promote transportation location advantages, industrial base advantages and domestic demand scale advantages to hub economic advantages, The industrial chain supply chain advantage and the synergy advantage of supply and demand will be transformed to accelerate the formation of a new comprehensive competitive advantage and create a vigorous development trend for Henan.

Keywords: Advantage Reengineering Strategy; Competitive Edge; Henan Province

B.21 Countermeasures and Suggestions for Henan Province to Implement the Strategy of Changing Lanes to Take the Lead

Wang Fang / 260

Abstract: The strategy of changing lanes and taking the lead was put forward at the work meeting of Henan Provincial Party Committee in 2021 based on the new situation and in order to achieve the goal of "two guarantees". It is of great practical significance and necessity. Henan's economic level, location traffic, labor resources and other conditions also provide the basis and support for the implementation of lane-changing strategy. In the next step, we should take the forward-looking layout of the future industry, taking the lead in the emerging industry, high-level grafting in the traditional industry, and laying the foundation on the ecological circle as the fundamental path. efforts should be made to make efforts and seek practical results in the construction of new infrastructure, the enhancement of the ability of scientific and technological innovation, the cultivation of innovative talents, and the construction of a good business environment, so as to promote lane change and leapfrog development.

Keywords: Changing Lanes to Take the Lead; High-quality Development; Henan Province

Abstract: The implementation of institutional opening-up strategy in Henan is not only the inevitable requirement of accelerating integration into the new development pattern, but also the major deployment of implementing the national strategy and platform, building an open and strong province and realizing the "two guarantees" . In the face of the new situation and new stage, Henan should clarify its ideas, adhere to principles and clarify its objectives, take the implementation of institutional opening strategy as the key to the new situation of the emergency Bureau, and strive to seek breakthroughs in opening rules and mechanisms, creating a first-class business environment, expanding open cooperation space and innovating investment promotion methods, so as to strive for the first place for Henan More brilliant and provide solid guarantee.

Keywords: Institutional Openness; New Development Pattern; Henan Province

皮 书

智库成果出版与传播平台

✧ 皮书定义 ✧

皮书是对中国与世界发展状况和热点问题进行年度监测，以专业的角度、专家的视野和实证研究方法，针对某一领域或区域现状与发展态势展开分析和预测，具备前沿性、原创性、实证性、连续性、时效性等特点的公开出版物，由一系列权威研究报告组成。

✧ 皮书作者 ✧

皮书系列报告作者以国内外一流研究机构、知名高校等重点智库的研究人员为主，多为相关领域一流专家学者，他们的观点代表了当下学界对中国与世界的现实和未来最高水平的解读与分析。截至 2021 年底，皮书研创机构逾千家，报告作者累计超过 10 万人。

✧ 皮书荣誉 ✧

皮书作为中国社会科学院基础理论研究与应用对策研究融合发展的代表性成果，不仅是哲学社会科学工作者服务中国特色社会主义现代化建设的重要成果，更是助力中国特色新型智库建设、构建中国特色哲学社会科学“三大体系”的重要平台。皮书系列先后被列入“十二五”“十三五”国家重点出版规划项目；2013~2022 年，重点皮书列入中国社会科学院国家哲学社会科学创新工程项目。

中国社会发展数据库（下设 12 个专题子库）

紧扣人口、政治、外交、法律、教育、医疗卫生、资源环境等 12 个社会发展领域的前沿和热点，全面整合专业著作、智库报告、学术资讯、调研数据等类型资源，帮助用户追踪中国社会发展动态、研究社会发展战略与政策、了解社会热点问题、分析社会发展趋势。

中国经济发展数据库（下设 12 专题子库）

内容涵盖宏观经济、产业经济、工业经济、农业经济、财政金融、房地产经济、城市经济、商业贸易等12个重点经济领域，为把握经济运行态势、洞察经济发展规律、研判经济发展趋势、进行经济调控决策提供参考和依据。

中国行业发展数据库（下设 17 个专题子库）

以中国国民经济行业分类为依据，覆盖金融业、旅游业、交通运输业、能源矿产业、制造业等 100 多个行业，跟踪分析国民经济相关行业市场运行状况和政策导向，汇集行业发展前沿资讯，为投资、从业及各种经济决策提供理论支撑和实践指导。

中国区域发展数据库（下设 4 个专题子库）

对中国特定区域内的经济、社会、文化等领域现状与发展情况进行深度分析和预测，涉及省级行政区、城市群、城市、农村等不同维度，研究层级至县及县以下行政区，为学者研究地方经济社会宏观态势、经验模式、发展案例提供支撑，为地方政府决策提供参考。

中国文化传媒数据库（下设 18 个专题子库）

内容覆盖文化产业、新闻传播、电影娱乐、文学艺术、群众文化、图书情报等 18 个重点研究领域，聚焦文化传媒领域发展前沿、热点话题、行业实践，服务用户的教学科研、文化投资、企业规划等需要。

世界经济与国际关系数据库（下设 6 个专题子库）

整合世界经济、国际政治、世界文化与科技、全球性问题、国际组织与国际法、区域研究 6 大领域研究成果，对世界经济形势、国际形势进行连续性深度分析，对年度热点问题进行专题解读，为研判全球发展趋势提供事实和数据支持。

法律声明